近畿大学日本文化研究所 叢書 十

自然に向かう眼

perspectives on nature

近畿大学日本文化研究所 編

perspectives on nature

風媒社

自然に向かう眼／目次

I　自然と文化

II　社会批判としての自然

I

自然と文化

1

丸山眞男の記紀論における「自然」

その「思想史的方法」の問題性に深くかかわって

清眞人

はじめに

丸山眞男は一九六七年に東京大学法学部で恒例の「日本政治思想史」の講義をおこない、そこで、古事記・日本書紀のなかに日本人の抱く「世界像」と、それが生みだす政治的思考の「原型」を探りだそうとする彼の記紀論、ならびに「近世儒教の政治思想」論と「思想運動としての国学」論とを計二四回の講義をとおして論じた。翌年、一九六八年に東大紛争が勃発し、彼の講義も「粉砕」の対象とされ、また彼自身がこの年以降肝機能障害のための長期療養に入ったため、実質的にこの講義が彼の最終講義となった。彼の死後出版された『丸山眞男講義録』（東京大学出版会）の第七冊、その「第一章　歴史的前提」は、この記紀論講義のために彼が準備した講義ノートを底本としつつ、それを彼の史料ノート・配布した講義プリント、ならびに聴講生の残した筆記ノートによって補完することで、そこに込められた彼の思索の全容を可能な限り再現しようと試みたものである。[1] 彼の纏まった記紀論は、彼が「原型」・「古層」の問題意識を明確にした一九六三年以降の講義録のなかでは、他に『丸山眞男講義録』第四冊に第一章「思考様式の原型《プロトタイプ》」・第二章「古代王制のイデオロギー形成」として七五頁の分量のものが、また第六冊の第一章「所与と前提」として四二頁の分量のものがあるが、第七冊のそれは三〇六頁中一二九頁を占め、この点でも彼の記紀論の集大成といえよう。

人は、丸山が生前出版することはなかったこの記紀論に触れるならば、その考証の徹底性に驚嘆すると同時に、彼自身がその考察を「歴史的前提」と名付けていることからも示唆されるとはいえ、如何にこの記紀論が彼の「日本政治思想史」のまさに礎石という重大なる位置づけを与えられているかを痛感せしめられ、その解釈内容にも、またそのような解釈を支える彼の側の「思想史的方法」の強烈なる独自性格にも、あらためて眼を見張るにちがいない。

かつて彼は、今から振り返れば驚くほどに早々と、まだ敗戦から一三年しかたっていない一九五八年にこう述べていた。「ぼくの精神史は、方法的にはマルクス主義との格闘の歴史だし、対象的には天皇制の精神構造との格闘の歴史だったわけで、それが学問をやって行く内面的なエネルギーになっていた」（傍点、清）が、「この二つが何か風化しちゃって。以前ほど手応えがなくなった」、このことが自分の側での「学問的ファイトの減退の大きな原因」だと。(2)

とはいえ、その時点からほぼ一〇年後に書かれる前述の記紀論は実はこの彼の「学問的ファイト」のまさしく成果そのものと思える。その解釈内容において、それはまさに「天皇制の精神構造との格闘」そのものなのであり、かつ「方法的には」——後述するように——その基底に「宗教」を「思想の原型」として把握する観点を据え、その宗教的世界像の分析をもってその民族なり集団がその後も抱き続ける原型的な精神構造の解明の梃子となし、またその分析に際してきわめて尖鋭なM・ヴェーバー的な「理念型」構成による比較文化論の手法を用いる点で、マルクス主義の史的唯物論の視点をなすくだんの「上部－下部構造」論との「格闘」をその根底に秘めているものなのである。

思うに、丸山眞男の思想家としての功績は、この日本という世界のなかでも相当に特異な文化風土が抱える民族的問題性（彼の発案した概念を援用すれば「原型」・「古層」ないし「執拗低音型《バッソ・オスティナート》」的問題性、(3)「日本が日本であることの運命性」(4)）を徹底的に分析するという「日本思想史」的作業をとおして、今日の日本において敢えて「批判的知識人」たらんとするなら思索者として特に何を自覚すべきなのか、またこの日本の如何なる精神史的鉱脈に連なる者としておのれを自覚すべきなのかという民族文化的問いを確立した点にある。

しかも、彼のこの探究の起点には戦間期に彼がなした日本型「超国家主義」についての身銭を切った経験が横たわっていた。まさにこの経験が、「天皇制の精神構造」を「対象」とする格闘を彼の学者的使命とさせたのであった。と同時に、彼の「思想史的方法」論を——敢えていうならば——次の意味できわめて理念主義的な性格のものとする要因であった。すなわち、彼は明確な自己批判的動機から、つまり、日本人たる自分に滲みついた「天皇制の精神構造」を批判的に自己切開するために、未だ日本人が手にしていない一種「ユートピア」的な一つの理想的精神構造の「理念型」を設定し、それとの比較という作業をとおして「自明化」していたものを異化し相対化するという方法を取り、自分の分析作業が常にこのいわば《文化的他者》としての《自己問題化を導く反対鏡的理念型》に導かれてのものだという自覚を手放すまいとしたのだ。

この彼の強烈な動機は、自己を相対化へと導く《文化的他者》の存在への熾烈ともいうべき関心と同時に、また宿命論の立場を拒絶して、自分を新たな文化創造・自己創造の位置に就かしめようとする決意と一つになっていた。たとえば、彼は論文「日本思想史における『古層』の問題」のなかで、自分が「執拗低音音型」の問題を重視する理由をこう説明している。「精神革命というのは口でいうほどやさしくない。（略）だから過去をトータルな構造として認識することそれ自体が変革の第一歩なんです。逆にいえば、それをしないで、前の方ばかり向いた未来志向だと、下意識なるものが何かの折に噴出して、それをコントロールできなくなる。（略）だから下意識の世界を不断に意識化するように努めなければならない」（傍点、清）と。[5] つまり、変革を志向するからこそ、今日のわれわれの意識をも「執拗低音音型」的に掣肘している「下意識の世界」の批判的主題化が問題となるというのだ。

また彼はこうも述べていた。――何かオリジナルなものを生みだす創造的な主体性とは、「たんに内在的なものの外への顕現ではなくて、自らの前におかれた多元的価値からの自主的な選択能力である。思想的選択能力は、一般的に異質的な価値との出会いが多いほど磨かれる」（傍点、清）と。[6] この点で強調されるべきは、最終的には、彼が個人知識人とそれに準ずる者（独立的な進取の気質に富んだ精神的な資質をもち、それゆえに多くの場合おのずからリーダー的な位置に就く民衆分子）から発する新しい文化創造に賭けるしかないという見地を取っていたことである。「（敗戦がもたらした「全面開国」のなかで、清）この異質性の只中に身をさらし、主体的な決断能力・選択能力を練磨することが求められている。（略）日本が日本であることの運命性が全面的に問われているのである。逆に日本の歴史的条件の変化（――この全面開国のこと、清）を認識しなければ、一種の居直り的伝統主義か宿命的悲観主義かの悪しき二者択一に陥ることになろう。過去の悪しき例から、われわれ自身を別につくりだすことが必要である」[7]（傍点、清）と。

つまり、年来の私自身の愛好する言葉を援用させてもらえば、彼もまた諸文化の「異種交配的化合」のもたらす新文化創造の可能性に賭けたのであり、[8]このような「異質的な価値との出会い」のなかで「主体的な決断能力・選択能力」を鍛え得るのは、何よりもまず個人知識人とそれに準ずる者であり、次にそのような極度の自覚性に立った個人たちの集合体であり、かかる集合体は当然「自発的小集団」（これは、丸山がその親鸞論で提起した概念である[9]）以外ではあり得ない。

だから、彼は次の精神的姿勢を欠くべからざるものとして讃えたのである。すなわち、われわれが未だ手にしていない、しかし、われわれ自身の過去と現在の経験からわれわれが自分を超克するためには是が非でも手にすべきものとして憧憬されるもの、その意味で未だ「ユートピア的」あるいは「理念」的次元にしかないにせよ、しかし現実の只中から切実に必要とされるもの、それに「コミットメント」する精神の姿勢、これである。

たとえば、彼はくだんの『丸山眞男講義録』第七冊にこう書いている。「ユートピア的思考は、〈決して〉現在から逃避する〝夢想〟ではない。現実の切実な関心に根ざしたトータルな現代批判の思考と、それに基づく社会機構のラヂカルな構築である」と。[10]

いま、この言葉をもじって彼の「思想史的方法」のくだんの理念主義的性格を解説すればこうである。――彼にとっての「現実の切実な関心」つまり「天皇制の精神構造」批判という「トータルな現代批判の思考」は、このおのれの批判的態度を確固として打ち立てるためには、自己相対化を遂行するためのいわば《自己問題化を導く反対鏡的理念型》として或る理念的＝「ユートピア的」な、対蹠的な・おのれの《他者》となりうる、異質の「精神構造のラヂカルな構築」＝「理念型」構築をおこなわねばならない。

では、この《自己問題化を導く反対鏡的理念型》の構築素材はどこからどのように調達され組み立てられるのか？

一言でいうなら、彼はそれをユダヤ＝キリスト教の提出する「世界像」に求めた。その世界像は《唯一神としての人格神的創造神がその合理的・道徳的意志という強い制作的主体性をもって宇宙を創造するという創造説》を軸に据えるものであり、そこからは《つくる》という意志的行為を世界と人間とが結ぶ関係の中心に据える観点、しかも、強烈な普遍主義的な内面的良心・道徳的意識に促され、したがってまた強烈な自己責任感覚の下でおのれの行為を遂行する人格類型、それが誕生するとし、この核心部分を

「理念型」として抽出し、それを日本人の心性に浸み込んだ「天皇制の精神構造」にとってもっとも対立的な《文化的他者》として位置づけた。

では、このような仕方で方法的に構築された問題枠組みの下で展開される丸山の記紀論において、鍵概念・鍵テーマとなるものとは何か？ それが《自然》なのである。まさに、ユダヤ＝キリスト教的「世界像」が《人為》を中核に置くものであることに対して、対蹠的なる意味においてそうなのである。

日本人が生きる「原型」・「古層」・「執拗低音音型」的な「世界像」と、それが生みだす歴史意識や政治的思考において《自然》の観念が如何に重大な意義をもったのか？ またそのような意義を発揮する《自然》とはどのような観念連鎖を繰り広げる《自然》の概念であったのか？ そこにどのような特有なる日本的《自然》像が生まれたのか？ 実はこれこそが丸山の記紀論がわれわれに提起する問題の中核なのだ。

ところで私事になるが、最近私は自分の記紀論、「記紀における『根の国』とはいかなる国か――記紀における《母権的価値体系と父権的価値体系との文化抗争》」を発表したばかりであった。[11] この論文を執筆した時点ではまだ私は丸山の記紀論とは出会っていなかった。いま、これまで縷々述べたように彼の思想にとって記紀論がもつ重大性を痛感するに至り、あらためて私の記紀論と彼のそれとを突き合わせてみたくなった。その作業をとおして、彼の記紀論の問題性を批評すると同時に、そもそも彼の「思想史的方法」の孕む問題性それ自体も論じてみたくなったのである。

その帰結として私が辿り着いた論点とは何か？ あらかじめ、それを一言でいえばこうである。

彼の優れた鋭利きわまる記紀論は、しかしながら、私の視点からいえば或る重大な視点の欠落によっても特徴づけられる。それは、記紀を論じる彼の視点にそもそも《母権的価値体系と父権的価値体系との文化抗争》という視点がないことである。そしてこの欠落は彼の方法論の前述の根本事情そのものに由来するのだ。すなわち、その「思想史的方法」を支える《自己問題化を導く反対鏡的理念型》がもっぱらユダヤ＝キリスト教的「世界像」から汲み取られており、しかもその際、この世界像を、ヴェーバー的な「宗教意識の合理化のプロセス」論の観点から、[12] 最高水準の「普遍宗教」・「世界宗教」として特権化する視点がそこには織り込まれていたという事情、これである。このことによって、彼はくだんの《自己問題化を導く反対鏡的理念型》を構築する際、そこに西欧の批判的知識人にとって西欧思想史の自己批判的相対化にとって鍵を握ったユダヤ＝キリスト教的「世界像」の極度の道徳主義的性格・人間中心主義的性格・父権主義的性格への批判という三つの問題契機を対話的に組み入れることができなかった。

しかしもし、われわれが二一世紀に彼の思索的営為を継承しようとするなら、この彼の欠陥はのりこえられねばならない。なぜなら、二〇世紀はなるほど日本人にとっては「天皇制の精神構造」がもたらす悲劇性によって彩られることになったにせよ、西欧人にとっては右に言及した自己批判的課題に彼らを直面させるものとしてあったのであり、かくて二一世紀の人間がこの二〇世紀の負の精神的遺産をのりこえようとするなら、丸山的にいえば、互いにとって自己を批判的に相対化する《反対鏡的理念型》の構築それ自体が、相互批判性に満ちた対話的・相互補完的な構造をもたねばならないことになるからだ。

私が最終的に主張したい事柄とは以上の問題である。

とはいえ、本論文自体はこの最終主張に行き着くうえでの前提構築の域をおそらく超えることはできないであろう。なにしろ、それはまだ彼の記紀論を扱うだけであり、他方彼の「日本思想史」は記紀論の後に、その土台の上に、親鸞論、キリシタン論、武士のエートス論、儒学論、国学論等を陸続させるものとしてあるからである。このこともまたあらかじめ断っておきたい。

一　テーマ追求の問題前提
——丸山の「思想史的方法」における宗教的「世界像」の参照軸機能

丸山の「執拗低音音型」的問題意識の核心が、日本人の精神的変革を希求するがゆえにその「下意識」の自覚化が必須となるという点に据えられていること、この点は前章で見た。

では、何故に彼は「執拗低音音型」の摘出を記紀神話の分析に求めなければならなかったか？

こう問うとき、われわれはあらためて丸山の「思想史的方法」にとって「宗教」の概念が如何に決定的な方法論的機能を担うかという問題に送り返される。

この点で、私は自分のテーマの追究にあたって、そもそもまず丸山の「思想史的方法」の内的な構造を明らかにしておかねばならないという想いを強くせざるを得ない。というのも、前述の如く彼の「日本思想史」の内容的全貌を示す『丸山眞男講義録』の公表は彼の死後のことであり、この点で、彼が生前に発表した著作を見ていただけでは、彼の「思想史的方法」が如何なるものであり、またどのような問題性を孕むものかは、到底理解し尽くされることにはならないからである。

そこでまず、私は彼の「思想史的方法」の内的構造の骨格をなすと思われる点を略述し、その文脈を辿ることで、記紀神話分析が必然的に彼の「日本思想史」解明の起点に据えられることになる事情を浮かび上がらそうと思う。

では、何故彼の「思想史的方法」にとって「宗教」の概念は起点となるのか？

それは、彼によれば、当該の民族なり集団がおのれに与えられた地理的・自然的環境を如何に生き抜くか、またこの対自然という原初的次元において、他の民族・集団と如何なる社会関係を結びつつそれを生き抜くか、この二つの相互に絡み合った問題契機に促されて文化形成の初発にそもそも如何なる「世界像」が構築されるか、この問いこそが「思想史」探究の出発点に置かれるべき問いだからである。そして、この原初的世界像を構築するものこそが当該民族なり集団が抱くこととなる原初宗教にほかならない。この意味で、彼は「宗教」を人間の「思想の原型」として位置づける。

丸山はかくいう。「どの世界でも宗教は一切の思想の原型である」。というのも、「日常では理解できない異常・非常な出来事に直面したとき」、人間は「その出来事を日常の出来事から隔離する」ことをおこない、それを日常の秩序を越えた或るより高次の秩序ないし「本質」（したがってそれは必然的により抽象的となる）を設定して、それによってその出来事を「意味づける」ということをおこなうし、またおこなわざるを得ないからである。そして、この観念作業（＝思想作業）こそが「抽象化のはじまり」である。人間性の本質に意味への欲求があり、人間は無意味であることに耐え得ない特殊な動物である。この人間性の本質から生まれる「意味づける」欲求を担う初源の観念形態、それこそが宗教にほかならない。彼の「思想史的方法」は、かかる人間の実存的な本質的特質と初源宗教との切り離し難い絆の確認から出発するのである。

かくて、たとえば或る日人間を襲った大津波は、人類の文明の誕生以来、一九世紀に科学技術の決定的な興隆とともに民衆レベルにまで《世界に対する脱魔術化した合理的技術的態度》が浸透し、それと関連して無宗教的（宗教から中立的な）自然科学的知的態度が公教育化されるまでは、民衆的規模では全人類において何らかの「神」なる不可視の高次のより本質的なる存在（その意味での「抽象的普遍者」）が人間に下した罰として意味づけられてきた。今日でもこの神罰的意味付与形態は広範囲に持続し、《世界に対する脱魔術化した合理的技術的態度》によっても圧伏されることなく、強固な併存状態を維持している。また、そのような神罰的意味づけを拒否する人々のあいだにあっても、そこに生じた大量の人間の死を、いまなお生きている自分たちや将来の人類のためになされた聖なる「犠牲」として何らか意味づけようとすることは止むことはない。それは一見非宗教的な哲学や文学の形態をとろうと、実際は広義の「宗教的」営為にほかならない。以上の理由から、人間が《意味》を欲するかぎりにおいて「宗教のない世界はないことになる」[13]。

かかる観点から、丸山は「神話」が人類の精神史においてもつ意義について次の卓抜なる理解を示した。すなわち、神話とは「自然的実在と区別された象徴世界の構築の原初的企画」であり、くだんの《意味賦与》の「人類文化史上最初の意識的な試み」であり、「この意味では、芸術も科学も神話と同一線上にある」。だから神話においてこそ「ある文化圏の根元的な概念のフレームワーク（枠組）を見ることができる」[14]し、「神話は、自然の暴威の前に無力にふるえおののく古代人のファンタジー、空想から生まれたのではなく、かえって、自然を征服しようとする古代人の必死の世界解釈の試みが産んだものにほかならない」[15]と。

またこの点で、丸山は次のことを強調する。それは、くだんの「意味賦与」は必ず全体性と部分との有機的弁証法的連関を展開し、この弁証法的連関の下でのみおのれを可能とするという問題にほかならない。それぞれの「個別的意味賦与」はおのずと相互関連性を互いのあいだに生みだすし、実はその相互関連性の総体・全体性を始めから漠然とであれ直観的に予想しており、絶えまなくそこからの自分の手元の事態への復帰として、自分の担う「個別的意味賦与」を完成させようとする。この点では、「世界像」とは、まさしく各「個別的意味賦与」のあいだの相互関連を担保する基盤となる、その全体性の表象にほかならないし[16]、両者のあいだには必ず全体性と部分との弁証法的連関が生みだされる。彼は、この「世界像」がおのれを展開するときの全体性の弁証法を、まず便宜上「歴史意識（あるいはコスモスの意識）・倫理意識・政治意識」の三領域に分けて分節化したうえで、各領域の問題記述は絶えずその総合的把握への復帰を指示するという弁証法的な論述方法をとろうとした(17)。

なお、この弁証法的連関に関わって丸山においてもう一つ重要となる問題がある。

それは、この世界像の全体性が各民族・集団においてきわめて「個体性」・「個性」であることが強調されることである。その神話的世界像を構成する諸要素は、各要素だけを取りだせば、他の世界像とのあいだに共通するものとして認識される場合が多い。とはいえ問題は、それら諸要素が当該の「世界像」において総合されて一個の全体性を構成する際の、いわばその「ゲシュタルト」的個性にあり(18)、それはもはやそれ以上の何物への還元も許さないオリジナルなまさしく「原型《プロトタイプ》」の意義をもつ個性なのだとされるのだ。

彼の述懐によれば、この各世界像の原型としての個性を強調する観点は、一方では、彼いうところの「第三の開国」経験としての戦後経験と一つになっており(19)、この経験は「何百年ものちがった伝統をもった構造的に異質な文化圏との接触」（傍点、丸山）の問題であった(20)。また他方では、マルクス主義の影響によって戦前の彼の方法論にはまだ取り憑いていた「普遍史的」観点（「世界中、普遍的に同じ歴史的な発展過程をたどるという考え方」(21)）からの最終的な脱却を意味した。つまり、この個性主義は、彼の自己理解によれば、各世界像の特有性を「特殊性」（つまり或る「普遍性」の視点を設定し、その「下位のカテゴリー」として問題にされる）としてではなく、飽くまでも「個性」として問題とする立場の確立と結びついていたとされるのである(22)。

とはいえ、次の疑念が残る。なるほどマルクス主義的な「普遍史」的観点は捨てたとしても、彼は依然としてM・ヴェーバー的な「宗教意識の合理化プロセス」という或る種の精神の「普遍史」とも呼ぶべきそれを実は彼の方法の根幹に据えていたのではないか？

実はこの疑念の解明こそは、後に示すように本論文の重要な追究課題の一つなのである。だが、その点については後に論ずることとしよう。

話を戻そう。原初的宗教が提出する「世界像」に関する右の如き問題意識はまず彼を次の方法論的構想へと導く。すなわち、かくて「日本思想史」の解明作業の場合には、その起点に記紀神話の提出する世界像の分析が置かれることになるにせよ(23)、さらにいってその根幹的土台には、まず古代世界の三大「世界宗教」（ユダヤ＝キリスト教的世界像、インドのヒンドゥー・仏教的世界像、中国の道教・儒教的世界像）の掲げる世界像との比較宗教学的考察が据えられ、この考察をとおしてこそ記紀神話分析から取りだされた日本の原初的宗教的世界像の「個性」が浮き彫りとなる、という。

本論文の「はじめに」で、私は丸山の方法の理念主義的性格について語り、かつ、彼が日本文化を刺し貫いている原型的世界像を問題化する際の《自己問題化を導く反対鏡的理念型》としてはユダヤ＝キリスト教の世界像を参照軸に据えるということを述べた。

まさに問題はこの点に深く関わる。そして、私は次のことをここで補足しなければならない。実は、そもそも丸山はこの《自己問題化を導く反対鏡的理念型》としてたんにユダヤ＝キリスト教の世界像のみを立てたのではなかった。すなわち彼は、ユダヤ＝キリスト教的世界像を「絶対者としての唯一人格神と人間との関係（religio＝結び）を中心として構成せられた（神中心ないし人間中心の）」・「超越的人格神によって命ぜられた義務（＝ミッション）を地上において遂行するという社会的実践への傾向性」を強く抱く世界像（意味賦与形態）として特徴づけると同時に、これに著しく対蹠的な世界像として、儒教を除外したうえで、「根本的に『空』の直観をめざす汎神論ないし汎心論」的世界態度を取る仏教を頂点として、これに類似した「絶対者との神秘的合一（unio mystica）の『境地』に達することをめざす神秘主義的瞑想行動への傾向性」を強く抱くヒンドゥー教、道教等の東洋諸宗教を他方の極に立てたのである。そして、儒教を、その究極の形而上学的な存在論においては汎神論的でありながら、「神秘主義的瞑想行動への傾向性」を拒絶してきわめて政治的な社会道徳的な行為実現の志向性を特質とするという点では、ユダヤ＝キリスト教世界像と隣接する地平にもあるものとして、このＸＹ座標系の内部でいわば中間的補助線をなすものとして位置づけた。そして、こうした星座的配置《コンステレーション》の中で日本の原初的世界像の占める位置を測定しようと試みたのである。(24)

二　丸山記紀論に摂取された民俗学的考察の契機と和辻哲郎の「風土」論的契機

では、かかる根幹的な方法的枠組みのなかで丸山の記紀論はどのように展開するのか？

この点で、まずあらかじめ私は次のことを指摘しておかねばならない。

第一に、彼は記紀を日本文化の原型的世界像を析出するうえで最重要の資料と評価するにせよ、その取り扱いにおいては、次の批判的観点の保持が不可欠となることを強く自覚していたことである。すなわち彼によれば、原資料となる記紀ですら「輸入された文化の諸観念、たとえば仏教、儒教等による潤色を蒙っており、しかもそれらは一定の政治的意図によって著わされたもの」だから、それをそのまま無批判的に日本文化を貫く「原型」的世界像を探り出す資料と使用することはできない。

彼はこう注意を喚起している。すなわち、この文献資料から「一種の消去法により、儒教・仏教など、明らかに後になって大陸から流れこんだ語法や諸観念を除去し、また後に『神道』といわれるものの諸観念と民間伝承の諸観念を照合させてゆくと、そこに持続的なものとして、高度に抽象的な世界像としての儒仏とは異なった思考様式・価値意識を認めることができる」が、これを「再構成して、一つの仮説として立てたもの」、これが自分の提起する「執拗低音音型」にほかならないと。(25)

そしてまさにこの点において彼は民俗学的考察の意義を認め、それと自分の考察の連結点を見いだそうとする。すなわち彼によれば、「日本の思想史一般についていうならば、普遍的＝抽象的な概念、あるいは多少とも体系性をもった教義は、儒仏以下ことごとく外来思想といってよい」から、教義面に焦点を当てて「外来土着の二分法」を推し進めても、真に土着的なもの、つまりは「執拗低音音型」には出会えない。「むしろ、抽象性・普遍性の度合いの高い教義・学説と、日常生活に密着した思考様式・感覚・発想などとの間におこる相互作用に着目した方が生産的である」と。(26) いうまでもなく、「生産的」とは「執拗低音音型」を摘出するうえで、ということである。また、『丸山眞男講義録』第六冊の第一章・第二節は「深層に沈澱した思考様式・世界像」とのタイトルをもつが、そこでは、往々歴史学からは批判の的となる「民俗学の非歴史的といわれる点」がむしろ長所として働き、これまでは民俗学こそがこの「深層に沈澱した思考様式・世界像」、つまりは「執拗低音音型」の摘出に従事してきた学問であったとしている。(27)

第二に、右の問題把握と深く連動して、また丸山が比較宗教学・比較神話学を方法論的土台に据えたことによって、彼が実に鋭利にも日本神話の次の神話的特質を認識していたことである。すなわち彼の観察によれば、インド・

ヴェーダ神話・ギリシャ神話・北欧ゲルマン神話等々と比較して記紀神話を特徴づけるのは、宇宙創成論が内容的に貧弱で、そこでは「統一的宇宙像、世界像への関心が低かった」ということ、[28]だがそのことが他方では、他の諸神話には見られない「宇宙創成物語と自己の政治＝社会集団の発生の由来とが、歴史的時間において接続している」という特徴を記紀に与えているということ、[29]そしてまさにこの後者の点にこそ「記紀のイデオロギー的体系性」があるという点なのである。いいかえれば、相異なる異種の世界像（「高天原神話」・「筑紫神話」・「出雲神話」といった）と「異なった伝承に基づく神格の多元性と多様性」を「そのまま残しながら」、大和朝廷の権力支配の神話的正当化をはかるというイデオロギー的意図に強固に支えられ、それらの本来は相異なるはずの世界像と神々のあいだに、さまざまな論理矛盾が起きようと頓着なく、「血縁関係と統属関係」を張り巡らすという編纂性、これが記紀の特徴なのである。

　第三の点は、丸山の記紀論には彼が和辻哲郎のかの『風土』から摂取した風土論的視角が、前述の各世界像の「個性」の問題に深く関わって取り入れられていることである。

　前章で述べたように、対自然という原初的次元においておのれの存在を如何なる観念形態において意識するか、またこの次元において、おのれの共同体の内部を如何なる社会関係として意識し、また他の民族・集団と如何なる社会関係を結んでいるものとして意識するか、この原初的次元での二つの相互に絡み合った問題契機によって編まれる自己意識の構造＝世界像のあり方、これこそが丸山にとって思想史の起点を形づくるものであった。だから当然、彼の視点は和辻が『風土』で問題にしようとしたことに重なるのである。いいかえれば、くだんの歴史（コスモス）意識＝倫理意識＝政治意識の三位一体性の根底にあって、かかる三位一体性を生成させたもの、当該世界像の個性の根拠、それを丸山は各世界像にとってのいわば絶対所与となるその「風土」的契機に見るのである。

　講義録第七冊の「第一章　歴史的前提」の第一節は「日本の文化型における地理的および風土的契機」と題され、そこでは和辻の『風土論』における視角、「モンスーン的風土を基礎としつつも、台風などの突発性を含む四季の漸次的推移という二重性」と日本人の感情形態の特徴である「変化において持続する感情」とのあいだに共振呼応の関係性を見抜いた視角、それが「素晴らしい」と高く評価され取り入れられる。[30]またそれだけではなく、後述する丸山の重要な視点、日本人の古層的心性は家族主義的情愛の自然性に最高の審美的価値を置く点に特徴があるとする見解にも、和辻の影響は色濃い。

そもそもこの第一節の冒頭では、モンテスキューこそが「法・政治の社会学的基礎としての自然的諸条件についてたちいって論じた」最初の思想家だと指摘されたうえで、そうした自然的・風土的契機をまったく捨象して「もっぱら普遍的な歴史的発展段階論だけで」事柄を論じる方法では「一国の思想文化の特質」はもとより、政治的経済的現象すら、それを「包括的に解明」することは不可能だと主張される。この主張が暗にマルクス主義の方法に向けられた批判であることは疑いない。つまり、前述のマルクス主義との方法論上の格闘には、各々の世界像の個性の強調と深く結びついて風土論的視点の導入の不可欠性が問題になっていたのである。

では、その問題は「日本思想史」においてはどう具体的に展開するのか？

この点で、私は丸山において真に注目すべき点として次の彼の強調点を取り上げたい。それは、彼に大きな影響を与えた和辻には、しかし、それほどの強調をもっては打ち出されてはいなかった点である。

丸山は、日本に運命的である「地理的な位置」（島国性）のなかに問題となる「風土」的契機を見いだす[31]。すなわち、「日本が島国であることの思想史的意味は重要である」と指摘し、こう述べている。「有史以後われわれが大規模な人種混淆を経験していないということは、むしろ驚くべきことである。世界史は征服、移民の歴史であった。日本では歴史と文化の持続性の強さが特徴であり、それが『クニ』の観念と関連している[32]」と。この「クニ」観念こそは、彼の分析では、実は彼が最大の対決の相手とした「精神構造としての『天皇制』」――彼はなによりもそれを「多頭型で寄合協議型」の意思決定を志向する精神構造と把握したが[33]――の土台となったものなのである。

同時に彼は、日本の島国性は、なによりも中古期において当時の先進文明である中国文明に対して、「距離をへだてた外の『世界』からの文化の『摂取』と『修正』『同化』＝内なるものの同一性が失われない」という稀有な関係性の維持を可能とさせた性格のものだとした[34]。つまり、それは熱帯諸島の如き文化のガラパゴス化を日本に免れさせるものとして働くと同時に、当時の強大な先進文明たる中国文明への吸収同化からも日本を免れさせ、日本文化の独自な同質性の執拗な持続を可能にさせる地政学的条件となった。そしてこの事情は後の明治維新以降の近代西欧文化との関係においても持続したのであり、この点こそが「日本の特異性」であると、彼は指摘した[35]。

では、その「同一性」とはどのような「世界像」の同一性として現れるのか？　それを彼は記紀分析のどのような具体的プロセスから取りだすのか？

三　記紀神話の歴史意識（コスモス意識）の基底をなすアニミズム的宇宙観と家族主義的情愛主義

まず注目すべきは、丸山が日本の原型的世界像の個性を次の点に捉えた点である。すなわち、その世界像はきわめてアニミズム的であり、その「歴史意識（あるいはコスモスの意識）」の原型は「『なりゆき』と『いきほひ』の世界」として特徴づけられる性格のものだと[36]。

彼はこう論じている。生成と生殖はもとより「自然的時間の流れ」において起こる出来事であるが、それが「死滅に優位する」もの、つまり、たえまなく再生・転生にもたらされ死を克服してしまうという「オプティミズム」において意識されていること、「〈世界は、〉自然的時間の経過において万物が生成活動し、増殖する世界〈であり、その意味で世界〉は、永遠不変なものが有る（Sein）〈有〉世界でも、滅びを運命とする虚無（Nichts）〈無〉の世界でもなくて、まさに『成りゆく』（Werden）〈成〉の世界である」ということ、「これが日本の歴史像の原型をなす」と[37]。彼はこのことの象徴として記紀に登場する神々が――ユダヤ＝キリスト教的一神教的創造主神ではないのは勿論――、ほとんどの場合植物的生命を範例とした「生成作用の神格化」としての「化生神」であり、「もともと日本神話では創造説は非常に貧弱で、それも中国思想の影響を受けている」ことを指摘する。

そしてこの点で、丸山によれば、日本の原型的世界像は東洋的「世界宗教」のそれとも大きく異なっているのである。すなわち、「汎神論」的であるという点では確かにヒンドゥー・仏教・道教等と同質的な側面をもつが、それら東洋の「世界宗教」が「空」なり「天」なりの「永遠」を体現する超越的普遍者の観念をその汎神論的宇宙観に貼りつかせている点（「天」観念は儒教においても形而上学的基礎である）と比較すれば、まだおよそそのような超越的絶対者の観念をもたない、その意味ではあくまでも現世的自然世界に重心を置き続けた素朴なアニミズムの宇宙観に留まっている。たとえば「古代インド〈バラモンのウパニシャードから原始仏教に通ずる時間像）」においては、現世は根本的に迷妄の世界とされ、究極的にはそこからの「解脱」・「涅槃の世界への飛躍」が問題になり、この超越目標が《意味賦与》の根拠となることで、時間は現世的時間と「永遠」との二元構造をとる。[38] あるいはまた「古代中国思想」（道教ならびに儒教）においては、「天」という超越的観念が注視され、そこでは「宇宙秩序の規則性が永遠のシンボルである」こと、したがってまた「天道という自然法にしたがって、具体的歴史が価値判断される」という「規範主義的歴史観」が成立し、古代インドでは現世からの「解脱」が人間の生の究極目標＝意味源泉になったのに対し、古代中国では宇宙秩序の全幅的顕現＝実現としての「和」がそれになる。[39] いわく、「永遠と時間を結びつける契機が、古代インド思想では『解脱』であり、キリスト教では神の意志の『履行』だとすれば、中国古代におけるそれは『調和』すなわち『和』である。日本では『和』は心情の即自的な同一性を意味するが、中国では『和』は、身分の『別』に基づく宇宙のシステム性を意味する。[40]」

　こうした古代インドや古代中国の世界像＝時間像に対比するなら、丸山によれば、日本の原型的歴史意識・宇宙観の特質は次の五点に総括される。

　第一、**現在中心主義**。「歴史は現在を中心とした、過去から未来への無限の流れである」。　第二、**無超越性**。「時間を超越した『永遠』も『絶対者』〈たとえば超越的一神や涅槃〉もない」。　第三、**現在と過去との強固な連続性**。「現在は過去の生成（成る＝現《あ》る）の結果であり、顕現である」。　第四、**現在中心主義的意味賦与構造**。「過去は現在の立場（situation）からはじめて位置づけられる」。　第五、**無ユートピア主義的未来観**。「未来は過去の potential energy をもった現在の、現在からの発射であり、噴出である[41]」。

　丸山は「日本の思想史には古来ユートピア思想がほとんど見られない」と指摘しているが[42]、おそらくこの点に、彼は日本の原型的世界像の総括的な問題点を見ている。まさに、彼の「思想史的方法」が強烈な理念主義的性格をとるのは、この日本の無ユートピア主義的世界像に対決しようとするがゆえなのである。

　そして彼はかかる対比をとおして、日本人の古層的心性には「歴史は人間（われわれ）がつくるものであり、出来事はわれわれが起こすものというよりは、われわれの外にあるものであり、如何ともすべからざる勢の作用であるという考え方が定着しやすい」（傍点、清）と見る。[43]

この「成りゆく」宇宙像に先の二章で取り上げた「クニ」的風土性の問題契機が融合すると、そこには次の日本的心情美学が誕生する。

丸山は、明らかに和辻の議論を念頭に置きながら、かつ一方にユダヤ＝キリスト教、他方に儒教の「天」思想を念頭にしながらこう指摘する。右の如き「成りゆく」ところの「自然的な生成」を重んじる日本的心性は、意志的決断に重点を置くのではなく、感情・心情の自然的生成を重んじることに繋がり、それは「直接的人間関係の親近性に基づく傾倒」を強くし、家族主義的情愛の自然性をもっとも真実で美しいとする「審美感」を生みだし、常に「道徳的規範」よりは「自然的情動」を価値あるものとする心性となって展開すると。

というのも、そこにはユダヤ＝キリスト教的な「絶対神の命令」とのきわめて道徳的な緊張関係も、儒教的な「天」という「普遍的規範の制約」とのそれもないから、「時勢にしたがって心がうつることはむしろ当然とされ、転向や回心の自覚や決断がされにくく、したがって責任意識はうすい」という心性が形成されるとともに、他方では、「直接的人間関係の親近性に基づく傾倒は非常に強く、それが、うるわし・うつくし対きたなしという審美感に結びつく」のである。したがって、そこには男女間倫理・家族内倫理・身分間倫理の場面でも「道徳的規範よりはヨリ多く、自然的情動」が重んじられ、「君臣主従も親子に、すすんでは恋人関係になぞらえられる」（『葉隠』）[44]という「儒教道徳の変容」が見いだされるとされる。[45]丸山はここに中国の儒教的家族主義とは「微妙に異なる」日本的家族主義の特質を見いだす。[46]

『丸山眞男講義録』第六冊のこうした論述のくだりには直接は出てこないが、私の理解では、右の如きユダヤ＝キリスト教ならびに儒教との思想上の相違は、その経験的基礎に前述の「クニ」的な風土的相違——異民族同士の本格的な闘争関係を日常的に孕むことはなく、民族の存立に関わる問題としても一度も経験したことがない、という稀有な——を置いていると思われるし、丸山も彼の風土的原型論の構造からしてそう認識していたと思われる。

四　展開されなかった一九八四年の認識

——記紀に対する丸山の視点をめぐって

ところで、ここで丸山の記紀論に関して強く指摘したいことが一つある。

それは、『丸山眞男講義録』第七冊に示される一九六七年の最終講義までの彼の記紀論と、その一七年後の一九八四年に発表された「原型・古層・執拗低音――日本思想史方法論についての私の歩み」における記紀論への視点とのあいだには見逃すことのできない発展があることである。

一九八四年のくだんの文章のなかでは、彼は次の視点、すなわち、既に暗黙の裡に柳田のなかにも準備されていたといい得るが、学問的には岡正雄がもっとも強力に主張した観点、すなわち記紀神話の構造を垂直的な天からの降臨神話と水平的なニライカナイ神話との混淆的二重構造に見る観点を彼流にモデファイしつつ自分の視点のうちに取り込んでいる。そこにはこうある。「問題なのは、一方において高天原（天上）――芦原中国（地上＝日本国）――根国（地下）という宇宙の垂直構造と、他方においては仏教の西方浄土の観念とも結びつく蓬萊国、または出雲に想定されている黄泉国と芦原中国との関係のような世界の水平的な構造とが、日本神話のなかで競合している、ということです」と。[47] また、垂直的契機は「北方のアルタイ系の神話」と通じ、他方水平的契機は「東南アジアとか南太平洋諸島」の神話類型と通じるとし、柳田がいうように記紀においても「根の国も海上の彼方にあると読める箇所もある」とも指摘している。[48]

しかし、一九六七年の講義ではこうした問題認識はまだ全然出てきていない。そこでは記紀における「根の国」の存在は、ただ地下の冥府たる「黄泉の国」との関係だけで捉えられ論じられているに過ぎない。また、記紀における異種的神話素のいわば混淆併存性は既に問題とされているとはいえ、それは前述のように「高天原神話」・「筑紫神話」・「出雲神話」等の併存性として認識されているだけで、右のごとき北方的要素と南方的要素の併存性の問題としては掴まれてはいない。[49]

とはいえ、一九八四年に公表された右の指摘もまだ指摘だけに終わっている。おそらく、彼にはここに新たに獲得された新視点に基づいて自分の記紀論を書き直すだけの余力はなかった。だから、文献として残っている彼の記紀論の最終形態はくだんの講義録第七冊に公表された一九六七年講義のそれなのである。

なお、この一九八四年の発言に関しては次のことを付け加えておきたい。

それは、前述の記紀神話の二重構造性に関して、彼が次のことを強調していたことである。すなわち、各要素をそのように分解するならば、各要素それ自体には日本固有なものはなくなるが、問題は諸要素の独特な結合のされ方そのもののもつ個性、「一つの『ゲシュタルト』――全体としての日本神話の構造」だとし、[50]前述の彼の方法を貫く「個体性」の観点を強調していることである。実は、この彼の観点は私と共通するところが大なのである。――次章で示すように、私は彼における《母権的価値体系と父権的価値体系との文化抗争》の視点の不在を強く批判するのではあるが。

五　一九六七年講義における丸山の「根の国」論の問題性

では、その一九六七年の記紀論は如何なる論点からなるものであり、そこにはどんな問題性が孕まれていたのか。

第七冊・第一章・第二節「思考様式と世界像の『原型』」の「死の表象」という小見出しの節において、彼は「(連想による空想)『根ノ国』『夜見ノ国』『黄泉ノ国』。同時に死の世界は、『黄泉』という中国の観念をうけながら、連想によって、一方では地下の国と表象されて『根ノ国』、他方では夜の国と表象されて『夜見ノ国』とされた」(傍点、清)と書き、もっぱら古事記のくだんのイザナギとイザナミの「黄泉の国」での最終決別の場面を根拠に「根の国」を「黄泉の国」と同定する立場に立っており、[51]かつまたこの同定にいささかの疑義も感じていない。また、同じ節のなかで古事記に出てくる「黄泉比良坂」を念頭に「〈原型においては、〉黄泉国は、生の世界と別の次元にあるのではなく、それと空間的に接続した世界である。だからこそ死霊が容易に帰ってこないために、境界を塞ぐという発想が出てくる」(傍点、丸山)と述べたうえで、後に仏教が入ってくると「死の世界の表象は、この黄泉国の水平的空間性のかわりに、『根ノ国』という地下観念が媒介となって、地獄の観念へ展開した」と主張している。[52]そして、くりかえしいえば、そこでは前述の一九八四年に彼が言及した記紀神話の南北・水平垂直二重構造の問題は何らまだ問題になってはいない。

ここでは詳論する紙数がないが、「根の国」を如何なる神話的意味を付与された国と理解すべきかの問題に関しては、私は少なくとも次のことを指摘しておきたい。

1、沖縄・奄美のニライカナイ信仰においては神の住まう豊穣なる生命の国は海上の彼方、つまり「水平的空間性」においてある「ニライカナイ(奄美ではネリヤカナヤ)」とされ、柳田がいうように当地ではそれが「根の国」

として理解されていたこと。（柳田「稲といふ穀物の根原がニルヤに在り、之を繁茂せしめて人間の力と幸福とを、豊かにすることが本来の機能であったのかも知れず、言はば南島の根の国が、単なる亡者の隠れ行く処であるに止まらず、絶えず是から流れ出て、現世を楽しく明るくするものの、爰が主要なる源頭であることを、嘗て我々は南北共同に、信じて居た時代があったのでは無いか」）（傍点、清）。[53]　2、沖縄・奄美のノロ・ユタ信仰に表明される「原型」的なアニミズム的世界像では、霊魂（マブリ）は非業の死や怨念を抱えたままの死によって悪霊化しない限りは、宿った肉体が死んだ後は肉体を脱したのち必ず子孫の誰かに転生し永遠に不滅であると考えられ、葬儀の要は、霊魂を悪霊化させることでこの転生の道を見失わせ、行きどころのない流浪と浮遊に彷徨わせることなく、幸福な転生へと旅立たせる「マブリ別し」の完遂にあると考えられたこと。　3、また悪霊化を免れた祖先らの霊が住まうあの世（後生《グショ》）は死者たちが現世にいた頃そのままの姿で幸福に暮らしている「常世」的世界と想像されていたこと。このような諸点を念頭にかつて柳田は原日本人の霊魂観をこう特徴づけたこと。「第一には死してもこの国の中に、霊は留まって遠くへは行かぬと思ったこと、第二には顕幽二界の交通が繁く、単に春秋の定期の祭だけでは無しに、何れか一方のみの心ざしによって、招き招かることがさまで困難で無いように思って居たこと、第三には主人の今はの時の念願が、死後には必ず達成するものと思って居たことで、是によって子孫の為に色々の計画を立てたのみか、更に再び三度生まれ代わって、同じ事業が続けられるものの如く、思った者の多かったのが第四である」と。そして彼はこの事情を典型的に示す土地が沖縄だとした。[54]　4、記紀自体の編纂は古代大和朝廷が当時の最大なる先進文明であった中国文化（皇帝権力を天命・天神・天帝によって正当化する父権的政治思想を中核に置く漢字文化）を摂取し、その摂取を文化的武器として自己の正当性を内外に誇示しようとする政治イデオロギー的な意図によって貫かれたものであること（なお、このことは前述の如く丸山の強調点でもあった。[55]）　5、その結果、記紀は大陸由来の北方的父権的天孫降臨型神話と原日本的な南方的ニライカナイ型親母権的神話との独特な混淆折衷の複合体となったこと。[56]

　なお、私は先に言及した最近の拙論「記紀における『根の国』とはいかなる国か――記紀における《母権的価値体系と父権的価値体系との文化抗争》」のなかで、右に述べた事情を踏まえて、おおよそ次の論点を打ち出した。

イ、記紀を丹念に読めば、「根の国と「黄泉の国」を同定する文献的根拠はどこにもない。[57] ロ、にもかかわらず二者の同一視が通説化したのは、スサノオがイザナギに「妣の国根の堅洲国」に行くことを懇願し赦され、そのことをアマテラスに言上に行くという古事記における例のくだりと、その前段階として語られるイザナミの死による「黄泉の国」への下国、それを追ってのイザナギの「黄泉の国」訪問と二者の最終的決別・「黄泉の国」からのイザナギの逃亡行という例のくだりとが、「妣の国」という言葉を媒介にして、だから当然「妣の国根の堅洲国」は「黄泉の国」であろうとの安易な同定が生まれたからである。[58] ハ、しかし、先に述べた4と5の事情もよくよく顧慮するなら、この安易な同定は退けられるべきである。[59] ニ、イザナミの死と「黄泉の国」下りは「天命・天神」に対する背命行為に対する天罰というコンテクストにおいて物語られるが、そもそも「天命・天神」観念は中国由来のものであって日本古来のものではない。[60] ホ、「妣の国根の堅洲国」を思慕するスサノオと、このスサノオを偉大なる祖先としておのれの正統性の根拠とする出雲の大王たるオオクニヌシノミコトを繋ぐ神話系にあっては、死穢の世界としての「黄泉の国」は登場せず、物語の中枢となるのは「常世の国」の神的威力である。また「常世の国」表象はアマテラス－天津日高日子番能邇邇藝命《あまつひこひこほのににぎのみこと》－火遠理命－若御毛沼命（後の神武天皇）を結ぶ天孫物語においては中心的役割を果たし、この物語系統においては一見イザナギ－イザナミの「黄泉の国」での決別神話と同型の物語構造を取るように見える物語（木花之佐久夜毘賣による火遠理命の出産譚、火遠理命と豊玉毘賣命の結婚・離別譚）も、興味深くも、内容的にはほとんど正反対の意味連関（天罰に対する天恵、死穢に対する生命的豊穣、戦争を賭した決別に対する思慕）を示す。[61]

なお付け加えるならば、私にあっては、これらの論点の提出は先の1〜5の五点にわたって指摘した問題事情と合わせて、記紀の全体を、拙論のサブタイトルが示すように、《母権的価値体系と父権的価値体系との文化抗争》という視点から考察すべき必要の強調と結びついていたのである。（ここで次のことを付け加えておく。柳田は『妹の力』で沖縄・奄美のオナリ信仰を追究した際、当時の西欧でバッハオーフェン・ルネサンスが引き起こした母権的文化伝統への注目を強く意識し、日本においても類似した母権的文化の痕跡を追究しようとの意欲に燃えていたのである。[62]）

さて、このように一九六七年の丸山の記紀論と私の論点とを対置してみると、如何に彼には柳田的視点、さらにいえば私のいう《母権的価値体系と父権的価値体系との文化抗争》という視点が構造的に欠落しているかが判然とするであろう。

確かに彼は日本人の原型的世界像の特質を、そこでは異界・霊界・彼岸的神的世界と現世とが「水平的空間性」において繋がるという点に見ている。だが、この「水平的空間性」の問題をニライカナイ的・「常世の国」的・「後生《グショ》」的な「水平的空間性」の問題としてはまったく意識できていなかった。彼は、「黄泉の国」観念が中国由来のものであるとの重要な指摘をおこなうことはできたが（前述）[63]、それゆえ「黄泉の国」は「天命・天神・天帝」観念と対《つい》関係にあり、古事記においてイザナギの死と「黄泉の国」下りは、「まず男が女に求愛の声をかけるべきであって、その逆は許されない」という天命に対する背馳に対する天罰として与えられるという中国的父権思想に由来するコンテクストに浸されているという問題、したがって、そもそも古事記のイザナギ－イザナミの出会いと両者による国造りから始まり遂に「黄泉の国」における両者の決別とイザナギのそこからの脱出譚に終わる一連の物語が、およそ日本の「原型」的世界像にとっては異質であるという問題、これを認識することはできなかった。

私には右の問題は丸山の「原型」論の抱える問題性についてきわめて示唆的であると思える。既に指摘したように、彼は日本人の原型的「世界像」がきわめてアニミズム的であり、それゆえにユダヤ＝キリスト教的世界像とは根本的に異なることはもとより、仏教的な世界像とも中国的なそれとも大きく異なることを強く意識していた。とはいえ彼は、この日本的アニミズムの抱える問題を、日本文化がそれこそ「執拗低音音型」的問題として常に《母権的価値体系と父権的価値体系との文化抗争》を孕むという問題設定へと造形することはできなかった。その事情は、次章に見るように、彼の「祖先崇拝」論にも「日本の歴史意識の『原型』」としての「なりゆき」・「いきほひ」論にも姿を現すことになる。そしてこのことによって、彼は自分の考察を同時代の西欧で進行した、それこそ「西欧思想史」の自己批判的再検討作業と架橋することができなかったのである。

六　欠落する日本型アニミズムの親母権的性格への視点

まず祖先崇拝の問題から取り上げよう。丸山は日本における祖先崇拝の「原型」的特質を探るべく、それをまず中国の「家父長的宗族を基盤とする祖先崇拝」と対比しながらこう特徴づける。

すなわち、中国のそれは「子の父にたいする『孝』の〈義務が基本徳（cardinal virtue）であり、その〉祖先への遡及として、本質的に過去へと志向し、かつ規範性を帯びる」（傍点、丸山）点に特徴がある。[64] これに対して、日本の「原型」的なそれにあっては、「祖霊は子に宿って、未来へ向かっての生成発展のエネルギーとなる」点にあると。彼はこの点を次のような言い方によっても特徴づけている。「血縁的系譜の連続性」も、親への報恩の遡及ではなく、逆に「古きものの死から新しきものの生への流れを通じての継続」（傍点、丸山）、「世代交代の際に、新たなる出発を祝福すべくよび出される」霊力の連続性というべき連続性として表象される、と。[65]

丸山はこの点にいたく注目しており、その点が、先に第三章で取り上げた日本人の原型的宇宙＝歴史意識を「なりゆき」・「いきほひ」の世界像とする彼の議論にも繋がる。

まず丸山は『本朝通鑑』の『国史館目録』に引かれている出雲大社の国造の世襲に際しての祭儀に関する記述に注目し、父の死にともなって子が国造の身分を引き継ぐ際に、「其族　前の国造を哭せず、唯新国造を賀す。子　父葬に会はず。而して一日も潔斎なし」とあり、その理由を「蓋し六十余代の国造を以って、天穂日命永存して死せざるに擬すれば也」と記している点に注目する。[66] そして、「血縁的継承がそのたびごとの復活を意味する」この祖霊の転生永続の思想こそ、天皇即位に際しての最重要儀式たる大嘗祭の核心にあるものだと指摘している。[67]

他方先に見たとおり、彼は「日本の歴史像の原型」を「自然的な生成が同時に増大であるという生成増殖の素朴な謳歌」[68] が基調となった歴史意識として特徴づけた。[69]

この点で注目すべきは、彼は右の歴史意識の特徴を日本の原型的アニミズムの抱く霊魂観、つまり先の永遠的な転生再生の宇宙観から説明しようとしていることである。すなわち、この「『成りゆく』（Werden）〈生成〉の世界」は「歴史のなかに『タマ』＝生命＝エネルギーが宿り、それが内在的必然性をもって発展するという意味でのいわば勢の必然史観」と評することができると。[70]

確かにこの彼の観察は鋭い。

だが、ここで私として強調したいのは、こうした連続性の観念の基底にあるのは、明らかに沖縄・奄美に色濃く残っている原始的アニミズムの「世界像」を成り立たせている霊魂不滅・再生転生の観念であるということである。彼の考察は事実上＝内容上はまさにその点に触れている。しかし、既に柳田が自覚していたようには、その問題が《母権的価値体系と父権的価値体系との文化抗争》という全人類に共有された問題に連結してゆく問題であるとは認識していない。そこが私の問題にしたいところなのだ。

七　丸山の思想史的方法は果たして「普遍史」的観点を脱し得ているのか？

これら一連の問題は、実は、これまでの議論の過程で私が幾度か示唆した問題、すなわち、丸山の「思想史的方法」はなるほどマルクス主義的な「普遍史」的観点は捨てているかもしれないが、ヴェーバー的な「宗教意識の合理化のプロセス」論としての「普遍史」的方法に依拠しているのではないか？　という問題に関わる。

講義録第七冊の第一章・第二節・「一　倫理意識の『原型』」には「宗教意識の合理化のプロセスと日本の特色」という小見出しが掲げられ、明らかにキリスト教がこの「合理化のプロセス」の最終到達点の「理念型」を提供する源泉として意義付けられ(71)、その遠近法《パースペクティヴ》の下で日本の原型的倫理意識が「吉凶観と善悪観の重畳」・「外からの厄災観にたつハラヒ、キヨメの観念と、人格的責任の意識にたつツミの観念」との重畳として特徴づけられる(72)。

すなわち、丸山によれば、当初人間は自分が蒙る厄災をあくまで「個別的状況」のもとでの「個別的厄災」あるいは「個別的疎外」として受け取り、したがってそこからの救済もまた「個別的意味付与」をとおしての「個別的救済」として追求されるのだが、宗教意識の合理化プロセスは世界の全体像的な把握へと進み、その地平で「聖と俗の分化」が成立し、「聖と俗の世界はそれぞれに体系化される」。つまり全体化される。すると、当初あくまで個別的な厄災・疎外と考えられていたものも「俗世界それ自体の究極的な罪悪性」の結果であると意識されるようになり、「人間の根源的存在自身の罪性」への意識が生まれ、だからこそまた救済も個別的救済ではなく、「終末論とともに『人類』の新たな『再生』と救済」という世界変革的な目標観念が誕生する。「こうして一般的規範世界の成立と、人間の根源的な存在自体の罪性への問とは、並行して形成される」が、この意識の合理化のプロセスこそは「アニミズムから多神論、さらに一神論ないし絶対原理に到達する過程でもある(73)」。

丸山はこのプロセスに抽象論理のレベルでは仏教・道

教・儒教といった東洋の「世界宗教・普遍宗教」も数え入れてはいるが、その《原罪＝終末論＝救済》の観念連合においてて何よりもまずキリスト教を理念型源泉として念頭に置いていることは間違いない。

この点で、私は次のように主張するのだ。なるほど、彼はマルクス主義的「普遍史」主義は捨てたかもしれないが、ヴェーバー的な――キリスト教中心主義的な――「宗教意識の合理化」という「普遍史」的方法はむしろ彼の方法論的前提なのだ、と。

この問題に関わって、ここで引き合いに出したいのが「文化圏的歴史観」を唱えた石田英一郎である。

われわれは既に丸山の「思想史的方法」の起点に据えられた「宗教」概念に関わって、彼が事実上「意味賦与」の根本形態として二つの世界像をまず区別していたことを見た。すなわち、ユダヤ＝キリスト教の《人格神的創造主神による宇宙創造》の世界像と様々な汎神論の《神と宇宙の全体性を同一視する》世界像の二つである。他方石田は、この丸山の視点とよく似て、ただし、丸山にあっては全然考慮の対象にならない《母権的価値体系と父権的価値体系との文化抗争》を強調する仕方で、人類の宗教文化をまず次の二大「原型」（丸山の概念を使えば）に分けて考えた。すなわち、《父権的・上天神的・遊牧民的・唯一神的・超越神的・合理主義的信仰圏》と《母権的・大地母神的・農耕民的・多神教的、内在神的、カオス主義的アニミズム信仰圏》との二大パターンに。

かつまた彼は、諸宗教をそのどちらかにひとまず分類するとともに、そのどちらかに分類された各宗教それぞれの内部的な矛盾性・葛藤性を照らし出すために、今度は或る同一の宗教の内部にこの原型対立を再追跡する必要を訴えた。たとえば、まさにユダヤ＝キリスト教は一応前者の代表であるが、とはいえ、ユダヤ＝キリスト教もその内部に注目するとき、実は前者と後者の或る種の複合として問題にされるべき相貌を呈す。古代ユダヤ教に対してイエス思想は或る点で前者が抑圧した母権的諸価値の復権という相貌をもつし、この問題性は一方ではマリア信仰を核にして正統キリスト教内のカトリックとプロテスタントとの宗教的心性の相違という問題にも、あるいはニーチェがいち早く問題にしたような「正統キリスト教」のユダヤ教的先祖返りという問題としても展開する。また古代ユダヤ教自身をも――つとに上山安敏が指摘していたように――実はこの矛盾性・葛藤性は貫いているのである。(74)

そういう観点を打ち出した石田はかつて『人間を求め

て』（一九六八年）に収められたエッセー「日本発見」のなかでこう自己批判したことがあった。すなわち、自分は長らく「西洋は先進国、日本は後進国という明治の文明開化以来の固定観念の延長として、日本文化の封建性－先近代性という角度だけから彼我の文明を比較してきた[75]ため、はじめは「なかなか日本と西欧とを文化的に完全に対等の位置において意識するまでには至らなかった」（傍点、清）。だが、いまやかかる新しい視点に立つに到り、そこから今後根本的には「融合と単一化への道[76]」へと向かうと思われる世界文化の発展過程のなかで、これまで自分がもっぱら文化的後進の角度からのみ論じてきた日本文化の民族的個性を、それが形成されるべき将来の世界文化に対して何らかの新しいポジティヴな貢献をなしうる「可能性」を抱くものとしても問題にすべく努めるに至った。このことは「比較的最近のこと[77]」、「私の思想の第三期[78]」においてである、と[79]。

この視点からいえば、人類の宗教文化について彼の提起する「文化圏的歴史観」の前述の分析図式は、右に紹介した彼の自己批判以降は、くだんの二大宗教文化圏をまさに「文化的に完全に対等の位置において意識する」という視点からのものに変換されるのであり、その相互他者性が醸し出す相互批判と補完の過程が産みだす、――またここで私の愛好する言葉を引き出すなら――「異種交配的化合」の創造的試みの一歩一歩のなかから、人類文化の新たな創造的な「融合と単一化への道」が誕生してくると展望されるべきなのである。またそうでなければ、人類文化の「融合と単一化への道」は――昨今の事態が暗示するように――ただ人類の自滅への世界史的過程となるほかないのである。

石田がこういう新しいスタンスに立ったのは、彼の西欧滞在期間がナチスの勃興と政権奪取の期間と重なりあっていたことも大いに関係している。一言でいうなら、彼も、ニーチェやロレンスと同様、実際上のキリスト教のイデオロギー的機能は古代ユダヤ教への先祖返りという側面を色濃くもち、イエスの「愛敵」の思想とはまさに反対に、《悪》なる「敵」の殲滅を宣揚するマニ教主義的な「聖戦」の心性にたやすく転倒することを実感したのである。

この点で、丸山に関して私は次のことを指摘しておきたい。彼が日本の原型的世界像に対して《自己問題化を導く反対鏡的理念型》としてユダヤ＝キリスト教の世界像を据える場合、古代ユダヤ教の掲げる「聖戦」肯定思想がユダヤ民族を選民された民族として特権化し、異民族に対して如何に攻撃的か、またイエスのくだんの「愛敵」思想が如何にこの古代ユダヤ教の「聖戦」思想に対する果敢なる反措定であったか、こういった事情については彼は何一つ触れることがない。たとえば講義録第七冊で、彼は「エホバはユダヤ民族の祖先神ではなく（略）絶対超越的な世界神である」と力説するが[80]、こうした捉え方はヤハウエ神を語る際の旧約聖書の言説をくだんの「宗教意識の合理化のプロセス」の観点からただ原理的に問題にするだけの抽象的な解釈であり、そのイデオロギー的機能——「聖戦」として実は偏狭なユダヤ民族主義を正当化するといった——を厳しく批判しようとするものではない。しかもその考察のなかに、旧約聖書の凶暴な「聖戦」思想に反逆するイエスの「愛敵」思想登場の意義を問題にする箇所はまったくないし[81]、そもそも他の著作を見ても丸山のユダヤ＝キリスト教論にこの問題が登場することはない。

さらに次のことにも触れておきたい。先に見たとおり、丸山は聖と俗との二世界的な分離にとって「人間の根源的な存在自体の罪性」への自覚、つまり原罪意識の成立の決定的意義を強調し、日本の原型的世界像における道徳的な葛藤意識の脆弱性を反照するものとして、ユダヤ＝キリスト教的世界像の帯びる道徳的な自己審問的意識の苛烈さを位置づけた。

ところで、このキリスト教的道徳主義が、当の西欧世界では——ニーチェを嚆矢として——常に自己批判的相対化の対象となったという、一九世紀末から二〇世紀にいたる西欧精神史の事情、これをわれわれは看過すべきではない。その代表例としてここではユングについていささか言及しておこう。彼は、右に取り上げた道徳的葛藤の鋭さは「キリスト教的心理」を特徴づけるものであり、「歴史的に見れば、これは旧約聖書の遺産、つまり律法の公正に端を発しているのである。このような特殊な影響は、とくに東洋、つまりインドや中国の哲学的宗教には見られない。[82]」と述べたうえで、この「キリスト教的心理」が孕む問題についてこう論じている。

すなわち、かかる「キリスト教的心理」は他面ではその強烈な道徳的主体性の強調によってマニ教的善悪二元論に常に誘惑されるという短所を抱え込むものでもあり、西欧が今後獲得すべき精神的資質とは、まさにこの道徳的二元論をのりこえるセンスと思考能力である、と。彼はそれを「ソフィア的智恵」と名づける。たとえばこう述べている。「人間はつねに、そしてますます、彼の心の中の非合理的な事柄や必要物を見逃し、意志と理性によってすべてを支配できると思い込み、そのために社会主義や共産主義のような大規模な社会政治的な企てについて明瞭に見ぬかねばならないこと・すなわち前者においては国家が、後者においては人間が疎外されるということ・を無視できると思い込む危険に陥るのである」と。(83) この観点は『アイオーン』でもくりかえされている。そこでは「こんにち独裁国家の強制収容所で起こったこと」を指しながら、(84) こうした所業を引き起こした究極の深層心理学的問題は「意識の外にあって意識を育てている根から意識をもぎとってしまって、意識に対して意識内部にしかない目標ばかりをかかげる」ところの「合理主義的傲慢」にあり、(85) そのような態度こそが無意識化に追い遣った自分のなかの《悪》と暴力の諸要素を、ひたすらに《敵》にこそ固有なものとみなして、それへの攻撃にいきり立つ――『ヨハネ黙示録』に典型化する――「アンチ・キリスト」的暴発へと自分自身を導いたのだ、と述べられている。

まさにこうした自己反省こそが、石田の自己批判もその点に関わっていたように、二〇世紀の、それこそ「西欧思想史」の「思想史的方法」の根幹に関わる問題だったのである。(86)

丸山の問題の立て方は、こうした西欧知識人の側の自己反省と対話的に、また相補的に交差する構造のものではない。

なお、最後に次のことを付け加えておきたい。

私は本論文第四章の末尾で、一九八四年のくだんの論文で彼が記紀神話の二重構造性を指摘した際に披瀝した観点、すなわち究極の問題はそれら互いに異質的で対立的ですらある諸要素が記紀神話へと統合される際の、その独特な統合化論理の「ゲシュタルト」的個性にあるとした点を評価し、この彼の視点は私と共通するところが大きいと述べた。

この点で実に私は、拙論「記紀における『根の国』……」の結語に大略こう書いたのである。

――「幾つかの異伝も含んだ資料集的性格をもつ日本書紀には須佐之男命のイメージに関して読者に或る印象の混乱を与える点があるが、これに反して古事記には印象の統一がある」。その統一性とは、最初は伊邪那岐－天照大御神の側が自分たちが否定し貶下したところの伊邪那美－須佐之男命の側からの反乱の可能性にいたく不安を抱き怯えていながらも、「まさにその怯えが杞憂であり、実現されることなく解消されるという結末に行き着くと描きだされ、この描きだし方には矛盾減弱化の志向性が顕著であるという点」にある。[87] また、『アマテラスの誕生』の著者・溝口睦子の見解、すなわち、もともとは須佐之男命は「インド神話のインドラにも似た、善悪未分の宇宙的スケールの英雄神」であったとする見解に触れてこう書いた。

「仮にそうだとしても、（略）（そうした須佐之男命、清）をもくだんの姉‐弟の家族主義的関係性と八十萬《やそよろづ》の神々たちの共同体の集団的合議への恭順のうちに包摂してしまう、そうした記紀の神話構成自体の文化的影響力が問題なのである（略）というのも、記紀の提出するまさにそうした性格の神話構造と、それを貫く矛盾減弱化の強力な家族主義的志向性こそが、後世の日本人の世界観・社会意識のあり方に絶大な影響を与えたに相違ないのだ。そこに、神話がその神話を生みだした当該民族にとってもついわばユング的な「元型」性があるのであり、その問題連関の日本における姿こそが記紀神話を自分たちの筆頭神話とするという日本文化の歴史的成り立ちなのだ」と。[88]

この結びを書いたとき、私はまだ丸山を読んでいなかったが、この結びは期せずして彼の観点と大きく重なることとなった。

かくの如く、私は丸山眞男の「日本思想史」に対して同感と反感の二側面においていまや関わるに至った。いうまでもなく、この彼に対する私のアンビヴァレンスは私自身のなかのアンビヴァレンスの一個の投影でもある。

注

（1）『丸山眞男講義録』第七冊、東京大学出版会、一九九八年。

（2）「戦争と同時代」、所収『丸山眞男集』第六巻、二三四〜二三五頁

（3）丸山によれば、この三概念のうち最後に彼が辿り着いた「執拗低音音型」が彼のいわんとするところをもっとも適切に表現する概念であるという。「原型・古層・執拗低音——日本思想史方法論についての私の歩み」、所収『丸山眞男集』第十二巻、一五一〜一五四頁

（4）『丸山眞男講義録』第六冊、二三頁

（5）『丸山眞男集』第十一巻、二二三頁

（6）『丸山眞男講義録』第六冊、一九頁

（7）同前、二三頁

（8）参照、拙論「『東洋的自然主義』批判と主体の自己創造」のなかの節「異種交配的・クレオール的自己創造のパースペクティヴ」、所収『遺産としての三木清』同時代社、二〇〇八年、二四〜二九頁

（9）『丸山眞男講義録』第四冊、二五〇〜二五一頁

(10)『丸山眞男講義録』第七冊、八三頁。なお、この一節は明らかに彼の「近代精神とは『フィクション』の価値と効用を信じ、これを不断に再生産する精神であり」云々の「フィクション」論と連動している。(「肉体文学から肉体政治まで」、収集『丸山眞男集』第四巻)。また彼の有名な言葉、自分は「戦後民主主義の虚構」に賭ける、との。

(11) 拙論「記紀における『根の国』とはいかなる国か――記紀における《母権的価値体系と父権的価値体系との文化抗争》」、所収『日本文化の明と暗』近畿大学日本文化研究所編、風媒社、二〇一四年

(12)『丸山眞男講義録』第七冊、五六頁

(13) 以上、『丸山眞男講義録』第六冊、二六~二七頁

(14)『丸山眞男講義録』第七冊、五一頁

(15) 同前、五二頁

(16)『丸山眞男集』第十二巻、一一九頁

(17) 同前、第十一巻、一七九頁。第十二巻、一五五頁。

(18) 同前、第十二巻一三七頁

(19) 同前、一二四頁

(20) 同前、一二五頁

(21)『丸山眞男集』第十一巻、岩波書店、一九九六年、一七九頁。第十二巻、一二一~一二二頁。この点では戦前に書かれた『日本政治思想史研究』はいまだ普遍史的方法論に立脚しているものとして自己批判された。この事情については吉田傑俊『丸山眞男と戦後思想』(大月書店、二〇一三年)第一章(2)が詳しい。

(22) 同前、一三五、一三八頁。なお、この視点の最初の概念的確立を表す「原型」概念の登場は一九六三年の「日本政治思想史」講義においてであった。一四六頁

(23) 一九八四年の時点で彼は「原型・古層・執拗低音――日本思想史方法論についての私の歩み」のなかでこう振り返っている。「私のいう日本思想史の「古層」をとり出す場合に、非常に大事な素材になるのは、いわゆる記紀神話です」と。『丸山眞男集』第十二巻、一三六頁

(24)『丸山眞男講義録』第四冊、二七九頁。第七冊、七三頁、八〇頁

(25)『丸山眞男講義録』第七冊、五〇頁

(26)『丸山眞男講義録』第六冊、一八頁

(27) 同前、二五~二六頁

(28) 同・第七冊、六三頁

(29) 同前、七八頁

(30)『丸山眞男講義録』第七冊、一六~一七頁

(31)『丸山眞男集』第十二巻、一三一頁

(32)『丸山眞男講義録』第六冊、八~九頁。なお石田英一郎も日本文化の特質を規定する経験的基礎としてこの

点を強調した。参照、拙論「『文化圏的歴史館』の問題発掘能力と日本文化の可能性——石田英一郎論」、所収『否定と肯定の文脈』
(33) 同前、四八頁
(34) 『丸山眞男講義録』第七冊、三一頁
(35) 同前、二六頁
(36) 同前、七四頁
(37) 同前、七四頁
(38) 同前、七九〜八〇頁
(39) 同前、八一頁
(40) 同前、八一頁
(41) 以上、八二〜八三頁
(42) 同前、八三頁
(43) 『丸山眞男講義録』第六冊、三四頁
(44) なおこの点は、たんに『葉隠』のみならず、吉田松陰においても顕著である。彼の『講孟余話』における孟子的「放伐」革命論は日本の君臣関係には適応不可の主張はこの点に根拠を置く。参照、拙論「『脱』あるいは『生贄』としての松陰」風媒社、二〇〇七年、近畿大学日本研究所編纂叢書、八六頁。
(45) 以上、『丸山眞男講義録』第六冊、三五頁
(46) 同前、三五頁
(47) 『丸山眞男集』第十二巻、一三六頁
(48) 同前、一三七頁
(49) 『丸山眞男講義録』第七冊、六三頁
(50) 同、第六冊、一三七頁
(51) 同、第七冊、六九頁
(52) 同前、七〇〜七一頁
(53) 柳田国男『海上の道』全集第一巻、筑摩書房、一九六二年、九八頁
(54) 『先祖の話』、所収、柳田國男集第十巻、筑摩書房、一九六九年、一二〇〜一二一頁
(55) 拙論「記紀における『根の国』とはいかなる国か」一九〜二〇頁、『丸山眞男講義録』第七冊五〇、六三、九六頁
(56) 拙論「記紀における『根の国』とはいかなる国か」二〇〜二二頁
(57) 同前、八〜九頁
(58) 同前、一〇頁
(59) 同前、一二〜一三、二〇〜二一、三一頁
(60) 同前、一七頁
(61) 同前、一三〜一四頁
(62) この点については、拙論「奄美親母権制文化試考」、所収『日本文化の鉱脈——茫洋と閃光と』風媒社、近畿大学日本文化研究所編纂、二〇〇八年、一六〇〜一六三頁を参照されたし。

(63)『丸山眞男講義録』第七冊、六九頁
(64)同前、八七～八八頁
(65)同前、八八頁
(66)同前、八八頁
(67)同前、八九～九〇頁
(68)同、第六冊、三二頁
(69)同、第七冊、七四頁
(70)同前、七四～七五頁
(71)同前、五六～五八頁
(72)同前、五四頁
(73)同前、以上、五七～五八頁
(74)参照。彼の『魔女とキリスト教――ヨーロッパ学再考』講談社学術文庫、一九九八年
(75)『石田英一郎全集』4巻、筑摩書房、一九七〇年、五六頁
(76)同前、3巻、「二つの世界観」、五五頁
(77)同前、4巻、五五頁
(78)同前、3巻、二八頁
(79)以上、参照。拙論「『文化圏的歴史観』の問題発掘能力と日本文化の可能性――石田英一郎論」所収『否定と肯定の文脈』風媒社、近畿大学日本文化研究所編纂、二〇一三年。
(80)『丸山眞男講義録』第七冊、五八～五九頁
(81)同前、五八～五九頁
(82)ユング、野田倬訳『アイオーン』人文書院、一九九〇年、九〇頁、なお一九七～一九八頁にも同様な指摘がある。
(83)ユング、林道義訳『ヨブへの答え』みすず書房、一九八八年、一〇一頁
(84)『アイオーン』、七一頁、他に、五六頁、
(85)同前、二四八頁
(86)なお付言すれば、石田は日本文化の固有性を次のように特徴づけた。まず、日本的なるものは、たんに東洋的なるものをすら超えて、その他者経験の弱相克性＝同質民族性において世界に類例のない特質を備えたものとして捉えられる。彼の小論「日本文化の条件と可能性」によれば、日本文化を理解するための「二つの重要な鍵」は、一つには「本来の意味における牧畜生活の欠如した」稲作中心の「いちじるしく農耕的‐植物的な文化的基礎」であり、他の一つは、異民族との熾烈な衝突や交渉を経験しないでこれた島国性という「日本の地理的条件」がもたらすその民族文化の「単一の同質性」である。そしてこの二つの要因がいわば相乗的に作用しあって、次のような個性を日本文化に与えたとされた。彼はこう述べている。「大陸の先進文明に対する好奇心と劣等感にもかかわらず、異民族・異人種との接触交流の経

験を欠いていたことは、孤立した自己の世界の中だけで、比較的対立相克の少ない人間関係と安易なコミュニケーションを可能ならしめた。これが日本の風土と農耕文化に根ざした情感的な非合理性を、むしろ一種の生活の知恵として助長する条件ともなった」云々（全集4巻、一三五〜一三六頁）。かかる認識はほとんど日本文化の「執拗低音音型」に関する丸山のそれと軌を一にしているといい得る。また、明らかに丸山の方が、この特徴点を「日本思想史」に内在してさらに精緻に具体的に展開したといい得る。

(87) 拙論「記紀における『根の国』とはいかなる国か」、二八頁

(88) 同前、三一〜三二頁

2

肥前有馬領の茶の湯と食文化

十六世紀『伊勢御師食膳日記』をめぐって

根井 浄

緒言

天正十年（一五八二）五月十五日、織田信長は三河の徳川家康を安土城に招き饗応した。本能寺の変が同年六月二日であるので、信長が明智光秀の襲撃に遭い自死に追い込まれる約二十日以前に当たる。『天正十年安土御献立』によれば、信長が用意した家康への食事は次のような献立であった。[1]

本膳に蛸・鯛の焼き物・菜汁・鱠《なます》・鮒《ふな》寿司・香物・飯、二の膳にウルカ・うぢまる（刻み鰻《うなぎ》と飯を混ぜる）・ふとに（※太煮）・アワビ・鱧《はも》・鯉汁、三の膳に焼鳥・かさめ（※蟹カ）・山芋に蔓《つる》汁・にし（※螺）・鱸《すずき》汁、四の膳に巻スルメ・しきつほ（※柚味噌）・椎茸・鮒汁、五の膳にマナ鰹・刺身・牛蒡・生姜酢・鴨汁・削り昆布が出た。そのほか、お菓子として羊皮餅《ようひもち》・実の笠・豆飴が用意された。当時の食材は京都や堺で調達されたといい、一つひとつ当時のままに復元することは困難であろうが、やはり豪華であり、山海珍味の献立である。右の『天正十年安土御献立』は食文化史料としてよく引用され、戦国期の料理献立の一例である。

ひるがえって肥前国に目を移すと、キリシタン文化が栄えた有馬地域にも料理献立を知る史料が残されていた。伊勢信仰を説いて廻国する御師がそれを記録していた。小稿はこれまで未紹介であった『伊勢御師食膳日記』（仮称）を紹介し、十六世紀半ばの有馬領域における自然食文化、および、侘び寂びを宗とする茶の湯・茶室に言及したい。

宮後三頭大夫と『伊勢御師食膳日記』

永禄六年（一五六三）、肥前国有馬・島原領内にキリシタンが伝来する。その契機は、有馬義貞が島原純茂の陣中を訪れていた修道士アルメイダと面会した時にあった。それ以前義貞は、横瀬浦のトルレスにもとに使者を送り、有馬の日野江城から二里離れた口之津に教会を建てるため一人の修道士の派遣を要請していた。アルメイダはこうした事由で島原を訪れていたのである。義貞と知遇をえたアルメイダは、いったん横瀬浦に帰ったが、その後ふたたび島原、有家を経て口之津に入り、二週間あまり滞在し二百五十人余りの人びとに授洗したという。以上はフロイス『日本史』第三章（第一部四四章）と第二九章（第一部一〇八章）を要約して知られる有馬・島原地方におけるキリシタン伝来の時間的経緯である。

このころ肥前国を旦那場として伊勢信仰を説いて廻国する伊勢御師が活動していた。御祓銘を宮後三頭大夫《みやしりさんとうたゆう》（藤井姓）と称す伊勢御師である。三頭大夫の活動範囲（旦那圏）は、有馬氏が最も隆盛を極めた有馬晴純（仙岩）時代の領地とほぼ一致している。この御師の護符配布記録が、現在

宮後三頭大夫（伊勢御師）旦那園
永禄４年（1561）～永禄11年（1567）

三重県神宮文庫に所蔵される「宮後三頭大夫文書」であり、キリシタン伝来前後の肥前国の事情を領解する重要な史料群となっている。特にフロイス『日本史』に出る寺院名や従来不明、不詳とされてきた僧侶は、本史料によって確認、実証でき、『日本史』の内容が一段と鮮明になるのである。(2)

「宮後三頭大夫文書」には、『肥前國藤津郡／彼杵郡／高来郡御旦那證文』一冊（以下『御旦那證文』と略称）、永禄四年（一五六一）『肥前之國之日記』一冊、永禄十年（一五六七）『肥前日記』一冊、永禄十一年（一五六八）『肥前日記』一冊、慶長十八年（一六一三）『有馬家旦那帳』（仮称）一冊、および、近世期有馬直純の伊勢神領百石寄進状、伊勢神燈油寄進状、祝詞状などが含まれる。これらとは別に「宮後三頭大夫文書」の前所蔵者であった野田家には、表題に永禄九年（一五六六）とある『国々御道者日記』がある。前半部に同九年越後国道者からの初穂料を記し、後半部には「永禄十年うのとしつくしノかハし日記」とあって、同年から天正七年（一五七九）までの為替換金等を記す。(3)「永禄十年うのとしつくしノかハし日記」は「永禄十年卯年筑紫為替日記」であろう。

冒頭に掲げた『御旦那證文』は、高檀紙四十二葉を観世縒をもって綴じた横長帳で、そこには永禄から天正年間にいたる為替証文や折紙文書（特に西郷純尭書状は重要）、および、それらに関する付箋が添付されている。『肥前之國之日記』、同名の『肥前日記』二冊は伊勢御師が持ち歩いていた大麻頒布の記録である。慶長十八年（一六一三）の『有馬家旦那帳』は、有馬晴信が日向延岡に転封する一年前の有馬家臣団の名前を記す。

このような「宮後三頭大夫文書」の中には、今回、紹介する『伊勢御師食膳日記』が含まれていたのである。表題、題簽もなく無題であり、年代も不記であるが、他の「宮後三頭大夫文書」と同様、永禄から天正年間の記録と考えられる。法量は縦二六・二センチ、横一九・五センチ、八葉を数える。小稿では『伊勢御師食膳日記』と仮称し、まずは内容を翻刻して簡略な説明を施すことから始めたい。(4)

『伊勢御師食膳日記』にみられる料理献立

『伊勢御師食膳日記』には七名の人物と四カ寺が記され、それぞれの席で提供された料理献立がみられる。今回は有馬領内に限定したいので、一部を割愛することを了承願いたい。なお『伊勢御師食膳日記』の後半部には三点の茶室の概要と平面図が収載されている。『伊勢御師食膳日記』

のもっとも意義ある記録と思われるので、この点については力をいれて詳述することにしたい。まず冒頭には次の寺院がみえる。

□仙院
　くわし三種
てんしん　もちい
さらきく
　せり　いとこ
　　引しる
　　　さら大さら
　　　山いも一しゆ
しかく　やう入さら二
　大こん
　　　　三
こはう　たうふ　こふ小合
　　　　二
六かくのこふしきろう二
かいをすり　大しる　いとこ
　　てしほ　もつかうさら
あし付
きくらのり　さんしやう
　おしき　かいしゆの　めし

右は有馬・島原領に下向した宮後三頭大夫の前に出された料理であった。巻首の□仙院は、料紙が切れ、欠字となるところだが、永禄十年『肥前日記』（宮後三頭大夫文書）の有馬寺院として「桃仙院」、同十一年『肥前日記』にも「桃仙院」とあり、ここは有馬にあった寺院・桃仙院と断定できる。その桃仙院で三頭大夫は食事したのである。

「くわし三種」は（菓子三種）、「てんしんもちい」は（点心餅飯）であろう。われわれが一般にいう菓子は、もともと果実であったことは周知の通りであり、点心は軽い食事を意味し、また、われわれの主食である米は、蒸したものを「飯《いい》」と呼び、煮たものは「粥《かゆ》」といった。米は蒸す事が古いのであって、その文化は正月の餅米をセイロで蒸す点に残存している。「さらきく」は菊紋の皿であろう。「せり」は（芹）、「いとこ引しる」は（従兄弟汁）であろう。イトコ煮は各地で聞かれ、北有馬地方では南瓜《かぼちゃ》に小豆《あずき》を混ぜて煮たという。ちなみに辞典類は「従兄弟汁、いとこ煮に同じ」とあり、大根、芋、人参などの野菜を小豆などの豆類と一緒に煮た汁と説明する（小学館『日本国語大辞典』）。共通することは小豆と野菜類を混ぜる点である。

「山いも一しゆ」は（山芋一種）、「しかくやう入さら」は（四角薬入皿）で四隅を内に丸く切り取った皿、それに大根が盛られていた。「二」「三」の数字は二の膳、三の膳であろう。「こはうたうふ」は（牛蒡豆腐）、「こふ小合」は（昆布の和え物）。「六かくのこふしきろう」は（六角の瘤食籠）漆器であり、それに「かいをすり」（貝を摺り）込んだ料理であったのであろう。「大しる」（大汁）は、ほんらい本膳につく汁物、「てしほ」は食器を指す場合もあるが銘々の膳に添えた調味料の（手塩）であろう。「きくらのり」は（木耳海苔）、「さんしやう」は（山椒）である。「おしき」は（折敷＝膳）、「かいしゆ」（皆朱）は漆塗りの赤い食器であった。

西光□
くわし七種
てんしんニけしもちい
きくさら
はす　引しる
とつさか
こんにやく
さしミ　さうニ　山のいも一しゆ
なまちやさ
さらきく　寸
せり　三
二
五寸もり
木さら　きけうさら
こはう　大こん
大しるなし
くわんにうさら
ゆみそ　たうふ
さら八木　きけうさら
なまひしき　こうの物
五寸もり　めし

表題の西光□は西光寺であろう。永禄十一年の『肥前日記』に「金蔵寺、桃仙院、宝福寺、西光寺」とあり、西光寺の横に「たうゐんけ」の肩書がある。「たうゐんけ」は「同　会《え》解《げ》」（会下）であり、有馬春日にあった金蔵寺の会下寺、すなわち金蔵寺の下寺《したでら》であった。フロイス『日本史』第三〇章（第一部一〇九章）によれば「有馬には大勢の仏僧たちの中に、一人大いに学識と権威のある人があり…その仏僧はサイコウ寺という寺院の住職であった」とある。西光寺は『日本史』にみえるサイコウ寺に疑いあるまい。西光寺僧は有馬義貞にキリシタンへの改宗を強要されたが、これを拒否、弟子たちと一緒に肥後に亡命したという。その後、西光寺はイエズス会に提供され、その跡地に教会が建立されたとフロイス『日本史』は伝える。

西光寺での献立は菓子七種、点心に「けしもちい」（芥子餅飯）、蓮の汁物であった。「とつさか」は（鶏冠）であろう。島原半島では今でも海藻のことをトサカというが、これは海藻の形が鶏頭「鶏冠」に似ているからである。

「さしミ」は（刺身）、「さうニ」は（雑煮）である。「さらきく」は菊模様の皿、「寸」は（酢）であろう。「くわんにうさら」は（貫入皿）と思われる。貫入または貫乳と書くが、陶磁器の釉薬の表面に見られる割れ目のような細かい「ひび」模様である。「ゆみそ」は練り味噌に柚の皮や汁を混入した（柚味噌）、「たうふ」は（豆腐）、「さらハ木」は木製皿、「きけうさら」は（桔梗皿）、「なまひしき」は（生のヒジキ）、「こうの物」は（香の物）である。香はもともと味噌の古名であり、現今では漬物の美称である。

さいかう殿
てんしん　さうめん　さかな　こふ
くわし三種
たうふ
大こん　あへ物　三
ひきしる
こんにやく
さしミ
もりませ
せり　す　さうに
二
こはう　こうの物
大しるな
ふ　てしほ
もつかうさら
はす　おけ

表題の「さいかう殿」は（西郷殿）であろう。だが名が記されない。一連の「宮後三頭大夫文書」をみると、永禄四年『肥前之国之日記』の諫早分として「西郷殿たんしやうのしやう（＊弾正少弼）長門守」「西郷中務宗雪入道殿」「西郷左京亮殿」「西郷宗輔入道殿」がみえ、永禄十年『肥前日記』に「西郷殿」、同十一年『肥前日記』に「西郷岩見守殿」とみえる。『御旦那證文』には四通の西郷純尭書状が添付されており、そのうち六月十七日付・宮後三頭大夫宛の書状には、「天正三年高来諫早西郷岩見守殿より御代参之時被下之状也」という付箋がある。ちなみに西郷純尭の没年につきフロイス『日本史』第二七章（第一部一〇四章）は天正二年（一五七四）とするが、本書状のように西郷純尭は少なくとも天正三年六月までは生存していたことになる。このように「宮後三頭大夫文書」には西郷純尭の名が頻出するのであり、『伊勢御師食膳日記』に見える「さいかう殿」とは「西郷純尭」と考えておきたい。

宮後三頭大夫は西郷純尭と一緒に食事したことになる。

「さうめんさかなこふ」（素麺・肴・昆布）、豆腐、「大こんあへ物」（大根・和え物）、「こんにやく」（蒟蒻）、そのほか、刺身、芹、雑煮、牛蒡、香の物、「大しるな」（大汁菜）、「ふ」（麩）、調味料として手塩、食器として桶などが揃っていた。なお「もつかうさら」は既述の桃仙寺の項でもみられ、（木瓜皿《もっこうさら》）なのか（木工皿）なのか判断ができない。木瓜とは鳥の巣が卵を包んでいる紋所の名をいうが、このような模様を焼き込んだ皿であったのであろうか。

大ふ　殿様
さら
たうふ　四
きく
あへもの　てんかく
山のいも　てんしん
さかな　こはう
さうめん
もちい
やまもゝ　す大こん
三
ひしき　けし　めみゝ
引しる
とつさか
さしミ
こんにやく
ねり　寸　さうに
くわし
なまくり
せんへい
くしかき
みつかん
おこしこめ

二
くるミ
山のいも
さら　くわんにうふち有
こはう　こうの物
大しるちさ
つくヽし　ようのいりしさら
ふ　てしほ
とりの子さら　このわた
いりこふ　おけ

「大ふ殿様」に該当する人物の特定は困難をきわめる。ただ大村一族と思われる。仮に「大ふ」を「大夫」とすると、当該期に大夫を名乗る大村衆として太村兵部大夫（永禄四年『肥前之国之日記』）、大村刑部大夫（永禄十一年『肥前日記』）がみえるが決め手を欠く。後考を俟つとしても献立内容は豊富であり、かなり上位格の人物と推量される。

まず菊紋の皿に豆腐、田楽、山芋、魚、牛蒡、素麺、点心、餅飯、山芋、「す大こん」（酢大根）がある。続いて鹿尾菜《ひじき》、芥子、鶏冠《とさか》、刺し身、蒟蒻《こんにゃく》がみえ、加えて菓子、生栗、煎餅、串柿、蜜柑、興米《おこしごめ》、胡桃《くるみ》が配膳された。

目新しいのは「めみゝ」である。一体、どのような食材であったのであろうか。推考するに「め」は海布・海藻、すなわち若布《わかめ》・海松布《みるめ》・荒布《あらめ》など食用となる海藻の総称である。島原半島でも若布のことを「めのは」「めんのは」という。また「みみ」は木耳《きくらげ》の略から「耳」ともいうが、いまでも島原半島では木耳のことを「みみ」、訛って「みん」という。また木耳は「みみなば」「みんなば」という言葉が聞かれる。「なば」はキノコの方言である。そうじて木耳を「みみ」というのは、木耳が人間の耳に似ているからである。とすれば、献立にみえる「めみゝ」は「め」と「みみ」と思われ、海藻類または木耳と考えておきたい。

末尾にみえるのは牛蒡、香の物、皿は「くわんにう」に「ふち」（淵）があった。「くわんにう」（貫入）はすでに触れたように焼き方によって生じる細かいヒビである。「ようのいりしさら」は（葉入皿）、つまり四隅が丸い皿であり、それに麩、手塩があった。また「とりの子さら」（卵形の皿）に「いりこふ」（煎昆布）、「おけ」（桶）に「このわた」（海鼠腸）が入れられていた。そして「つくゝし」があった。

「つくつくし」も耳慣れぬ言葉ではなかろうか。実は「つくつくし」とは「土筆」の古くからの異名である。『源氏物語』など古典文学に表れており、平安期の今様歌を集めた『梁塵秘抄』（巻二・四二五番）には、聖（修行僧）が好むものとして、松茸《まつたけ》、平茸《ひらたけ》、滑薄《なめすすき》、蓮根《れんこん》、根芹《ねぜり》、牛蒡《ごぼう》、河骨《かはほね》、独活《うど》、蕨《わらび》のほか「土筆」を挙げている。また本願寺第八世・蓮如作という『蓮如上人子守歌』（大阪・浄照坊蔵）には、十五世紀後半の京の都で売られていた野菜類を唄いあげているが、その中でも「土筆《つくつくし》」を挙げている。(5)

北岡山威徳院

こはう
さかな
めたい
もちい
てんしん　くわし
かき
けし　くり
こふ　くるみ
三　ミつかん
せんへい
てんかくたうふ
あへ物　やまのいも
もりませ
さしミ
す大こん　さうに
二
なまひしき　こうの物　大しるいとこ
まめ　ふ　てしほ
□□　せり

項目「北岡山威徳院」は有馬にあった寺院である。永禄四年『肥前之国之日記』（ありまてらの分）として「威徳院」とあり、左に「嶋はら殿しんるい」と記す。永禄十年『肥前日記』（有馬寺之ふん）には「威徳院」、同十一年『肥前日記』（有馬寺之分）には「北岡山／威徳院」とある。また『御旦那帳』には次のような為替証文と付箋がある。「有馬／威徳院之内、如意坊、空源房／六文目分也（御カ）ハたし申候／宮司《ママ》三頭大夫殿参／元亀三年（＊一五七二）三月十七日／〔付箋〕威徳院参帳ニ有、嶋原殿親類ト賦帳ニ有、如意坊、替本也、賦帳ニ有」。

威徳院の山号は北岡山であるので、威徳院は現・北有馬町谷川名、すなわち日野江城を囲んだ一帯に存在していたと推断できる。その威徳院で三頭大夫は食事をとり、接待されたのである。

食事の内容は牛蒡、魚、餅飯、点心、芥子、昆布、田楽豆腐がある。また魚、「めたい」（目鯛）、菓子、栗、胡桃、蜜柑、煎餅、山芋、和え物として刺し身を取り混ぜ、酢大根、雑煮がみえる。二の膳、三の膳の区別がはっきりしないが、生ヒジキ、漬物、イトコ大汁、豆、麩、かたわらに手塩があった。

遍照院
てんしん　さうめん
　くわしほんニもりませ
大こんつけ□
　たうふ
たけの子つけ
　三
あへ物
　めみみしる
とつさか　ふ
なまめ　さしミ
こんにやく
けし　二　さうに
こはう　せり
こうの物　たうふ
にこふ　山もゝ付

くわし
せんへい
くしかき
あられ
なまくり
ミつかん
大しるさか□り
てしほ

遍照院は有馬の春日地区にあった寺院である。永禄四年『肥前之国之日記』に「遍照院」とあり、左横に「かすか」（春日）とある。現・北有馬町田平名、春日神社の一帯と思われる。また『御旦那證文』に次のような為替証文と付箋が貼り付けてある。「九州肥前国有馬村遍照院之内／圓教坊清尊（花押）／〔付箋〕此清尊、参帳ニハ大定院ト有、大定院ハ有馬之温泉山之賦帳ニ有」。

　注目されることは、遍照院に圓教坊・清尊なる僧がおり、彼は付箋がいうように大定院に所属した修験僧であったことを示唆している。大定院は大乗院であり、近世の温泉山＝雲仙満明寺の中軸の寺院であった。伊勢に参宮した清尊は、雲仙の行者でもあったことをいうのであり、それはまた遍照院が温泉山満明寺と無関係でなかったことを示している。春日にあった遍照院は温泉山の山麓寺院であったのかも知れない。

　いずれにせよ温泉山寺院とも交流があった宮後三頭大夫は、遍照院に立ち寄ったのであり、当所で食事をとった。内容はこれまでとほぼ同じであるが「くわしほん」（菓子盆）に大根漬、豆腐、竹の子漬があった。二の膳であろうか、和え物に「とつさか」＝（海藻）、そして麩、生豆、蒟蒻《こんにゃく》、芥子、さらに「めみみしる」（若布・木耳汁）が目に引く。それに菓子、煎餅、串柿、あられ（霰）、生栗、蜜柑がみえる。末尾には牛蒡、芹、豆腐、「にこふ」（煮昆布）、山桃、「大しるさか□り」は大汁酒入りと思われる。

　　義貞
　　　　　さかな　山のいも
　　　　　けいらん
　　　　　さうめん
こふのり
　　　　　てんしん
　なつとうまめ
なまめ　なましいたけ
　　三のせん　くわし
　　　　　をこしこめ
せり　　　ミつかん
　わらひ　せんへい
こんにやく　きんかん
とつさか　なまくり
さしミ　　ひきほし
かわちさ　さうに　くしかき
あへ物　　くるみ
　　　　　あふらあけ
　二ノせん
こはう　てんかくたうふ
　　　　　大しる　ふき
　　　　　てしほ
こうの物　ふ
　　　　　さかな有
　このわた
□□□□　おけ

三頭大夫は肥前国領主・有馬義貞と同席し接待を受けた。下図の配膳をみても品数が多く、やはり豪華な食事であった。三の膳として肴、素麺に「けいらん」がみえる。鶏卵に間違いあるまい。生卵であろうか。また昆布海苔、「なつとうまめ」（納豆）、生椎茸があった。二の膳はいっそう御馳走である。菓子、「をこしこめ」（興米）、蜜柑、煎餅、金柑、生栗、串柿、胡桃、そして「ひきほし」（引干）である。引干は日光で乾かした海草である。さらに「あふらあけ」（油揚）が目を引く。鶏卵と油揚は『伊勢御師食膳日記』にみえる食品の中でも義貞献立のみである。

いっぽう芹、蕨《わらび》、蒟蒻《こんにゃく》、トサカ、刺身など山菜や海産物があり、和え物として「かわちさ」がある。川萵苣と書く。川萵苣は水辺や水田に生える草であるが、若葉は食用になるという。「ちさ」（萵苣）の「ち」は茎葉にでる乳汁であろう。島原半島で「ちしゃっぱ」という言葉を聞いた覚えがあり、乳汁が出る葉の意味かも知れない。その他、義貞献立には、牛蒡、田楽豆腐、蕗の大汁、麩、桶に「このわた」（海鼠腸）の珍味が添えられていた。

義貞は『藤原有馬世譜』によれば病弱であったと伝える。しかし教養高き武将であった。ことのほか詩歌に造詣深く、書道家でもあった。元亀二年（一五七一）十一月十六

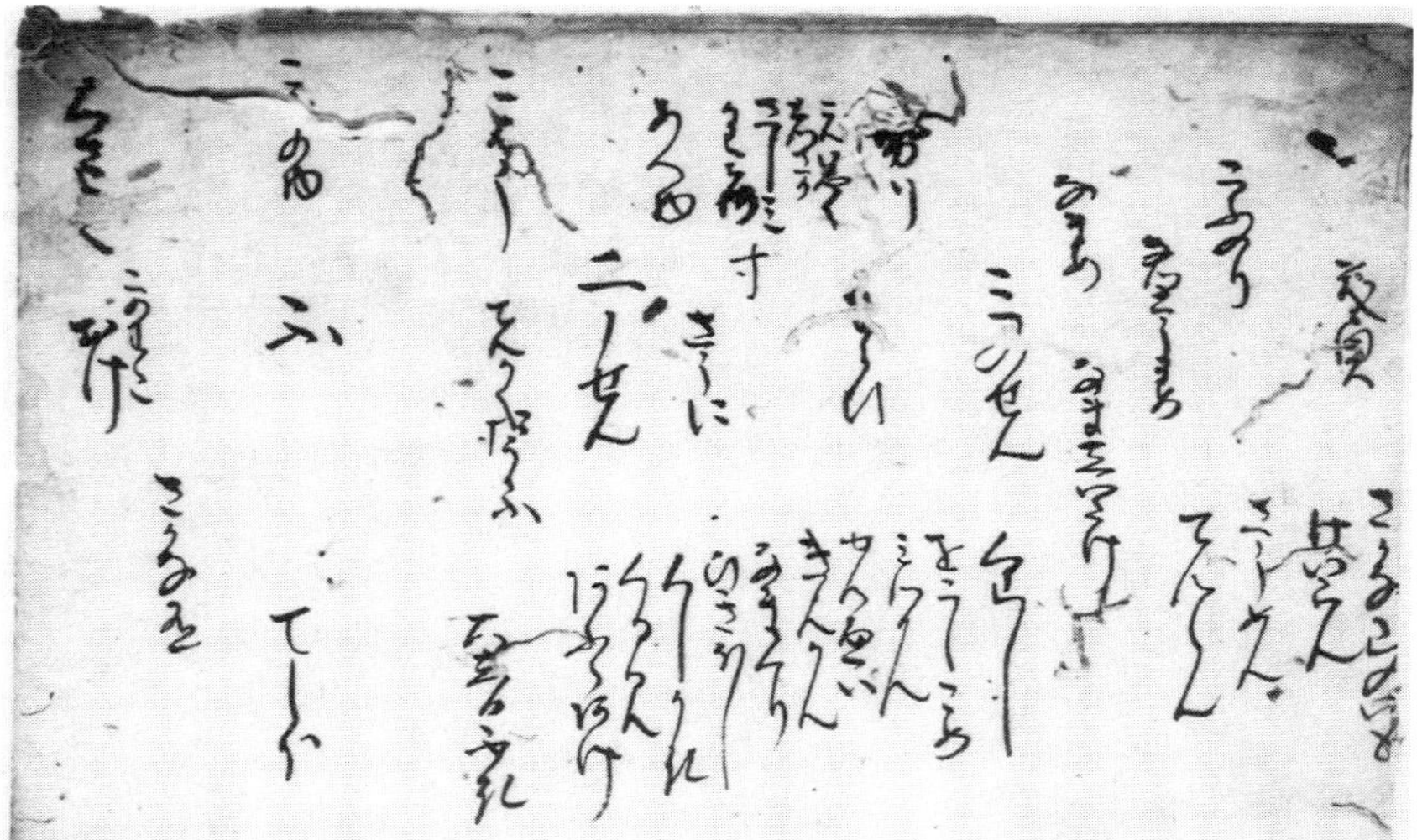

有馬義貞献立（『伊勢御師食膳日記』）

日、「雪やいかに富士よりうへの神路山　義貞　月おもしろくさへ渡る空」という連歌を伊勢神宮法楽舎に奉納している（「宮後三頭大夫文書」）。このような文化人であった有馬義貞と対面した三頭大夫も感銘を受け、美食に飽満したことであろう。

ーーーーー（ミセケチ）
ぬりかへ
と
せきれいノ繪
の
こ
ん　座敷ハ三てうしき
し　ひたりかまへ
さうめん　湯取ニしてふるまい
さかな　松竹いりて
しんの手おけ
ちやわむと天目代ハ五百貫
一まいいたしん
座敷口のミち
ひらかま
路土
水こほしつちの物　内へのミち

つほノ地　あたここけ有　にしむき

『伊勢御師食膳日記』は、各人物との献立を記録するとともに、右のような茶室の覚書・備忘録がある。巻頭「ぬりかへ」（塗壁）の右横に文字を塗りつぶした見消《みせけち》があって判読不可能であるが、どこかの、だれかの茶室であったに相違あるまい。茶室は茶湯座敷、数寄座敷、茶屋などの呼称があるものの、この記録はどうみても茶室であった。

床の間には「せきれい」（鶺鴒）の掛け軸があり、「三てうしき」（三畳敷）の部屋であった。「ひたりかまへ」（左構）とは、茶を点てる亭主が座る点前畳の左に客人が着座する形である。「さうめん」に「湯取ニしてふるまい」とあるのは湯取りした素麵が出されたのであろう。すなわち、水洗いして粘りをとった素麵であった。肴も配膳され「松竹いりて」は（松茸）を煎ったと思われる。ここには真の手桶があり、「水こぼしつちの物」の「水こぼし」は（建水《けんすい》＝茶碗をすすいだ水を捨てる具）であり、「つちの物」（土物）は、すなわち陶器であった。「ちやわむと天目代ハ五百貫」は解釈難儀であるが、ここでの茶の湯の代金が五百貫であったのか、それとも茶器と一服代は五百貫ぐらいの値打ちがある、という意味であろうか。

茶室には「露地《ろじ》」と称する庭を欠くことができず、それが「路土」であった。露地は茶室の庭園であり、茶室に向かう飛石や石灯籠、蹲踞《つくばい》＝手水鉢、などが配され茶の湯の場が形成される。これらが「座敷口のミち」「路土」であった、と推断できる。下部に記す「つほノ地」（坪の地）も茶室に付随した庭であり、そこに「あたここけ」（愛宕苔）が生えていた。なお、この茶室は後に紹介する「ひゝや宗清座敷」と類似するが、これはまた別人の茶室と考えられる。

ーーーー座敷　四てう半
　ひかしむき
とこなし
ひたりかまへ　松たけ二たうふ入て
たう
ちやわんにて　おしきゑひす
代五十貫　大しるこまこきり
しんのおけ　こはう一しゆにて
ふろあさき
ひらかま
こいたしん　めし
水こほしつちの物

当所は床の間がない四畳半の座敷であった。質素な茶室である。どこの誰の茶室なのかあきらかにできない。記載の順序からして有馬領内であったことは動かないだろう。三頭大夫が大麻札を配った旦那の一人と考えられるから室主は有馬氏関連の人物であろう。

質素な茶室とはいえ、「たう」「ちやわん」は唐製の茶碗であり、「代五十貫」は一服五十貫であったのであろうか。それとも五十貫値の茶碗と判断した記録であろうか。ここでの食事は松茸に豆腐が入っていた。折敷は足のない膳であり内には恵比須の絵があり、大汁の食材は細かに小さく切ってあり、飯に牛蒡一種が添えられていた。茶道具として真の桶があり、浅い風炉と平釜が置かれてあった。風炉を使用していたので「炉」は記載されず、「こいた」（小板）は風炉を置く敷板である。「水こぼし」＝「建水」は「つちの物」＝陶器であった。

次に掲示するのは「ひゝや宗清座敷」である。注目されるのは茶室の構造であり、床には竹に「せきれい」（鶺鴒）を配した掛軸があった。鶺鴒は尾が長い鳥の総称であり、有馬地方では「いしたたき」といった方がなじみ深い。鶺鴒は秋の季語でもある。したがって、この床飾りは秋期

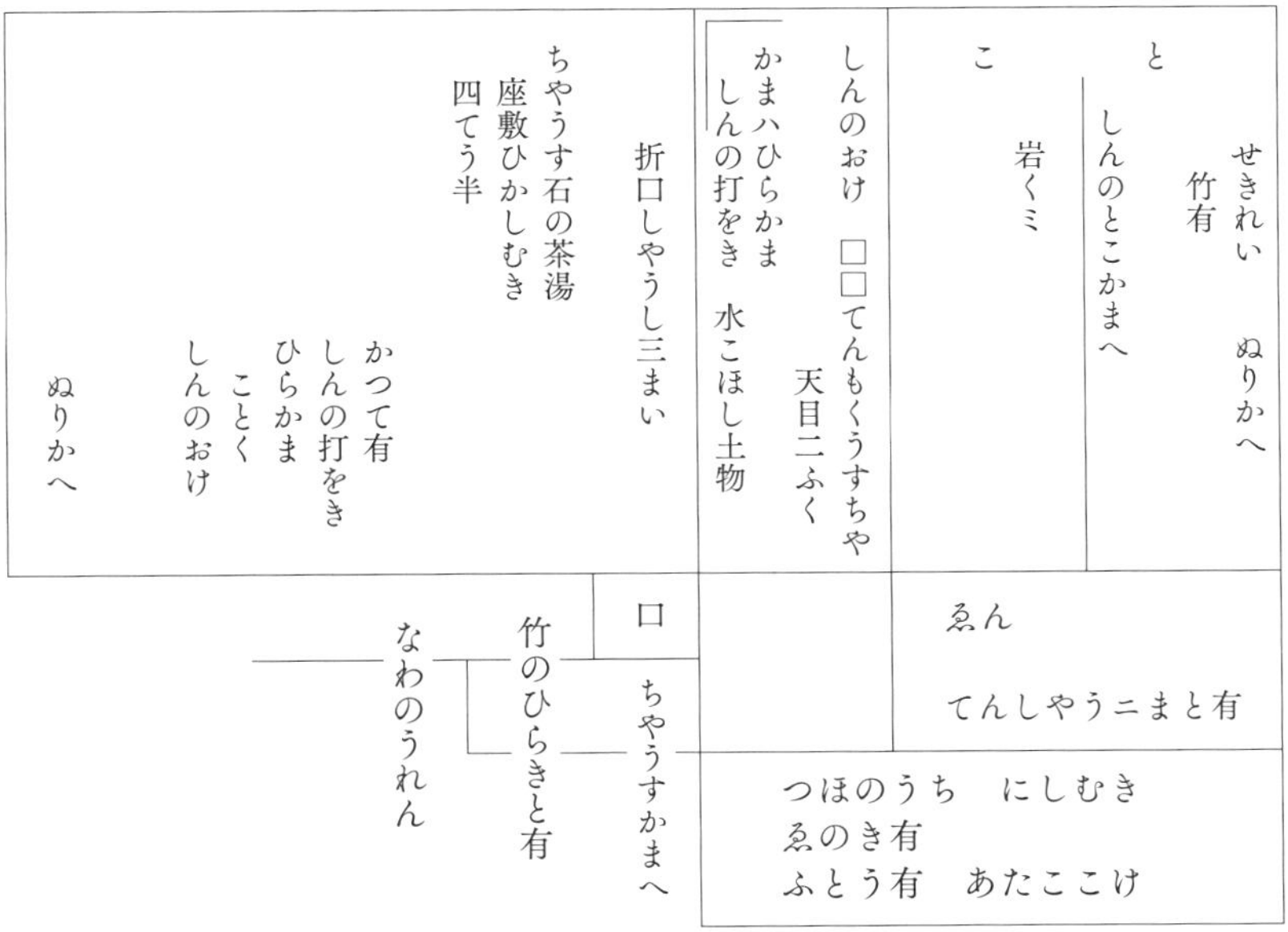

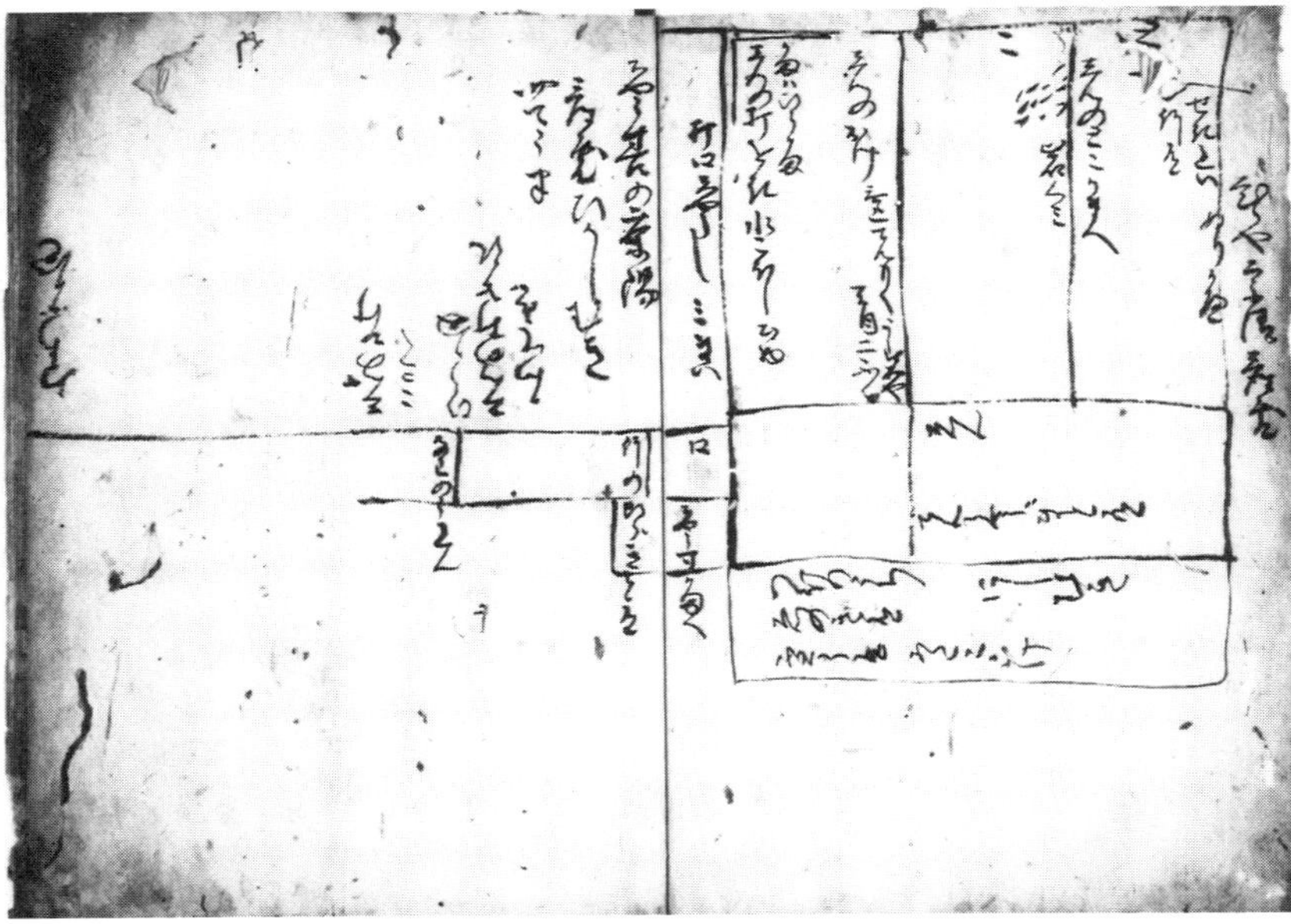

ひゝや宗清茶室平面図（『伊勢御師食膳日記』）

であった。これまで紹介してきた食材も多くは柿・栗・松茸・生栗・串柿など秋の季節物であり、『伊勢御師食膳日記』が秋に記録されたことを物語っている。

床は「しんのとこかまえ」とある。すなわち正式の「真」という意味であり、「行」「草」よりも格調高い厳格な床であった。書道は真の物は第一の大事なり、唐人は先ず是を習うと教えるが、茶道も楷書にみる面白さを求めたのであろう。そこで真の飾りといえば、茶道における基本的な座敷飾りであり、床には仏画を掛け、卓には三具足（華瓶・燭台・香炉）を据えた。ともあれ、宗清の茶室は「しんのとこかまえ」であり「岩くミ」（岩組）でしつらえてあった。自然石の積み重なりを利用した床壁であったのであろう。そして横の壁は「ぬりかへ」（塗壁）であった。

図の左、点前座《てまえ》には「しんのおけ」（真の桶・漆で塗った器物）があり、釜は平釜、「しんの打をき」は釜の蓋などを置く台であり、木製または鉄製の板であろう。「水こほし」は（建水《けんすい》）であり土物＝陶器であった。そして「かま」「しんの打ちをき」字の上にカギ型の線引きがあり、これは茶道具の前に立てた小型の風炉先《ふろさき》屏風であろう。三頭大夫は当席で天目茶碗で薄茶二服したのである。

三畳敷の前には一畳分の「ゑん」（縁）があり、その上に庇《ひさし》が覆いかぶさっていたようである。庇は客人の入口付近に張り出し、風雨を避け、採光を抑制し、露地の自然な景趣を演出するものである。この宗清茶室の庇には「てんしやうニまと有」（天井に窓有り）と書いており、奥深い茶室の世界を醸し出している。この縁の広さと平面図の空間を含めて四畳半の茶室となるのであろう。

縁先には露地（庭）が広がっていた。「つほのうち」は「坪の内」で庭の一部を塀で囲んだ造りであった。そこには「ゑのき」（榎）が植えられ、また「ふとう」があり、そして「あたここけ」（愛宕苔）が植生していた。愛宕苔は鞍馬苔ともいう。「ふとう」は（葡萄《ぶどう》）ではあるまい。もし仮に葡萄の木があったとするならば、いち早くキリシタン文化を取り入れた有馬の西洋文化の茶の湯として注目される。だが「ふとう」は「不動明王」と考えられ、露地に不動明王（石像カ）が祀られていたと考えておきたい。茶室＝建造物に対する火除け信仰なのであろう。

図面左右の部屋の仕切りに「折口しやうし三まい」とある。「折口」は（降口）と思われる。主人・客人の出入り、茶道具の運搬口となる。そこに障子三枚があった。約一間半の幅であろうか。主人、客人が頭をさげないで出入りできる所であったと思われる。

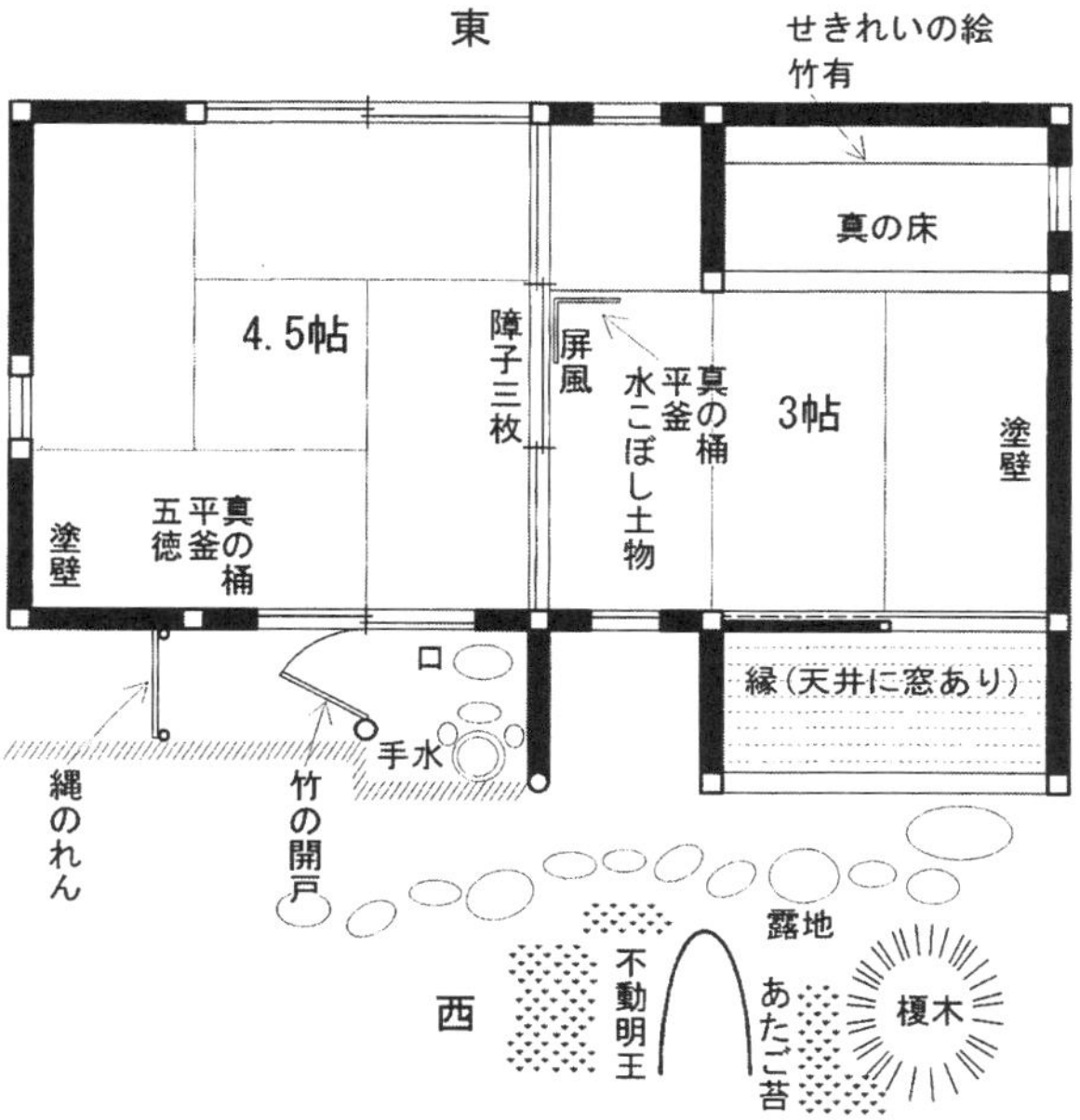

ひゝや宗清茶室平面図（渡部幸子作図）

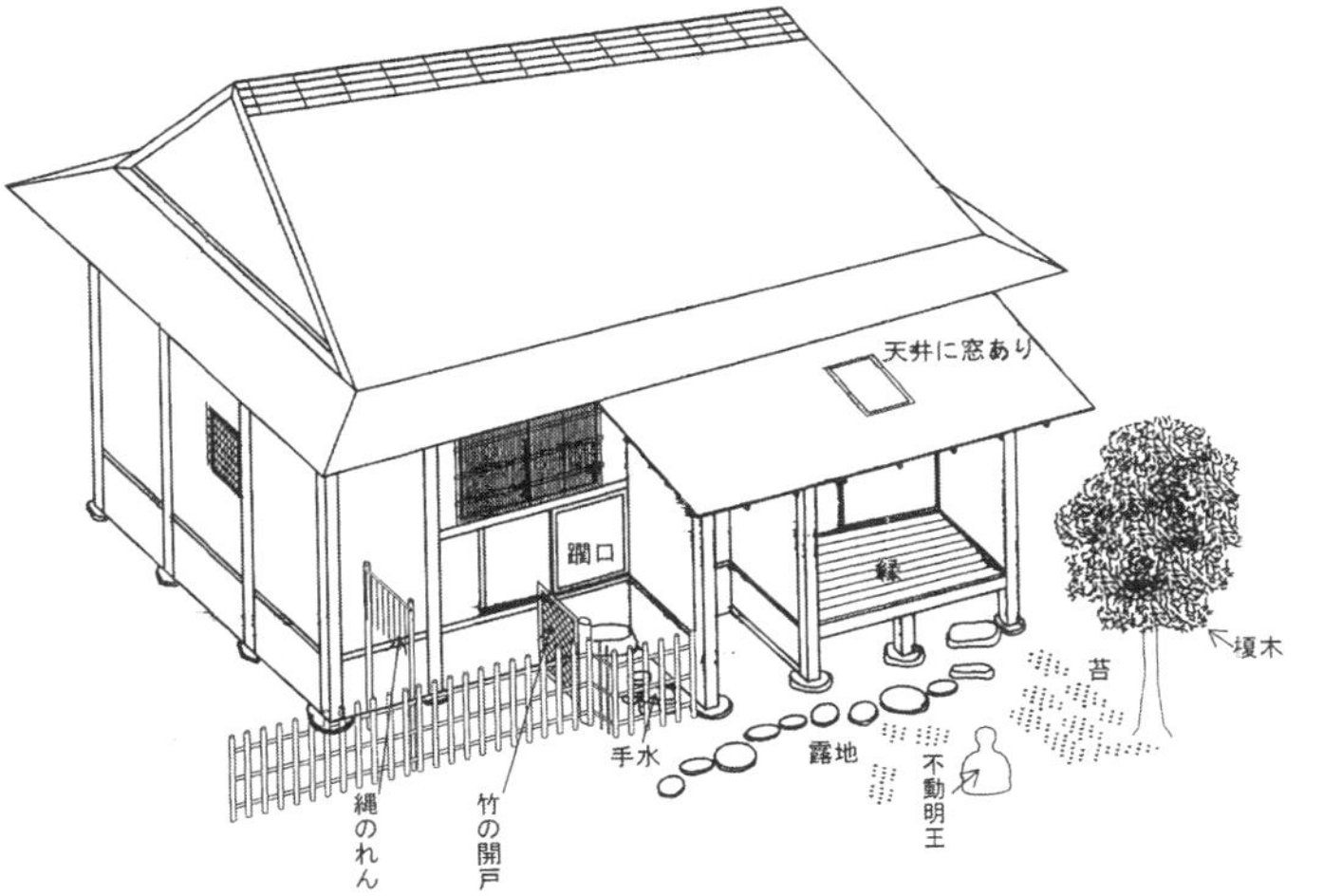

ひゝや宗清茶室イメージ図（渡部幸子作図）

指図の左の部屋は客部屋であろうか。茶室で茶事の用意を整える場所でもあり、「かつて有」（勝手有り）と記す。ここには平釜、真の桶、五徳、真の打置がみられ、そうじて茶室は「手水石の茶湯」と呼ばれた室礼《しつらい》であり、座敷は四畳半、東向きであった。

座敷へ誘う道筋には「なわのうれん」「縄暖簾」が掛かった入り口があり、さらに進むと「竹のひらきと」（竹の開き戸）があった。そこから「口」となり、前に手水鉢があったことになる。「口」は茶室建築でいう「躙口《にじりぐち》」であろうか、いわゆる玄関に相当するのであろう。こうした宗清茶室は『山上宗二記』が収載する武野紹鴎の茶室図と似た点があるが、縄暖簾、竹の開き戸は詳しい貴重な記述である。殊に竹の開き木戸は、利休垣・利休木戸といわれる竹垣の一種であっただろうし、宗清座敷は閑寂な草庵を彷彿させるとともに、茶道史研究に有益で貴重な平面図になるだろう。

日比屋了珪のこと

伊勢御師・宮後三頭大夫が書き残した茶室図は、中世有馬領内における貴重な茶の湯世界の指図（平面図）図である。室主は「ひゝや宗清」なる人物である。「ひゝや」は宗清の号とも思われるが、一連の「宮後三頭大夫文書」を解読しても、この主人に該当する人物は他の箇所に見い出せない。また大村、有馬一族には出家名として「宗」の字を持つ武将や家臣が若干認められるものの「ひゝや宗清」は今のところあきらかにし得ない。

とはいえ「ひゝや宗清」の「ひゝや」を「日比屋」とすれば、日本茶道史やキリシタン史上に登場する「日比屋了珪」が注目できる。了珪は了慶とも書かれ、堺の豪商で熱心なキリシタン信者であった。永禄四年（一五六一）宣教師ヴィレラを招き、同七年に受洗、教名をディオゴと称し自宅の一部を開放して教会を創設したという。また津田宗及たちと茶会を催し、茶の湯をたしなんだことが知られている。[6] また豪華な茶道具も所蔵していたといわれる。『伊勢御師食膳日記』にみえる「ひゝや宗清」は、このような日比屋了珪の一族であろうか。今ここに若干の史料を挙げ、まずは日比屋了珪について理解を深めておきたい。

フロイス『日本史』第一一章（第二部七九章）によれば「日本の主要都市の一つである堺では、その他出身の市民でキリシタンになった者は（僅か）三名に過ぎない。……（堺の）最初（のキリシタン）は日比屋ディオゴ了珪であり、彼はその地方で改宗者が出た当初にキリシタンとなった。彼は（初め）まだ異教徒であったにもかかわらず、ガスパル・デ・ヴィレラ師を自宅に宿らせたし、同地にまた教会がなかった間には、幾年にもわたって我らは彼の家に宿り、そこでミサを捧げ、キリシタンたちに秘蹟を授けた。彼は常に（イエズス）会に対して功労者であった」と堺の街と了珪について端的に紹介している。また日比屋ディオゴ了珪は「堺では古くからのキリシタンで、（イエズス）会の功労者でもあり、市の有力者」と記している。(7)

いっぽうキリシタン教団の巡察使として、あるいはキリシタン版活字印刷機をもたらしたヴァリニャーノが一六〇一年（慶長六年）に著した『日本史』（大英博物館蔵）は堺の日比屋家について次のように伝える。(8)

一五六一年にガスパル・ヴィレラ師が初めて堺に赴いた時、彼は同市の主要人物である日比屋了珪と大いに親交を得た。彼は同市内の主な頭であった。師父との懇話、又我らの同僚の説教を聞き、我等のことに熱中するに至り、その息子の一人は、他の数名の親族と共にキリシタンとなった。彼は当事僅か七歳で、ヴィゼンテと称し、その後畏敬された勇敢な人物となり、（肥後）志岐の殿（代官）となり、常に大いにイエズス会を援助した。（ヴィゼンテの受洗）後、暫くして、彼の切願と非常な説得により、父日比屋了珪もキリシタンとなった。彼は常に堺キリシタン宗門の支柱であり、我等は堺に於いて、教会と修院を持ち得なかった間中、彼の家に宿泊した。

泉州堺の日比屋家は教会として家屋を提供し、常にキリシタンの伝導基地であった。天正十五年（一五八七）豊臣秀吉によるバテレン追放令によって教会は破壊されたというが、同十九年（一五九一）の報告書によると、日比屋了珪の家にはキリシタン多数が参集していたといい、(9)ふたたび了珪の家がキリシタンの要地であったことが理解できる。ヴィレラはまた永禄六年（一五六三）堺に赴いた時にも了珪の接待を受け、「彼の援助や保護を受けられたので市民から迫害されたり妨害される心配はなかった」という。(10)

日比屋了珪と茶の湯

ところで永禄七年（一五六四）アルメイダは九州と都を往来する前後に堺に赴いたことがあり、旅の疲労から床に伏し日比屋了珪宅に病臥した。そのおりの状況につき「私が同所で病んだ二十五日の間、私を看護してくれた人々の並々ならぬ親切さは特筆すべきもので、……（同）家の主人ディオゴ（了珪）は、必要の際には私を助けようとして、二、三人の男たちとともに私の傍らで眠って、夜中にも私を看護して」くれたという[11]。

　このような了珪の援護と接待は、食事の提供はもちろん、宣教師たちに日本文化としての茶についてしばしば紹介した。了珪は茶人でもあった。アルメイダは「茶と呼ばれ（飲み）慣れた人には味がよいばかりでなく、健康増進にも（役立ち）ます」と教えられ、茶の湯につき「これが行われる場所は、この儀式のためにのみ入る特定の室で、その清潔さ、造作、秩序（整然としていること）を見ては驚嘆に価します」と了珪宅にあった茶室を紹介している[12]。アルメイダにとってこの一件は、西洋人として日本における初めての茶の湯の体験であった。

　茶人であった日比屋了珪は、高価な茶道具も秘蔵していた。フロイス『日本史』第二〇章（第一部五九章）に次のような記事がある。

　了珪は自分が所持している幾つかの財宝をお見せしよう、と言いました。身分ある富裕な日本人のもとでは、大いに好意を示そうとする来客がある場合には……親愛の証しとして自ら財宝を見せる習慣があるのです。それらは、彼らがある粉末にした草を飲むために用いるすべての茶碗と（それに）必要とする道具です……その所作に用いられるすべての品は、日本の宝物であって、我ら（ヨーロッパ人）が指環、宝石、非常に高価な首飾り、真珠、ルビー、ダイヤモンドを所持しているようなもので、それらの品や価値に精通しており、売買の際に仲介役となる宝石商（のような人）がいます。（彼らは）それらを、あるいはその材質により、あるいは形態、はたまたその年代（の古さ）等によって評価するのです。

日比屋了珪は「あまりにも完璧な造作で、私はそれを筆で言い尽し得ません」とフロイスが絶賛した茶室を構えていただけでなく、特に了珪所持の名宝＝五徳（茶道具）は世の人の垂涎の的であった。フロイスは『日本史』第二〇章（第一部五九章）に「彼（※了珪）は所持する幾多の宝物を私に見せましたが、なかんずく三脚がありました。それは……釜の蓋を取る時に蓋を置くものです。私はそれを手にとってみました。それは鉄製で……二ヶ所は古くなって罅《ひび》が入り、それをふたたび接合してありました。……それは日本中でももっとも高価な三脚の一つで、非常に著名であり、……それらの品は緞子《どんす》や絹製の袋に入れ（さらに）

独自の小箱に収められております」と説明している。了珪が所持していた右の三脚（五徳）は『山上宗二記』によれば「藤瘤《ふじこぶ》」という銘がある五徳型の蓋置であった。(13)

了珪と同じように堺の櫛屋町に居住していた茶人・道察も高価な茶道具を所持していた。その品は日本できわめて高価で珍重された二品であった。秀吉は後述するように名物狩りでその一点を選んだが、二品とも気に入って両方を没収した。また了珪の娘婿・ルカス宗札も「枯木」という名画を持っていた。だがこの名宝も秀吉が宗札の死後にこれを所持していた人物を召し出し没収したという。(14)「枯木」は南宋の画家・玉磵の作品で『山上宗二記』には「玉磵之枯木／関白様に在／是モ墨絵、紙に書也、竪絵也、讃アリ」とある。(15)日比屋了珪が所持していた藤瘤＝五徳も秀吉の所望するところであったが、『堺鑑』下巻「古来當津所持名物茶道之事」に小島屋道察の所有物として「藤瘤五徳、前ハ日比屋了慶所持」とあり、(16)秀吉の強奪から難を逃れたようで、経路は不明といいながら、その後、同じ町内に住んでいた道察の手元に帰していた。

くりかえし史料で示したように、日比屋了珪は堺の豪商であり、また茶人であり、名物の茶道具の所持者であった。了珪の多面的な人間像を見い出せるが、熱心なキリシタン信者であったことも特筆すべきであろう。前述したように、永禄七年、宣教師ヴィレラを招いて受洗し、教名をディオゴと称した。「天正十六年イエズス会総長宛キリシタン代表奉書状」（ローマ・イエズス会文書館蔵）に「了五了珪（花押）」と署名しており、(17)「了五」Rioquei Diogo が教名「Diogo」の漢字であることは自明であろう。「了五了珪」（日比屋了珪）は、堺および日本を代表するキリシタン信奉者であったのである。

日比屋了珪一族の悲劇

日比屋了珪には実に多くの親族がいた。詳細不明ながら了珪の父は姓を「フクダ」と名乗ったといい、兄弟に「トーアン」、「ガスパル・ジョイン」がいた。また了珪の居住地・堺の同じ町に奈良屋宗井《そうせい》がおり、宗井の娘に「イネス」、息子に「ルカス宗札」、「リョーカン」があった。了珪の妻はこの奈良屋宗井の娘・イネスである。了珪とイネスの間に娘・モニカとサビナ、息・ヴィセンテ兵右衛門了荷、末娘・アガタがあった。モニカはいわば叔父にあたるルカス宗札に嫁したことがあり、モニカの病没により宗札はふたたび了珪の娘サビナを娶ったという。さらに末娘アガタと小西立佐の息・ベント如清の間にマルタがあり、後世そのマルタは肥前の有馬直純の室となる。ミゲルと称していた直純はやがてキリシタンを棄て、最終的には徳川家康の孫・国姫と結婚することになる。きわめて複雑であるので簡略な家譜を示しておきたい。(18)

天正十四年（一五八六）六月、日比屋の一族ガスパルが茶の湯を催した。招待客はトーアン、ルカス宗札、リョーカン、町内の茶人・道察の四名で、計五名の茶会であった。

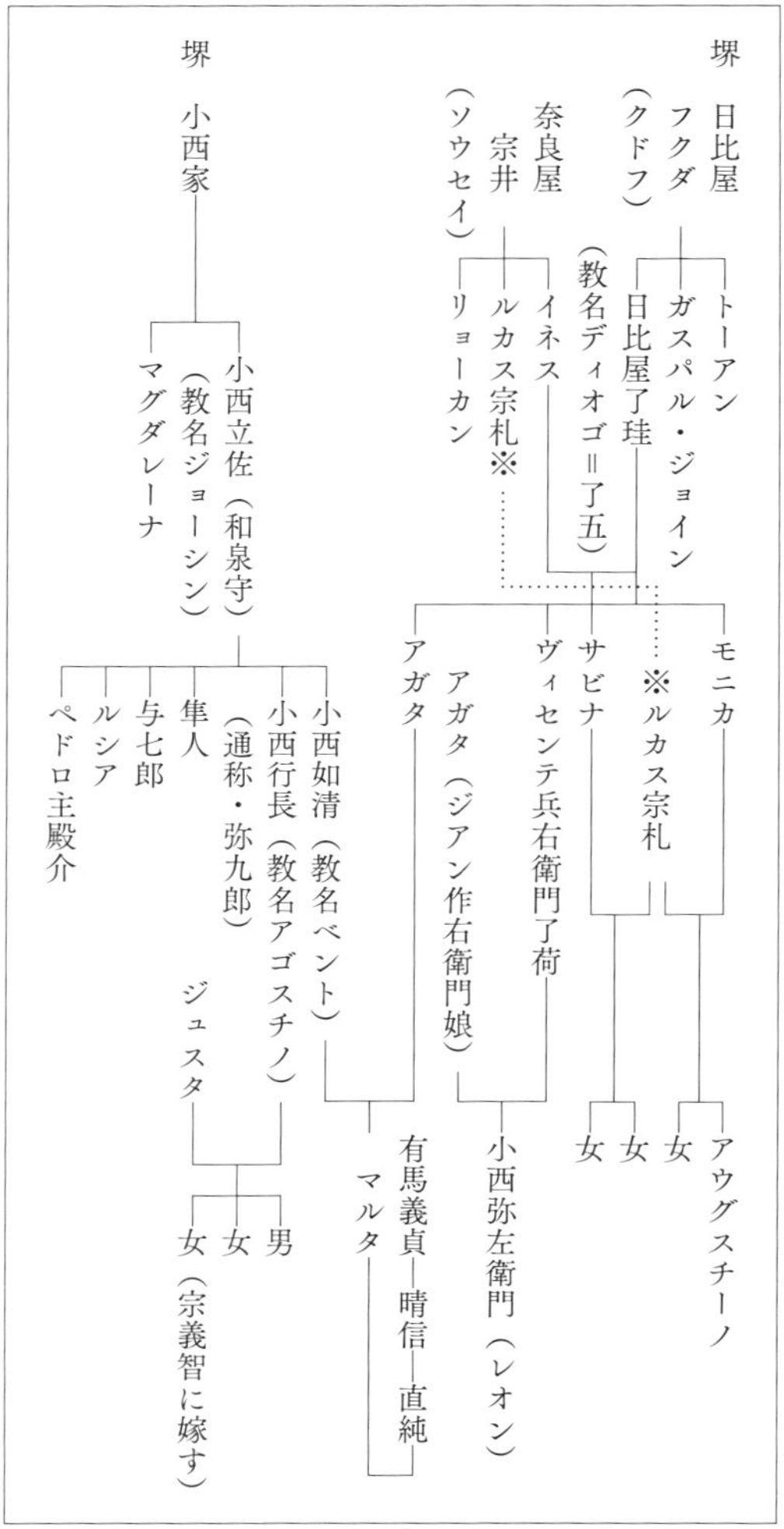

了珪は他のキリシタンを接客中で参加できないでいた。会は満足に終わったが、いざ帰りの玄関口でその順番をめぐってささいな口論があった。ふだん宗札とリョーカンは不仲であったといい、その宗札が玄関の先にいたリョーカンを注意したところ、年齢順に玄関を出ることになった。宗札、道察、トーアンと続いた。この時いきなりリョーカンは隠していた短刀でトーアンを刺殺した。道察も殺害されそうになったが事なきをえた。続いてガスパルもリョー

カンから刺殺された。狂喜したリョーカンはその場で自ら咽喉を切って絶命したという。この一族による殺人・殺傷事件である。この事件は世の中を震撼させ各地に波及した。

このころ都にいた豊臣秀吉は、この事件の通報を受け、直ちに関係者の処罰と家財没収を命じ、事件の調査を開始した。これ以前、秀吉は堺の政所（代官）として松井友閑を罷免し、新しく小西立佐、石田三成を政所に任命していた。彼らは事件関係者それぞれ三人の妻を捕らえ子供たちも監禁した。無実とはいえルカス宗札も捕縛され、秀吉は壮絶な水責めをおこない、そのルカスの妻や子供たちも捕えられた。茶会に同席していた道察も逮捕されたという。

このおり高山右近は秀吉と千宗易（利休）を自邸に招くことがあり、日比屋一族事件に話が及んだが、秀吉はこの話には触れるなと叱責し、それ以上日比屋一族事件の話は中止された。また当時、大坂に徳川家康の使者（榊原康政）が滞在しており、利休とともに本事件の穏便化に尽力したが解決の希望は消えた。いっぽうまた了珪、その息子・ヴィゼンテ了荷、親族たちは救済懇願として各地を廻ったが徒労に帰した。この前後、関係者は秀吉の処罰に脅え、右往左往したという。

天正十四年十一月二十二日、石田三成によって磔の十字架が準備され、ルカス宗札の磔刑の最後の宣告がおこなわれた。この処刑の状況につきフロイス『日本史』は話を語り続けるが、「彼の死に際しての、その他の多くの教化的な出来事については、そのことごとくを思い出すことができないので割愛する」と記し[19]、あまりにも悲惨な宗札の死につき筆を伸ばしていない。

ルカス宗札の処刑後、堺の代官たちは黄金の棒を日比屋了珪たちに要求した。また秀吉は親族の財産、家屋没収は免除するが、代わりとして金子を差し出すように一族に命じた。すでに前節で触れたように、この一連の動勢につき、道察が所持していた茶道具二点は秀吉に没収され、処刑されたルカス宗札が持っていた名画「枯木」も強奪され、日比屋了珪所蔵の鉄製の五徳もその運命に遭遇しそうになった。これら日比屋一族の悲劇につき、不干斎ハビアンは、その著『破提宇子』に「京洛ノ中ニ於テ桔梗屋ノジュアント云シ者ノ一類、泉南ノ津ニテハ日比屋ノ一党ハ、商家ナガラモ提宇子ノ大檀那ニテアリシガ、此等ノ一族多ハ死善ヲ得ズシテ亡ビニキ、此等ノ子孫、今何ニカ在、是皆眼ニ諸人ノ知ル処也」と伝えている[20]。

日比屋了珪一族の悲劇につき、以上ルイス・フロイス『日本史』第十一章（第二部七十九章）の内容を要約して事件のあらましを紹介したが真相はまだまだ複雑である。実は本事件につき「一五八六年の宗札ルカスの無実の死並びにガスパールの死に関するパードレ・アントニオ・プレネスチーノの五畿内からの通信写本」（ローマ・イエズス会文書館蔵）がある。ポルトガル語で署名はなく「一五八六年十二月十五日付」である。J.L.Alvarex – Taladrix 氏によって紹介され、佐久間正、松田毅一氏による共訳がある。[21] フロイスはこの通信本内容の一部を入れ替え『日本史』に叙述していたのである。翻訳文とはいえ、この一連の記事に日本の連座責任制、特に家族の連座責任制に対する宣教師たちの反対表明、および当時日本でおこなわれていた秀吉治世の残忍性、貪欲性を残虐主義として批難している点が注目される。

ひゝや宗清と有馬地方

日比屋了珪は熱心なキリシタン信者であり、イエズス会の支援者であり、数寄《すき》を愛する茶人であった。私邸に立派な茶室を構え、豪華・高価な茶道具を所持していたことは既述の通りである。こうした了珪を支えたのは彼が堺における豪商であったからである。その経済的基盤は幅広い商売にあっただろう。

フロイス『日本史』第一三章（第一部三七章）によると、永禄六年（一五六三）ガスパル・ヴィレラが京の都から堺に移動したおり、了珪の「援助や保護を受けられたので市民から迫害されたり妨害される心配はなかった」が「しかし了珪は商人であって、シナの船が来る下《しも》（九州）に行かねばならなかった」とあり、[22] ヴィレラが訪問したとき了珪は不在であった。了珪は商売のため九州に赴いていたのである。また永禄十二年（一五六九）織田信長がフロイスを引見したころ「(日比屋) ディオゴ了珪は下の地方に赴いていて司祭（フロイス）には援助を乞うことができる人は同地には誰もいなかった」[23] とか、了珪は「まだ下の地方から帰っていなかった」とか記録している。[24]

了珪はしばしば九州に赴いていたのである。九州のどこか具体的な地名はあきらかでないが、博多にせよ、肥前地域にせよ、当時の中国船、南蛮船渡航の情報はとくとくと了珪に届いていたであろう。西国の戦国不安定の世の中、キリシタン伝来にともなう西洋舶来品の輸入は彼の胸間にあったに相違ない。推し量るに日比屋了珪の堺と肥前国との連絡はあり、その経済圏は結ばれていたと考えられる。

しかるに『伊勢御師食膳日記』にみえた「ひゝや宗清」

と「日比屋了珪」の両者の関係をどのように考えるかである。既述のように「ひゝや宗清」は伊勢御師と茶の湯を楽しんだだけでなく、むしろ茶室を構えた人物として『伊勢御師食膳日記』にその姓名が確認できる人物である。すなわち茶人として登場するのである。

くりかえすことになるが「ひゝや宗清」は一連の「宮後三頭大夫文書」中の『伊勢御師食膳日記』一ヵ所のみに見える人物である。永禄から天正年間の有馬領域において「ひゝや」を名乗る人物は他に見い出せない。やや時代は下がるが、慶長十八年『有馬家旦那帳』にも「ひゝや」また「ひゝ」なる有馬氏家臣は検出できず「ひゝや」の姓は武士ではなく、むろん出家者ではなかった。「ひゝや」なる人物は有馬領内において茶室を構えていた人間であったことが見落とせず、この点は歴史事実として動かない。

これらの要点を押さえて推考すると、「ひゝや宗清」の「ひゝや」は、やはり「日比屋」の文字が妥当であろう。しかも「ひゝや宗清」の「宗」の一字を持つ人物は茶人にふさわしく、「ひゝや宗清」は「日比屋宗清」として捉えられるだろう。「ひゝや宗清」は堺の「日比屋了珪」一族であったに相違あるまい。むろん揣摩臆測は避けたく仮説であっても慎重でなければならない。幼稚な推論とはいえ「ひゝや宗清」は、日比屋一族として了珪の下（九州下向の随行人であったかも知れない。了珪の商い行為として九州下向の年次は史料的に不安定とはいえ、永禄年間は『伊勢御師食膳日記』成立年とほぼ同じ年代である。

また「ひゝや宗清」は日比屋一族として茶人の教養・作法を身に付けていたであろう。茶室の主人として『伊勢御師食膳日記』に記載された人物であったからである。

なお「ひゝや宗清」が了珪と同様にキリシタン信者であったかについては判断ができない。ともあれ「ひゝや宗清」がキリスト文化を受容した有馬氏領内に居住し、茶室を構えていたことは思慮の及ぶ範囲として注意しておきたい。

ひゝや宗清とキリシタン墓碑

さて「ひゝや宗清」の「ひゝや」が「日比屋」であり、その屋号または姓名から推量して「ひゝや宗清」が堺の日比屋了珪の一族であろうことを述べた。彼は有馬領内に茶室を構え、宮後三頭大夫と面識を得た人物であった。この三頭大夫の『伊勢御師食膳日記』にみえる「ひゝや宗清」の「ひゝや」が仮名書きである故に考察の困難を覚えたのであるが、注目できるのは「ひゝや」の語音を響かせる資料が有馬領内に存在することである。それは現・南島原市西有家町に存在する一基のキリシタン墓碑である。昭和四年に墓地から発掘・発見され、同三十四年に国指定の文化財となった。墓碑の形態は蒲鉾形で背面に花十字、円弧の側面にも陰刻の花十字がみられ、片方の側面には十字と鮮やかなポルトガル式ローマ字がある。

　このローマ字銘文は現状では「FIPISACYE／MODIOG XONE □□／GOX IRAI 1610／IVG16 QEICHO □□」と読める。従来この美しいキリシタン墓碑に多くの学者や郷土の研究者が関心を寄せ、銘文について長期にわたって様々な試読が展開されてきた。発見当時からすでに傷みや風化があり決定的な読解はいまだに落ち着いていない。管見に及んだこれまでの研究史、銘文翻刻とその釈文につき一応表にして整理しておきたい。（表参照）

　先行する著書や論文等によれば、銘文の「DIOG」はポルトガル語「DIOGO」（ディオゴ）の受洗名・教名であり、「XONE □□」は「XONEN」（生年）であり、□□は当初83とも読めたという。「GOX」は「GOXUXXO」（御誕生）の略記、「IVG」は「IVGATCY」（10月）の略記という。末尾の「QEICHO □□」の□□は西暦一六一〇年である

キリシタン墓碑拓本（南島原市西有家町）

表1　キリシタン墓碑の研究史と銘文の解読例

所在地（南島原市西有家町須川松原 240）（向浜共同墓地） 昭和 4 年＝ 1929 年 9 月 15 日発見・発見者 金子兼壽
▲ FIPISACYEMO DIOG □□□□　□□ GOX IRAI 1610 IVG16 QEICHO15 ヒリ作右衛門 ディオゴ 生年□□ 御出世以来 1610 十月十六日 慶長十五 長崎懸下発見キリシタン墓碑総覧（『キリシタン研究』第 1 輯 昭和 17 年）
▲ FIPISACYEMO DIOG □□ N □[8][3] GOX IRAE 1610 IVG16 QEICHO [1][5] 日比作右衛門 ディオゴ 生年□□御出世以来 1610 10 月 16 日 慶長十五年 （林銑吉編『島原半島史』下巻 昭和 28 年発行 口絵写真より根井試読）
▲ FIP（または B）ISACYEMO DIOG □□ N □□□ G ○ X IRAEI 1610 IVG16 QEICHO15 □□作右衛門 ディオゴ 生年□□御出世以来 1610 10 月 16 慶長 15 （竹村覚著『キリシタン遺物の研究』昭和 39 年（1964）開文社）
▲ FIBISACVEMO DIOG XONE □□ GOX IRAI 1610 IVG16 QEICHO15 日比作右衛門 ディオゴ 生年 御出世以来 1610 4 （10 の誤植カ）月 16 慶長 15 年 （松田毅一著『近世初期日本関係 南蛮史料の研究』昭和 42 年 1 月 風間書房）
▲ FIRISACYEMO DIOG XONE □□ GOX IRAI 1610 IVG16 QEICHO15 ヒリ作右衛門 ディオゴ 生年□□ 御出世以来 1610 10 月 16 慶長 15 （『有家町郷土誌』昭和 56 年 3 月発行） ※片岡弥吉著『長崎の殉教者』角川書店参照とする
▲ FIRISACYEMO DIOG XONE □□ GOX IRAI 1610 IVG16 QEICHO15 フィリ作右衛門 ディオゴ 生年□□ 御出世以来 1610 十月 16 慶長 15 （荒木英一著『九州のキリシタン墓碑』平成 14 年 出島文庫 ）
▲ FIRISACYEMO DIOG XONE □□ G ○ X IRAI 1610 IVG16 QEICHO15 ヒリ作右衛門 ディオゴ 生年□□御出世以来 1610 10 月 16 日 慶長 15 年 片岡瑠美子（代表）『キリシタン墓碑の調査』2012 年（平成 24）長崎純心大学 平成 20 年度～平成 23 年度科学研究費補助金基盤研究（B）研究成果報告書
▲ FIPISACYEMO DIOG XONE（83）G ○ X IRAI 1610 IVG16 QEICHO（15） （南島原市教育委員会企画　大石一久編集『日本キリシタン墓碑総覧』拓本） 南島原市世界遺産地域調査報告書 平成 24（2012）年 3 月
▲ FIPISACYEMO DIOGO XONE〔83〕（この間脱字カ）IRAI 1610 IVG16 QEICHO15 ヒリ作右衛門 ディオゴ 生年〔83〕御出世以来 1610 10 月 16 慶長 15 （南島原市教育委員会企画『日本キリシタン墓碑総覧』第 2 部論考集） 平成 24（2012）年 3 月　※日本二十六聖人記念館 デ・ルカ・レンゾ氏による
現状▲ＦＩＰＩＳＡＣＹＥ／ＭＯ ＤＩＯＧ ＸＯＮＥ□□ ＧＯＸ ＩＲＡＩ １６１０ ＩＶＧ１６ ＱＥＩＣＨＯ[1][5] 日比作右衛門 ディオゴ 生年□□御出世以来 1610 10 月 16 日 慶長[1][5]

から慶長15となる。とすれば、現状の銘文「FIPISACYE／MO DIOG XONE□ □ ／GOX IRAI 1610／IVG16 QEICHO□□」は「ひぴ作右衛門ディオゴ生年□□御出世以来1610 10月16日慶長15」となるだろう。

注視されるのは「FIPISACYE／MO DIOG」であり「FIPI」の「PI」は「BI」とも読めたという。となると「FIPISACYE／MO」は「日比作右衛／門」の表記が可能となる。「FIPI」を「ヒリ」とする見解もあるが「ヒリ」を名乗る日本人の姓称をどの漢字を宛てるか、文献的に頭に浮かばない。私読としてここに「FIPISACYE／MO」を「日比作右衛／門」としておきたい。

では「日比作右衛門」はいったいどのような人物であったのであろうか。もちろん慶長十五年に他界したキリシタン信者であった故にキリシタン墓形式で埋葬されたのである。[25] 憶説を重ねると「日比」は「日比屋」であったかも知れない。既述の「ひゝや宗清」と同様に、日比屋姓はもともと有馬の地下人ではなく、他国領の人であったかも知れない。仮に打ち出している「日比作右衛門」が堺の豪商日比屋了珪一族であったとすれば、了珪の教名「Diog」（ディオゴ）と埋葬者・日比作右衛門の教名「DIOG」（ディオゴ）は一致する。当時一族として洗礼を受けるとき同じ教名を希望する慣習があったのか、識者の見解、教示をお願いしたい。なお論点は残るが、本節において南島原市西有家町に現存するキリシタン墓碑にみえる「FIPISACYEMO」が、堺のキリシタン日比屋了珪、および、有馬領内に茶室を構えていた「ひゝや宗清」と同族人物であった可能性をあらためて提唱しておきたい。

有馬晴信の茶室と日野江城

これまで『伊勢御師食膳日記』に記載された人物たちの摂食内容、および茶の湯の世界を眺めてきたのであるが、有馬氏の晴信時代にも目を向けておきたい。というのも、有馬氏の本城・日野江城内に建築された居館の中にも茶室が確認できるからである。やや時代が下がるが、イスパニアの商人アビラ・ヒロンは『日本王国記』の中で晴信の茶室を見たと記述している。本文中に「九五年」とあり、それは一五九五年、つまり文禄四年のことであった。

私たちは茶の湯と呼ばれている部屋へ行ったが、これはそこへ客人を迎える部屋で、そこには一隅に茶をたてる道具類がおいてある。茶は乾燥した一種の薬草で、これを挽いて粉末にしたものを、およそ茶サジ半分くらい湯に溶かして、客に飲ませるのである。これは日本人の間ではとても大切にされ、ひどく珍重されているもので、特に頭痛に特別の効力があり、睡気をはらって脳の働きを強める。……この薬草は、ただ五月だけ採集され、ある地方は他の地方より品質がよいし、最上品は若芽である。……この茶の湯の家には、通常は剃髪した男がいて、取っ手の長い小さな刷毛で茶をかき立てたり、茶を客人に供したりする役目をはたす。[26]

アビラ・ヒロンたちは晴信が設えた茶室をつぶさに見て廻った。部屋の隅には茶道具が置かれ、茶葉は薬草で頭痛、睡魔に効能があると綴る。また、通常の茶室には茶坊主が控えていたこと、「刷毛で茶をかき立てたり」と茶筅に興味を示している。その他、アビラ・ヒロンは、有馬城内の広間の畳、畳の縁や色、畳の価格、および台所、食器、厩《うまや》の様子に言及し、そして日本の大工について「設計図を小さな板切れに書く」「この設計図によって彼らは材木を刻み込み」「材木を組み立て一点の間違いなく建てる」とその手腕を褒めている。

茶室は日野江城内に新築された晴信居館の中にあったとする。ではその日野江城につきキリシタンの宣教師たちはどのように把握していたのであろうか。フロイス『日本年報』（天正十一年＝一五八三年度）によれば、有馬晴信の城および城内の家々は、三度にわたってことごとく焼き払われていたといい[27]、これは対峙していた佐賀・龍造寺氏の仕業であった。この記述は天正五年以降、龍造寺隆信の再三にわたる有馬進攻による火災延焼である。また翌天正十二年一月二十日付「ヴァリニャーノ宛フロイス書簡」にも晴信の有馬城は三度目の放火に遭い、同所にあった物がことごとく焼けたと報告しており[28]、有馬氏と龍造寺氏両者による確執の現状を示している。

その後フロイスは、天正十二年八月、晴信の城は、千々石に接した甚だ貧弱な一城であったが、千々石《ちぢわ》は隆信が有馬高来に侵入した三つの入口であったとし、続いて串山の城、加津佐、口之津にふれ「さらに進んで日ノ江と称する有馬の城があり、ここに有馬殿が居住してゐる」とあり[29]、既存の有馬城を叙述している。

宣教師たちによる日野江城の記録はその後しばらく欠く。だがフロイス『日本史』は、天正十八年（一五九〇）天正遣欧使節団の一人・千々石ミゲルたちが帰朝し、そのミゲルたちが晴信を訪問したときの様子を書いている。本文の引用は割愛するが、晴信主催の使節団帰朝の歓迎の宴がおこなわれたこと、そして晴信が新築した城内の華麗な居館を説明する。その居館の全ての広間と部屋は黄金と絵画とによって豪華、優雅に飾られていたというのである。[30]

右、フロイス『日本史』の記事は、同じくフロイスの一五九〇年度『日本年報』（天正十八年十月十二日付）と対応している。「食事を済ませてから、巡察師やドン・ミゲル、その他の公子たちを一軒の屋敷に案内した。ついこの間工事が完成したばかりで、まだ誰一人の目にもふれていなかった。……大小の部屋はすべて黄金の品や典雅で華麗な絵画で飾られていた。この屋敷は最近彼の手で建てられ、みごとな出来ばえとなった城郭のなかにある」と目を驚かしている。[31]

天正年間における龍造寺隆信の勢いは盛んであり、その彼の南下による有馬領域の併呑は時間の問題となっていた。だが結果は薩摩島津氏の援軍も加わり、隆信のあっけない戦死によって有馬・島津軍の勝利となった。戦国史上で著名な天正十二年の沖田畷の戦いである。[32]かくて戦後の晴信には、イエズス会の経済的支援が継続されていただろうし、彼は日野江城の再興、修理に身を投じ、城郭内に豪華な屋敷を築き上げていたのである。屋敷の工事は完成したばかりというから天正十八年となるだろう。晴信は日本歴史上で有名な遣欧少年使節団の一人、有馬出身の千々石ミゲルほか少年たちを新興なった日野江城に歓迎し饗応したのである。そしてなお、居館の中に茶室を設えていたのである。

まとめにかえて

永禄から天正年間にかけて伊勢御師・宮後三頭大夫が肥前国有馬・島原領内を駆け巡っていた。この伊勢御師が遺した「宮後三頭大夫文書」は、ルイス・フロイス『日本史』とともに、戦国当該期の状況を記す双璧の史料であることは縷言を要しないであろう。

小稿は「宮後三頭大夫文書」中で鳴りを潜めていた『伊勢御師食膳日記』の翻刻と解説に力瘤をいれたものである。肥前有馬領内の食文化、茶の湯文化に接することになり、分析に当たっては忸怩たるものがある。とはいえ、三頭大夫は、永禄四年から有馬領内に生きていた人物に接し、摂食されていた山菜、海産物など多くの食材を記録していた。

これらの食材には、現今においても栽培、口にしているものもあれば、また、食材の異称、古名が知られ興味ある史料となっている。読み込む内に当該地の方言、訛語の原態も垣間見ることができ、方言というものが決して一地方でおこなわれる単語・語法ではなく、広義にいえば歴史的な古い言葉である。食材の形態、色彩、香味も人びとが体験した自然界から発生した言語であろう。戦国期の人びとも生活の中でくり返される自然現象との矛盾を感じつつも自然の物を摂食していた。

周知のごとく、織田信長、豊臣秀吉時代を彼らの居城の地名に因んで安土桃山時代といい、この時代の文化を桃山文化と呼び習わしている。当時代の文化の象徴的人物であった千宗易（利休）は、茶の湯の儀礼を定め、その侘茶の方式は簡素、閑寂を精神とした。茶の湯は諸大名の保護を得て大いに隆盛し、茶室、茶器、庭園に優れたものが出現したのもこの時代であった。利休の弟子であり、茶の湯の世界を余すことなく追求した山上宗二は「その比《ころ》、天下に御茶湯仕《つかまつ》らざる者は人非仁《にんぴにん》に等し。諸大名は申すに及ばず、下々洛中洛外、南都、堺、悉く町人以下まで、御茶湯を望む。その中に御茶湯の上手ならびに名物所持の者は、京、堺の町人等も大和大名に等しく御下知を下され、ならびに御茶湯座敷へ召され、御咄《はなし》の人数に加えらる。この儀によって、町人等、なお御名物を所持す」と、その著『山上宗二記』に述べている(33)。

『伊勢御師食膳日記』には、このような茶の湯が大成に向かう時代精神を含んでおり、肥前有馬地域に造られていた茶室の指図（平面図）が記載されていた。その一つの茶室の主人は「ひゝや宗清」であった。特に宗清の茶室に通じる道筋に造られていた竹の開き木戸は、利休木戸・利休垣とも呼ばれ、全く当時代の感覚が反映している、といってよいだろう。その茶室を構えていた「ひゝや宗清」なる人物が決定的にあきらかにならない点は隔靴掻痒の感があるとはいえ、「ひゝや」が「日比屋」であり、堺の豪商「日比屋了珪」の一族であろうことを小稿で主張したのである。

十六世紀半ばの有馬領はキリシタン文化の殷賑時代であった。多くの宣教師たちの通信・報告のなかでもフロイス『日本史』は圧巻であり、日本の茶の湯記事も多彩である。そうした宣教師たちは、日本の有力層がいかに茶の湯を尊敬し、また喫茶の風習が日本人の生活文化の規範であったことを発見したのである。ジョアン・ロドリーゲス『日本教会史』は「数寄《すき》と呼ばれるこの新しい茶の湯の様式は、有名で富裕な堺の都市にはじまった。その都市は日本最大の市場で、最も商取引の盛んな土地であり……そこにはすこぶる富裕で生活に不自由しない市民やきわめて高貴な人たちが住んでいる……その都市で資産を有している者は、大がかりに茶の湯に傾倒していた」と、日本の茶の

湯の世界を大局的にまとめている。(34)

つらつら憶測、妄断を重ねたが、九州の西端とはいえ有馬領は、いち早く西欧文化に接触するとともに、時代を表徴する桃山文化が受容されていた地域であったといってよい。「ひゝや宗清」の茶室・座敷の記事は小さいが、それを記載していた『伊勢御師食膳日記』の持つ文化的意義は大きいといわねばならない。

注

(1)『天正十年安土御献立』(『続群書類従』下・第二三輯収録)。

(2) 拙稿「キリシタン伝来と有馬・島原地方の寺院」(『日本歴史』四二七号・昭和五八年) および拙著『修験道とキリシタン』(昭和六三年・東京堂出版) 参照。

(3) 久田松和則『伊勢御師と旦那』第二部第二章「中世末期伊勢御師の為替と流通」(平成一六年・弘文堂) 参照。なお『国々御道者日記』は『三重県史』(資料編・中世2) に翻刻されている。

(4)『伊勢御師食膳日記』については昭和五十九年十一月、三重県神宮文庫に出向き実見、写真撮影を許可された。全文の内容はすでに島原半島の郷土誌『嶽南風土記』二一号(平成二六年三月) に紹介した。本稿では紙幅の都合上、記載人物の一部を割愛しているので了解願いたい。また説明は前稿と重複している部分があるので了解願いたい。

(5) 本願寺第八世・蓮如作と伝える『蓮如上人子守歌』は『伊勢御師食膳日記』より時代が溯り、およそ十五世紀後半となるが、京の都で売られていた食材が多く記されている。食文化史料として『伊勢御師食膳日記』の読解に参考となる。やや長文であるが、ここでは野菜類のみを紹介しておく。

山城ノ國カラ持《も》テ出《で》テ売ル物、胡瓜《うり》、熟瓜《ほそち》、白瓜《しろうり》、茄子《なすび》、瓢瓜《ひしやく》、冬瓜《かもうり》、阿古陀瓜《あこだうり》にホタ瓜《うり》、唐瓜《からうり》ニ姫瓜《ひめうり》、サコソ味《あぢ》ノ有《ある》ラン、菜《な》売ラウ、韮《にら》売ラウ、大根売ラウ、河骨《かはほね》、蕪《かぶら》売ラウ、蕗《ふき》売ラウ、御和召《おあへめ》セト云フ声潮無《しほな》クゾ聞ヘタ、野老《とつころ》売ラン、山ノ芋《いも》ニ里芋《さといも》、春ノ野ニ有《あ》ルナル、屈《かが》ミ出《いず》ル早蕨《さわらび》、雪ノ間《ひま》ニ生《をい》タル土筆《つくつくし》売ラウヨ、一文字《ひともじ》、杉菜《すぎな》、茎立《くくだち》、浅葱《あさつき》モ売ラウヨ。

(6) 例えば『津田宗及茶湯日記』天正二年五月七日条に「ひゝや了慶」と確認できる。

(7) フロイス『日本史』第六一章(第二部一〇〇章) 5巻・二一二頁。

(8) ヴァリニャーノ『日本史』は松田毅一『在南欧日本関係文書採訪録』(養徳社・昭和39年) に目録がある。

(9) 松田毅一『近世初期日本関係南蛮史料の研究』昭和四二年・風間書房・七五四頁。

(10) フロイス『日本史』第一三章(第一部三七章)3巻・一五九頁。
(11) フロイス『日本史』第二〇章(第一部五九章)3巻・二六二頁。
(12) フロイス『日本史』第二〇章(第一部五九章)3巻・二六八〜九頁。
(13) 熊倉功夫校注『山上宗二記』岩波文庫・一一〇頁。
(14) フロイス『日本史』第一一章(第二部七九章)1巻・二四九頁。
(15) 熊倉功夫校注『山上宗二記』岩波文庫・二六二頁。
(16)『堺鑑』下巻(『続々群書類従』第八)六五九頁。
(17) 松田毅一『近世初期日本関係南蛮史料の研究』一〇〇八頁。
(18) 松田毅一『近世初期日本関係南蛮史料の研究』収載の系図を基に表記を改め、新たに改編・増補して根井が作成した。なお日比屋珪一族に関しては、助野健太郎「堺の切支丹日比屋了慶とその家族」(『日本歴史』五九号・昭和二八年)、松田毅一「小西立佐・日比屋了珪一族に就いて」(『日本歴史』一二七号・昭和三四年)、日比屋モニカについては小西瑞恵「十六世紀の都市におけるキリシタン女性」(『大阪樟蔭女子大学論集』四六号・二〇〇九年)がある。
(19) フロイス『日本史』第一一章(第二部七九章)1巻・二四七頁。
(20) 岩波日本思想大系『キリシタン書・排耶書』四二八頁。
(21) J.L.Alvarex – Taladrix「堺の日比屋家に関する一五八六年の新史料」(『キリシタン研究』第八輯・昭和三八年・吉川弘文館)。
(22) フロイス『日本史』第一三章(第一部三七章)3巻・一五九頁。
(23) フロイス『日本史』第三四章(第一部八五章)4巻・一三五頁。
(24) フロイス『日本史』第三四章(第一部八五章)4巻・一三八頁。
(25) 銘文「XONE□□」の□□が当初83と読めたというならば、埋葬者は慶長十五年の時点で八十三歳であった。単純に計算すれば埋葬者(日比作右衛門)は大永七年(一五二七)の生まれであり、享禄、天文、永禄、元亀、天正、文禄年間を生き抜いた。有馬領内にキリシタンが伝来したのは永禄六年(一五六三)であるので彼は三十六歳であった。『伊勢御師食膳日記』にみえる「ひゝや宗清」と同世代の人物となる。
(26) アビラ・ヒロン『日本王国記』(『大航海時代叢書』XI・七四〜七九頁・岩波書店)。
(27)『十六・七世紀イエズス会日本報告集』Ⅲ期第六巻・一八五頁・同朋舎。

(28)『十六・七世紀イエズス会日本報告集』III期第六巻・二二九頁・同朋舎。
(29) イエズス会『日本年報』上・三三四〜三三五頁・雄松堂出版。
(30) フロイス『日本史』第八六章（第三部第一章）11巻・三五四〜五頁。
(31)『十六・七世紀イエズス会日本報告集』I期第一巻・一四九〜一五〇頁・同朋舎。
(32) 拙稿「肥前国有馬氏の危機――キリシタン大名（晴信）誕生の前後」（近畿大学日本文化研究所叢書『否定と肯定の文脈』風媒社・平成二五年）。
(33) 熊倉功夫校注『山上宗二記』岩波文庫・一二頁。
(34) ロドリーゲス『日本教会史』上（大航海時代叢書IX・六〇五〜六〇六頁）。

3 「自然」ということばについての考察

日本人論の視点から

山取 清

1 翻訳語「自然」における重層性

「自然」ということばは、現代社会を映す最も重要なキーワードのひとつであるにちがいない。「自然環境」「自然現象」「自然界」「自然災害」など、「自然」から造られた合成語は、新聞、雑誌、テレビ、インターネットのニュースや記事はいうまでもなく、日常の会話の中でも頻繁に用いられる。様々な科学技術に支えられて成り立つ私たち現代人の生活では、「自然」を科学的な観点からとらえた表現が目立つのも大きな特徴である。近年、よくメディアに登場するようになった「自然食品」「自然死」などのことばも、科学技術万能の現代社会への不信感や反発する気持ちから出て来たという意味においては、同じ範疇に含めることができるだろう。しかし、「自然」ということばから連想されるイメージは本来もっと多様である。例えば、「自然崇拝」や「自然信仰」という表現からは、日本人が古来より長い時間をかけて培ってきた歴史的文化的風土への思いがただちに伝わって来る。このように日本語の「自然」ということばに込められた意味は、重層的かつ複雑である。

ところで、この「自然」ということばを手がかりにして、翻訳論の立場から近代日本の文化的特質に照明を当てようとした先駆的な試みとして、柳父章の『翻訳の思想』(1)(一九七七)、『翻訳語成立事情』(2)(一九八二)をあげることができるだろう。「翻訳語」とは、幕末から明治にかけてのいわゆる「文明開化」の時代に、西洋の文明を取り入れるために造られたおびただしい数の新造語、あるいはそれらの新造語と同様に新しい意味を盛り込まれた伝来のことばのことであり、柳父は『翻訳語成立事情』において、当時の雑誌や新聞などの論説や記事から採った文例などにそくしてこれらの「翻訳語」の成立にまつわる背景と事情をそれぞれ詳しく分析している。

> 「社会」・「個人」・「近代」などの翻訳語は、学問・思想の基本用語であるが、中学・高校の教科書や、新聞用語などにもよく出てくるようなことばである。それにもかかわらず、たとえば日本の家庭の茶の間で家族どうしとか、職場の仲間どうしのくだけた会話の中では、まず口にされることがないだろう。よほど教育ていどの高い人の家庭などでもそうであろう。もし、くだけた場で、これらのことばを口にすれば、まわりの人々はふと居ずまいを正すか、座が白けるかもしれない。つまり使われる場所が限られている。日本人の日常生活の場の用語ではなく、学校とか、書物などの活字の世界とか、家庭の中で言えば勉強部屋の中での用語である。日常語とは切り離された、いわばもう一つの世界のことばである。[3]

柳父によれば、日本の学問・思想の基本用語の多くは、英語、ドイツ語、フランス語などのヨーロッパの言語から漢字を用いて翻訳されてできたものであり、これらの新造語が「翻訳語」と呼ばれる。日本がきわめて短期間のうちに急速な近代化を達成することができたのは、いずれにせよ、これらの「翻訳語」が果たした役割に負うところが大きい。しかしその一方で、西洋の文明を取り入れるという移植作業を行うにあたって、本来まったく異なる発達を遂げてきたはずの文字体系に所属する「漢字」を用いることになったために、その移植作業には「いろいろとかくれた歪が伴っていた」。つまり「翻訳語」とは、「日本の学問・思想の基本用語」であり、これらのことばのおかげで「西欧文明の学問・思想などを、とにもかくにも急速に受け入れることができた」のであるが、それと同時に、家族や仲間内でのくだけた会話の中ではめったに用いられることのない、あるいは用いるのが避けられる「日常生活から切り離された、もうひとつの世界のことば」が日本語の語彙のなかに独特の位置を占めることになった。だがそれにもかかわらず、人々が日常の言語生活でこれらの「翻訳語」を意識していることはほとんどなく、ましてやそこに隠れた矛盾があることに気がつくことはめったにない。『翻訳語成立事情』では、このような事実をまず知るために、「翻訳語」の代表的な例が紹介される。

本書で取り上げた初めの六つ、「社会」「個人」「近代」「美」「恋愛」「存在」は、幕末から明治にかけて、翻訳のために造られた新造語である。あるいは実質的に新造語に等しいことばである。あとの四つ「自然」「権利」（ただし「権」として）「自由」「彼」（「彼女」は新造語）は、日本語としての歴史を持ち、日常語の中にも生きてきたことばで、同時に翻訳語として新しい意味を与えられたことばである。以上二つの場合で、翻訳語としての問題は多少異なる。とくに後者の、伝来の日本語を翻訳語として用いた場合には、異なる意味が混在し、しかも矛盾している、という問題が重要である。いずれの場合にも、あとに詳しく述べるように、翻訳語に特有の効果によって、ことばの意味の分かりにくさや矛盾がかくされていて、人々に気づかれにくい、ということがもっとも重要であろうと思う。(4)

『翻訳語成立事情』で最初に取り上げられる「翻訳語」は「社会」である。これはもちろん英語の society から翻訳されたものであるが、今日ではすっかり日本語として定着しており、「翻訳語」であることが意識されることはほとんどないと言ってもよい。しかし、柳父によれば、society はかつて翻訳されるのがきわめて難しいことばであった。というのは、当時の日本には society ということばで表される現実がなかったからにほかならない。つまり、明治維新後の文明開化によって西洋の思想が取り入れられる以前の日本には、長く続いた鎖国時代の封建制度のもとにあって、歌舞伎や文楽などの日本の伝統芸能でお馴染みの「世間」以外の現実はそもそもなかったからである。したがって、近代のヨーロッパで培われてきた society 特有の意味を翻訳によって再現すること自体が当時としてはきわめて困難であり、実際に「社会」が society の「翻訳語」として定着するまでにも長い時間を要した。例えば、次の引用は福沢諭吉が『文明論之概略』（一八七五）で society を説明していると思われる箇所である。

> そもそも文明は相対したる語にて、その至る所に限りあることなし。ただ野蛮の有様を脱して次第に進行するものをいうなり。元来人類は相交わるを以てその性とす。独歩孤立するときはその才智発生するに由なし。家族相集るもいまだ人間の交際を尽すに足らず。世間相交り人民相触れ、その交際いよいよ広くその法いよいよ整うに従て、人情いよいよ和し智識いよいよ

よ開くべし。文明とは英語にてシウヰリゼイションという。即ち羅典語のシウヰタスより来りしものにして、国という義なり。故に文明とは、人間交際の次第に改りて良き方に赴く有様を形容したる語にて、野蛮無法の独立に反し、一国の体裁を成すという義なり。(5)

福沢はここでsocietyを直接に「社会」という語で置き換えるという方法をあえて採っていない。ここで用いられている「交際」ということば自体は伝来の日本語であるが、右の文例に見られる「人間交際」のような使い方は、旧来の語法からすれば明らかな逸脱である。しかし「交際」という語を日本語の語感としてあえて不自然な文脈で使うことによって、それとの対比で、封建的身分制度のもとでの日本における「家族」から「君臣」にいたる権力の「偏重」の現実がかえってはっきりと浮き彫りにされる。福沢は、封建的身分制度をよりどころとする「家族」や「君臣」、あるいは「世間」のようなたんに狭い閉塞的な関係を超えた、それぞれが独立した、それぞれが対等の「人間」を前提とする普遍的な上位概念があることを、旧来から用いられていた「交際」ということばを使って人々に意識させようとしたのである。「天は人の上に人を造らず、人の下に人を造らず」という、『学問のすすめ』(一八七二)の冒頭の有名な文言に見られるように、日本や東洋の伝統とは異質な西洋の思想を一般の人々に伝えるために福沢が採った方法は、「天」や「人」のような伝来のことばを用いて易しく説明し、先進の文明を誰にでも無理なく理解できるかたちで取り入れることであった。しかし、このようにしてGodに対して「天」、individualに対して「人」という伝来の日本語を充て、文脈の中でその語の意味を微妙に変化させるように工夫しながら、語彙そのものの意味が次第に変化するのを待つという、福沢が最初の頃に採用した方法は、日本全体が近代化を急いでいたあの時代に、残念ながら翻訳法としては定着しなかった。やがて、時代は「社会」「個人」「近代」などの大量の「翻訳語」を生み出し、それらの新造語で新しい思想が語られるようになっていく。これらの「翻訳語」は日本語としての外観を纏いながら西洋由来の外来語であるために、意味が抽象的で曖昧であるという特徴を持つが、翻訳文献ばかりでなく、一般の文章においても広く普及し、やがて「翻訳語」であることが意識されることすらほとんどなくなっていった。

清水幾太郎は『論文の書き方』(一九五九)で「翻訳語」の功罪について言及し、これらの「翻訳語」によって引き起こされる困難について次のように述べている。

「現実」や「疎外」という日本語がただ抽象の世界において使われるのに反し、これに対応する西洋語はただ抽象の世界において使われるばかりでなく、同時に、日常の世界においてのみ使われている。いや、同時に、と言うべきではなく、初め日常の経験の世界で使われていて、それが後に抽象の世界で使われるようになったと言うべきである。順序が日本とは逆なのである。日本では、最初に抽象の世界の用語として輸入翻訳され、それが後に経験の世界へ持ち込まれ、そこで意味を砕いて使われ、私たちがこれに慣れるに従って、いろいろな事物に広く適用されるようになり、ときどき濫用されるようになる。(6)

「社会」や「個人」などの「翻訳語」に対応するsocietyやindividualなどの単語も、それらがヨーロッパにおいて一般概念を表す単語として用いられるようになるまでには長い時間が必要であった。つまり、「翻訳語」の元になった西洋語も、本来、日常の様々な具体的表現の中で用いられていたものであったが、これらが一般概念を表す語として学術的な文献でも使用できるようにするためには、意味を厳密に規定し直すという過程をくぐらなければならなかった。この定義によってようやくこれらの語は思考に役立てることができるようになったのである。ところが、これらの過程を経ずに日本語の中にたんに持ち込まれただけにすぎない「翻訳語」には、経験の世界と抽象の世界との間の連続性がない。このような連続性の欠如こそ、「翻訳語」が「親しみにくい」と言われる理由であり、これによって「観念上の親しみにくさと言葉の上の親しみにくさが結び合わされる」という「翻訳語」独特の問題が生まれることになった。

その点において、ここで取り上げる「自然」ということばは、「社会」や「個人」などの新造語よりも事情がさらに複雑である。「自然」は「翻訳語」としてはnatureからの翻訳であるが、それと同時に伝来の日本語としてもすでに長い歴史を有することばでもある。新造語とは違って「自然」は決して「親しみにくい」というニュアンスの語ではなく、日本人が馴染んできた語である。しかし、じつはその「親しみやすさ」がここではかえってこのことばが抱える「意味の矛盾」を隠す最も大きな原因でもある。そのせいで、よほど注意しなければ、一般にこの矛盾に気づかれることはほとんどないと言ってもよいほどである。柳父が『翻訳の思想』でも詳しく紹介している、「自然主義」という語をめぐる明治期の論争はその典型的な例証であろう。

美術鑑賞家、この人達の言ふところに従へば、文章は飽までも綺麗でなければならぬ。思想は飽く迄審美学の示すところに従はねばならぬ。自然を自然のまゝ書くことは甚だしき誤謬で、いかなる事でも理想化即ち鍍《めっき》せずに書いてはならぬと言ふのである。これは随分昔からの勢力で、クラシシズムは勿論、ロマンチシズムも全くこれに依って行動し、十九世紀の後半まではこの鍍文学でなければほとんど文学でないやうにまで思われたのである。(7)

かつて「自然主義」と呼ばれる文学運動が日本の近代文学において大きな潮流を形成した時代があった。もちろん、「自然主義」ということば自体は、近代のヨーロッパで起こった naturalisme を日本に紹介するために造られたことばである。ただ、nature に対して「自然」という「翻訳語」がすでに用いられていたために、naturalisme を翻訳するにあたっても「自然主義」と訳したところに問題が発生したのである。つまり、まず「自然」ということばには、nature の「翻訳語」として用いられる以前に日本語としてもすでに長い歴史があるので、原語の nature と旧来の日本語の「自然」との間には意味の違いがあったが、その違いを度外視して nature を「自然」と訳したために、nature すなわち「自然」という図式ができてしまい、それに合わせて naturalisme を「自然主義」と訳したために、その図式がさらに混乱を招くことになってしまったのである。右の文章は「自然主義」の作家のひとり田山花袋によって明治三十七年に発表された「露骨なる描写」の序説から引用されたものであるが、「自然主義」をめぐる論争の引き金となるのは、この文章中の「自然を自然のまゝ書く」という文言をどのように理解するかという問題であった。この文では「自然」ということばが二度用いられているが、そのどちらも「自然環境」や「自然科学」における「自然」の意味で使われているのではなく、「本来のあり方」「ありのままの状態」を指している。つまり、「自然を自然のまゝ書く」という文は、言い換えれば「ありのままの状態をありのままに書く」ということであり、花袋はこの文中で「自然」ということばを「ありのままに」「写実的に」

「飾らずに」という意味で理解しているのである。

たしかに、翻訳語「自然」の元になった nature には、「人工」「人為」に対する逆の意味があり、その点ではたしかに伝来の日本語「自然」の「本来のあり方」「ありのままの状態」という意味と重なるところがある。ただ、nature ということばには、本来、「神」という創造主の手で造られた「創造物」というニュアンスが含まれていたが、デカルトに代表されるように、ルネサンス以来のヨーロッパにおける近代精神の勃興を経て、nature は「我」に対置されて合理的に解明される科学思考の「対象」としての外界という意味に理解され、culture や civilization と対立するものとして認識されるようになった。近代ヨーロッパの naturalisme は、そのような世界観と社会の変動にともなって、「絵画」や「文学」などの芸術の方面でも「対象」を伝統的な価値観にとらわれずに客観的観察者として科学的写実的に映し出す表現が求められるようになったことから出発したのである。一方で、日本で伝統的に用いられてきた「自然」ということばには、「人為が加わらない」という点ではたしかに nature の意味と重なるところがあるものの、神による「創造物」というような意味合いは本来の用法には含まれない。そもそも伝来の日本語の「自然」は外界の全体を「対象」としてとらえる全称概念ではなく、「自然に」や「不自然」などの表現からも分かるように、むしろ副詞として用いられることばであり、そこには「自他」の区別という、ヨーロッパの naturalisme が前提とする考え方はない。むしろ「自他」が未分化な状態こそが「自然」なあり方であった。たしかに、花袋をはじめとする明治の多くの作家たちが文学史のうえでは「自然主義」の作家として取り扱われるが、これら一連の作家たちはヨーロッパの naturalisme のように決して同じ思想のもとに集まった同志ではなかった。これらの作家たちはそれぞれがいわゆる文語体に代わる、できるかぎり装飾を排した「自然を自然のまゝ書く」すなわち「ありのままをありのままに書く」という新しい表現方法を模索していたことから、「自然主義」という呼び方で総称されるようになったにすぎない(8)。ヨーロッパの naturalisme において念頭に置かれた「自然」と日本の「自然主義」が目指したものとは、本来、別のものであった。しかし、国木田独歩が『武蔵野』(一八九八)で、かつて万葉集の東歌に詠まれ、また『江戸名所図絵』にも描かれた武蔵野の広大な山野の風景を、里山の照葉樹林と田畑がおりなす都市近郊に近代的な空間として再発見し、生き生きと描き出したように、

「自然を自然のまゝ書く」ことを目指す口語的表現と科学的客観的な「自然」の描写は、いわば翻訳語「自然」を介して合流することによって、ここに「言文一致体」という新しい文章語が成立したのであった。

2　日本人の心と「自然」
――唐木順三『日本人の心の歴史』より

唐木順三（一九〇四‐一九八〇）の『日本人の心の歴史』[9]（一九七六）は、万葉の時代から明治の近代にいたるまでの代表的な歌人や詩人たちによる和歌や文学作品をたどりながら、日本人が「自然」とどのように付き合ってきたのかということを中心に論じた、日本人の精神史とでもみなすことができる本である。著者自身も述べるように、「精神史」ではなく「心の歴史」という書名が付いていることに、じつは著者のこだわりがある。そもそも「心」と「精神」はどのように違うのであろうか。この問いにたいして、「心」は「自然」と深い関係にあるというのが唐木の答えである。唐木にはすでに『日本人の心の歴史』のおよそ十年前に出版された『日本の心』[10]（一九六五）という類似する書名の著書があり、その第一章「自然といふこと」において、日本人が「自然」をどのように理解してきたかという問題を取り上げ、とくに「自然」ということばとの関係からこれについて詳しく論じている。著者は「自然」の「自」は「おのづから」とも「みづから」とも読むことができるという点にまず着目する。すなわち、「自然」をそのまま文字通りに訓読すれば「おのづからしかり」であると同時に「みづからしかり」という、二重の意味を含むという点である。著者によれば、「自然が同時にみづから、即ち自己であり、またその逆に自己が即ち自然であるといふことが、日本人の傳統的な心の動きの中にある」という。日本人の自然観は、「精神」ということばから受ける抽象的で形而上学的なイメージにはそもそも馴染まず、むしろ身体が五感を通して受ける「感覚」や「直観」と密接に結びついており、なによりもその都度の「心の動き」が重要とされる。唐木がこの本の書名に「精神」ではなく「心」ということばを選んだのは、おそらくこの点をとくに伝えたかったからにちがいない。では、「日本人の傳統的な心の動き」とは何か。唐木は、この日本人に独特の「心の動き」を説明するために、芭蕉（一六四四‐九四）が好んで使ったという「物皆自得」ということばを手がかりして、以下のように述べている。

物が物としておのづからにみづからを得てゐるといふことはふしぎではない。いや不思議であつてしかも率直な事實である。山は山、河は河、水は水、火は火、木槿《むくげ》は木槿、馬は馬といふ世界は、不思議といへばいかにも新鮮な不思議であるが、ただこれありのままの事實である。（略）然しひるがえつていへば、よろづのものがみな然りである。松も然り、竹も然り、そしてその、松、竹を、眞に松、竹として、即ちそれみづからに自得して、古今東西に絶するものとしてみることが、「靜に見る」といふことの意味であらう。時間、空間、因果、量、質、関係といふやうな「尺度」、カテゴリイをはづして、ありのままに、具體的にみることが、靜かにみるといふこと、そして靜かにみれば、各の物は各のおのづからの生命と運命をもつて、みづから自得して優遊してゐるであらう。更に附け加へていへば、物を主觀の對象として、外側から見る、認識するのではなく、萬物、我と同根といふ立場から、いはば内々に、内々のものとして、感じ取るといふことであらう。我と彼といふ第三人稱世界のものとしてでなく、我と汝といふ第二人稱世界において、いはば生命連帯、運命連帯において、見、感じるといふことであらう。簡略していへば、科學的な見方、認識ではなく、藝術的または詩人的な感受である。[11]

周知のように、抽象化・概念化にこだわって精密な科学技術や壮大な学問体系を築いてきたヨーロッパにくらべると、日本の伝統文化はそれとは対照的に異なる道を歩んできた。ヨーロッパは普遍的な基準を立てることによって個々の事実を大所高所から整理しようとする分析的・客観的な方法論を発達させたが、日本では事情がまったく違っていた。「花鳥風月」「山川草木」という日本の芸術の題材を示すことばに典型的に表現されるように、古来より日本人は自分たちが住んでいる身の回りの生活空間の中に見られる動植物、あるいは雨や風などの自然現象に特別な関心を向けてきた。しかし、ヨーロッパにおけるように「主観」と「対象」を截然と分けることで、「自然」を観察者の立場から分析するのではなく、むしろ「自然」と「自己」との区別すら行わないのが日本人の「自然」との接し方であった。決して客観的な立場に身をおいて超然と「自然」を「第三人稱世界」として観察するのではなく、「我と汝といふ第二人稱世界」において「自然」に共感することで「みづから」のものとしてまた「おのづから」のものとしてその都度の「情緒」や「風情」を楽しみ、その気持ちを素直に和歌や俳句などに託すという営みを繰り返してきた。たしかに、日本には西洋的な意味での精密な自然科学は発達しなかったが、その代わりに身近で具体的な「自然」とかかわることによって豊かで繊細な芸術文化が育まれてきた。このように「自然」に感情移入することで営々と積み上げられてきた「心の歴史」を物語るうえで最も重要な手がかりとして、唐木が着目するのは、芭蕉の「感應道交」ということばである。

物からのよびかけを、そのままに受取り、言葉なき表現を言葉にすることがまさに詩人といふものである。詩人がみづからをおのづからにし、四時を友とし、造化にしたがひ造化にかへるところに、ものとの感應、同時契合が起る。時節因縁によつて起る。その感應、契合を、見とめ、聞きとめて、それを言葉に定着することをおいてのほかに詩人の仕事はない。芭蕉のいふ風流風雅世界は、そういふ感應道交が起る、起りうる世界を指してゐる。具體的には、みづからをつねにおのづからのものにし、おのづからのものがまたみづからのものとして歸つてくるのに好適な旅人の姿が、また旅そのものが、風流風雅世界であつた。夷狄鳥獣また俗物が、おのおのそのみづからの關心によつて、即ち私意また私欲に從つて、外側から對象を見るのに對して、姿、心を「花」にして、私意を離れ、作意を去つて、内側に入りこむことが、風流の實踐といふことになる。[12]

芭蕉にかぎらず、「自己放下の具體化としての旅」は、日本の文学にとって最も重要なモチーフのひとつであった。「放下」とは元来は禅のことばであり、自己執着を離れ、自己分別を離れ、さらには離れようとする心からも離れることを意味する。したがって、「放下」とは「捨て去る」という行為の連続であるから、同じ所にとどまることを嫌って必然的に「一所不住」となる。すなわち「放下」をそのままかたちにしたのが「旅」であり、芭蕉にとっては、旅に出るという行為そのものが、己を捨て去ることにつながっていた。「旅」をすることが風流風雅の世界を体験することを通して生まれる彼の文学そのものであり、「感應道交」が起る場所を求めることにほかならなかった。つまり「旅」そのものが「私意を去って四時を友とする境」に入ること、「物に入る」「實に入る」「物に應ずる」という「感應道交」が起りうる世界に到達するための方途であった。また、そのような「感應道交」が起りうる風雅世界とは、「松の事は松に習へ、竹の事は竹に習へ」という、芭蕉の有名なせりふにあるように、山河草木、吹く風、立つ波の音など、「自然」のすべてが「情緒的な、あるリズムをもった世界」でもあり、「自然」が「みづから」発するそのリズムに人が参与することによってそこに詩や歌が「おのづから」生まれるのである。このように「自然」を情緒的存在とみなす、日本人が古来より受け継いできた自然観こそが芭蕉が俳句に詠んだ風流風雅世界であった。

右に述べた「感應道交」の問題は日本文学の重要なモチーフであるが、唐木は、その後『日本人の心の歴史』においてもこの問題にさらに詳しい検討を加え、以下のように指摘している点にも注目すべきであろう。

私は万葉集において数多く使はれてゐる「見る」及びそれに関係する言葉の喪失において古代といふものの終焉を感じる。既に書いたやうに前期万葉人の「見る」が時代の下るに従つて次第にその具体性を失ひ、「見れど飽かぬ」の用法もマナリズム化されてゆく。そして古今集にいたつて姿を消してしまふ。古代人は見ることにおいて偲び、また思つた。眼前の風物、人物を自分の眼で見ること、見入りたしかめることが発想の起点であつた。恋も「相見る」ことにおいて始まり、恋の相手の姿を思ひ見ることにおいて恋のほどをたしかめた。山川草木を「清し」「清《さや》けし」と眼でたしかめることにおいて、山川草木は他人ではなくなつた。「清けき見つつ」といふやうに、山河はその本来において清浄であつた。それは自然・自己一体の古代人の在り方といつてよい。(13)

「感應道交」という創作上のモチベーションは、日本の文学史において決して常に変わることなく維持されたのではなく、時代によって趣向にかなり大きな変動があった。唐木によれば、前期万葉集の時代には、このような古代人における「自然・自己一体」という自然観が優勢であったが、後期になると明らかに廃れていく。前期万葉人が「自然」の山河を眼にして「清さ」「清けさ」を歌った素朴な心情は、後期になると次第にその具体性を失っていき、古今集に至ってほとんど姿を消してしまうのである。この変化は、例えば、古今集の仮名序の冒頭の「やまとうたは、ひとのこころをたねとして、よろづのことの葉ぞなれりける。世中《よのなか》にある人、ことわざしげきものなれば、心におもふことを、見るもの、きくものにつけて、いひだせるなり」という有名なことばを見ればはっきりする。これは、歌とは「心を種」とするものであり、そこでは「心に思ふこと」が「見るもの、聞くもの」よりも本質的に先に立っているということが、勅撰和歌集において正式に宣言されたことを意味する。つまり、これによって、「思ひ、これ、待ち、工夫し、言葉を計らふこと」が詩歌の本領とされる時代が新古今集にいたるまで続くことになったのである。「心がはたして種か」「心とはそもそも何ものか」という疑問が起こるのは、ようやく王朝末から鎌倉初期にかけてである。「心から心にものを思はせて身を苦しむるわが身なりけり」と詠い、「思ふ」ということ自体を問題にし、「心」と「身」の分裂を嘆いたのは、西行(一一一八-九〇)であったが、貴族が政治の実権を握り、社会や人々を統制してきた時代から、武士が台頭する「継ぎ目」の時代にあって、それまでの道理や常識はもはや通用しなくなっていた。西行等の歌人や、また旧仏教にあきたらない求道者たちの間からは、「人間の計らひ、自己の計らひを超えるもの」が求められた。例えば、親鸞(一一七三-一二六二)は「みづからがおのづからであり、おのづからがみづからである境界」を説き、道元(一二〇〇-五三)は、「佛道をならふといふは、自己をならふなり。自己をならふといふは自己をわするるなり。自己をわするるといふは、萬法に證せらるるなり。萬法に證せらるるといふは、自己の身心、および佗己の身心をして脱落せしむるなり」として、仏道修業における「身心脱落」を説いた。そしてついに一遍にいたって、「心を捨てること、その捨てようと思ひ計る心をも捨てることといふ限りのない捨棄行の果に、自我また自意識はあとかたなく消えて、おのづからがおのづからに働いているといふ世界が現出してきた」のである。これは「事や物が事や物として、ありのままにみづからを表現しながら、それが自然に法であるといふやうな世界」であり、そのような自然観が集約されているのが、芭蕉の『笈の小文』(一六八七)の冒頭の文章である。

西行の和歌における、宗祇の連歌における、雪舟の絵における、利休の茶における、其貫道するものは一なり。しかも風雅におけるもの、造化にしたがひて四時を友とす。見る処、花にあらずといふ事なし、おもふ所、月にあらずといふ事なし。像《かたち》花にあらざる時は夷狄《いてき》にひとし。心《こころ》にあらざる時は鳥獣に類す。夷狄を出《いで》、鳥獣を離れて、造化にしたがひ造化にかへれとなり[14]。

こうして、「思ふ」から「見る」への回帰、あるいは「見る」ことの深化という、中世の和歌の世界に起きた自然観の変化は、やがて芭蕉の風流風雅世界へと受け継がれ、日本の古典文学の著しい特色のひとつとみなされるようになった。また、この自然観は、明治の文明開化以降もかたちを変えて存続することになる。古今集に対して激しい批判をあびせ、「写生説」を主張した正岡子規（一八六七－一九〇二）や斎藤茂吉（一八八二－一九五三）等の明治以降の歌人、すでに取り上げたいわゆる「自然主義」の作家たちの「自然を自然のまゝ書く」という創作のあり方にも、唐木が指摘するような、日本人の伝統的な自然観が反映していると言えるだろう。ただ、ここでひとつ気になる点がある。それは芭蕉が使った「造化」ということばである。右に引用した芭蕉の『笈の小文』の文章は、たしかに日本人の伝統的な自然観を表してはいるが、ここでは「自然」ではなく、「造化」ということばが用いられている。しかし、「造化」は、現在の日本語としては一般には使われないことばである。それならば、芭蕉が「造化」ということばで表した意味は、その後、「翻訳語」の「自然」に取って代わられてそのまま受け継がれたのであろうか。それとも、何かほかの要因がここに働いているのであろうか。

3 ゲーテにおける有機的「自然」観
——詩とメタモルフォーゼ

明治以来、日本で紹介されてきたヨーロッパ文学のなかで、ゲーテ（一七四九－一八三二）の作品は、日本人に最もよく読まれ、愛されてきたものに数えることができるのではないだろうか。それでは、ゲーテはいったいなぜ日本人に好まれたのかという理由を考えてみると、すぐに思い浮かぶのは、ゲーテの自然観が日本人の共感を呼ぶのではないかという点である。すでに見てきたように、現在の日本語の「自然」はnatureに伝来の日本語「自然（シゼンまたはジネン）」の意味が折り重なってできた、独特の「翻訳語」である。したがって、「自然」すなわちnatureという図式が成り立たないということについては指摘した通りであり、この点についてはドイツ語のNaturも本来同様であるはずであるが、ただ、ゲーテにおいては、まず、その

Naturということば自体が独特の意味合いを帯びることに注意しなければならない。そこで、以下ではゲーテ自身が実際に用いている「自然」ということばの例、したがってゲーテの作品の中で使われているドイツ語のNaturということばを手がかりにして、ゲーテの自然観の特徴を探ることからはじめ、その考察に基づいて、現在の日本語の「自然」とゲーテの意味におけるNaturとの共通部分はどこにあるのか、また、ゲーテの自然観は日本語の「自然」とどのような関係があるのかなど、これまでに述べてきた「翻訳語」や日本人の自然観との関連を探ることにしたい。

ところで、ゲーテが「自然」への思い入れを強く抱くようになったきっかけは、ルソー（一七一二－一七七八）から大きな思想的影響を受けたためであると言われるが、カッシーラー（一八七四－一九四五）が『自由と形式』（一九一六）で指摘するところによれば、じつはゲーテとルソーの自然観には根本的な相違がある。

> ルソーにとって自然とは人間がさまざまの形の「文明」や「文化」を持つに至って忘れ去ってしまったあらゆる基本的価値の総括概念を意味する。こうして彼は自然に対して独特の「情緒的な」関係に立つ。彼は同時に自然に対する矛盾を意識することによってのみ、自然を把握し享受することができる。自然は彼にとって単なる観照の対象でもなければ、純粋な感情の対象でもなくて、彼を支配している道徳的な根本要求の表現なのである。……これに反してゲーテはあらゆる省察と研究の中でも依然として最も狭い意味での「造形家」である。こういう造形の純粋性からゲーテにとって感情の純粋性が湧き出てくる。それは彼自身の外部にある一切の、宗教的および道徳的な種類の傾向と拘束から解放されている状態である。彼においては、感情は外的なものの中で初めて形成を求めるのではなくて、それの最初の萌芽と素質から見て、既にそれ自身が形態（ゲシュタルト）となるし、また形態であるから、感情は現実的な意味でも観念的な意味でも、最初からある自律的なものとして世界に対立している。それは自分の基準を世界から受け入れるのではなくて、自分自身の中にそれを見出し、その中から新しい存在内容を作り出すのである。[15]

カッシーラーによれば、「ルソーの自然概念は彼の抽象的な自由概念の情熱によって制約され、それによって貫かれている。自然はあらゆる形の恣意的なとりきめ、あらゆる種類の外的・社会的な拘束に対する反対を証しするために呼びかけられる。自然はただそれ自身のために求められるのではなくて、人類の陥っている社会的な腐敗の程度がそれと比較すればはっきりと判るような背景として役立つ」のである。これにたいしてゲーテにおいては、「自然」は、何よりも「造形家」(Bildner) としてのゲーテ自身のあらゆる創造的要素と分かち難く結びついている。よく知られているように、ゲーテは生涯を通して、動植物から鉱物にいたるまで幅広い分野の「自然研究」に取り組んだ人であった。ただし、彼の「自然研究」は、現在の常識で考えられるような「自然科学」のイメージからはほど遠い。それどころか、むしろゲーテの「自然研究」は、本来、近代的な意味での「自然科学」にたいする批判的な立場から出発したものであり、近代科学の「機械的」自然観に嫌悪感を抱いていたゲーテは、一般に「有機的」自然観と呼ばれる「自然」のとらえ方に終生こだわり続けた。とりわけ、約二〇年もの歳月をかけて取り組んだ『色彩論』(一八一〇)は、ニュートン(一六四二‐一七二六)の『光学』(一七〇四)を強く意識して執筆された、ゲーテの「自然研究」の集大成である。

色彩というものは光のはたらき、その能動的な作用と受動的な作用によって生じたものである。この意味でわれわれは、色彩から光に関する解明を得ることも期待できる。色彩と光は相互にきわめて厳密な関係を保っているのであるが、しかし両者はともに自然の全体に属していると考えられなければならない。なぜなら、それらを通して自己を眼という感覚にとりわけ啓示しようとしているのは、自然全体にほかならないからである。[16]

「光」は外界からそのまま受け入れられるのではなく、眼の網膜を通して「色彩」としてはじめて認識される。その点で、「色彩」は「自然」と「人間」の間で生起する感覚的・心理的な「現象」とみなすことができる。したがって、ゲーテは、「光」をニュートンのように物理的な分析の対象として「人間」から切り離して考察するべきではなく、「自然」と「人間」とのある種の共同作業とみなすべきであると考えたのであった。ゲーテにとって、「自然」は決して「人間」にとっての克服されるべき「対象」ではなかった。たしかに、ゲーテの「自然研究」においても、「自然」は観察される「対象」であるが、それはたんなる「対象」に留まらない。「自然」それ自体は決して静止することのない、「存在と生成の多様性」であり、「存在と生成が生き生きと織りなしている状態の多様性」でもあるが、これを観察する「人間」自身もまた同じく、あくまでも「自然」にたいして自らの感受性を通して多様な反応を繰り返すと同時に、積極的に働きかけることで自らの内面に「自然」を新たに再構築する存在でもあった。このような「人間」と「自然」との相互作用について、例えば、『形態学序説』（一八一七）では次のように述べている。

> 生き生きとした観察を心がけて自然に立ちむかおうとする人は、いざ自然との闘いにとりかかってみると、対象を支配しようとする強い衝動ばかりに心を奪われてしまう。だが、それも長いことではない。やがて、彼のほうがかえって対象の力強さに圧倒されてしまい、対象の力の偉大さを認めるのも、対象の作用に敬意を払うのも、いたって当然のことだと痛感するようになる。自然と人間とのこうした相互作用によく納得がゆくようになると、そこに現れている無限な、二つのひろがりにすぐさま気づかざるをえない。つまり、ひとつは、自然という対象の側における存在と生成の多様性、また存在と生成が生き生きと織りなしている状態の多様性であり、ひとつは、観察する人間自身の側にあって、自分自身の感受性と判断を、たえず新しい反応の仕方にむかわせ、限りなく人格形成を深めてゆく可能性である。[17]

ゲーテが動植物の綿密な観察を通してたどり着いたのは、「自然」がきわめて多様であり、また同時に、常に流動しているという認識であった。「生きた自然」に見られる多様な「形態」(Gestalt)は、固定しているものや静止しているものはどこにもなく、不断に「生成」と「変化」を繰り返しながら、しかもすべてが全体として有機的につながりを保ち続けている。存在するものは類によって内側から限定され、固定されながら、外側に向かっては度重なる変形によって種別化され、きわめて多様な姿に変化することができる。ゲーテにおけるこうした「メタモルフォーゼ」(Metamorphose)の思想は、「自然」のもつ豊かな生命力と多様性を説明すると同時に、さらに「自然」と「人間」の相互作用を通しての休むことのない「自己形成」(Bildung)のイメージへとつながっている。つまり、「詩人」（Dichter）においては「詩作」（Dichtung）という「行為」（Tat）を通して「自然」と自己を一体化することによってその「自己形成」が実現されるのである。このような「自然と人間との相互作用」という、詩作におけるゲーテ独特の「自然」のとらえ方は、すでに詩人の若い時期の作品からも読み取ることができる。例えば、『五月の歌[18]』（一七七五）を見てみよう。

なんと美しい
自然のひかり
太陽は輝き
野辺は笑う

すべての枝からは
花々が咲き出で
茂みの中からは
千々のさえずり

そしてすべての胸からは
喜びと至福がほとばしる
おお大地よ、太陽よ！
おお幸福よ、おお歓喜よ！

おお愛よ、愛よ！
金色に美しく
あの頂きにかかる
朝雲のように

君は晴れやかに祝す
あざやかな野辺を
花霞に包まれた
充実した世界を

おお少女よ　少女よ
ぼくは君を愛する！
君のひとみは何と輝き！
僕を愛してくれることか！

この詩はゲーテがシュトラースブルク大学の学生であった二十二歳の時の一七七一年五月に恋人フリーデリーケ・ブリオンに宛てて書かれ、その後、『ゼーゼンハイムの歌』（一七七五）に収録されて、抒情詩人としてのゲーテの名声を一気に高めることになった詩である。右に引用したのは、九つの詩節からなる全体の三分の二であるが、これらの部分からだけでも、フリーデリーケに寄せるゲーテの熱い思いと、彼女によって身も心も満たされたゲーテ自身の幸福感がともに十分に伝わって来る。しかし、たんに恋人への熱き思いをみずみずしい春の情景に心から感動する気持ちに重ね合わせ、それを詩に託しているとみなすだけであれば、何もこの詩にかぎった特別なモチーフではない。この『五月の歌』に特別な意味を認めるとすれば、たんに春を迎えた「自然」の美しい情景と恋人への深い「愛情」が同時にみごとに表現されていることばかりではなく、「自然と人間との相互作用」という、ゲーテ独特の自然観と「詩作」のあり方がこの詩に典型的に顕れていることにその根拠を求めるべきではないだろうか。というのも、この詩からは、作者である若き詩人ゲーテが「恋人」と「春」を気持ちのうえでひとつのものとして感じ、それによって春を迎えて輝きを放ち始めた「自然」の情景を自己の「内面」と完全に一体化していることが伝わって来るからである。つまり、この詩では「詩人」の内なる情調と「詩人」を取り巻く外界の情調とが一つに溶け合っており、したがって、ここでは「詩人」が「自然」に対して客観的な観察者として振る舞うときに生じるような、「詩人」の内面と「自然」との区別はもはやはっきりとは感じられない。シュタイガーが評伝『ゲーテ』で述べているように、「詩作」という「行為」を通して知覚できるものはすべて心的なものとして、また同時に心的なものはすべて知覚できるものとしてとらえられているのである。それと同じ意味で、「自然」との一体感が具体的に表現されている詩をあげるならば、例えば、『湖上で』[19]（一七七五）がそうであろう。

そして新鮮な養分と新しい血を
わたしは自由な世界から吸う
わたしを胸に抱く自然の
なんというやさしさ心地よさ！

波はわたしたちの小舟を
櫂の拍子にあわせてゆすり上げ
そして雲をまとってそそり立つ山々は
行く手にあってわたしたちを迎える

目よ、わたしの目よ、なぜうつむくのか

黄金の夢よ、またやって来たのか
去れ、夢よ、おまえがどんなに黄金でも
ここにも愛と命があるのだ

この詩は、ゲーテがスイスのチューリヒ湖で朝もやの中を湖に小舟で漕ぎ出したときの新鮮な感動をもとに作られたものである。ゲーテはこの詩で周囲の「自然」を「母」に、そして小舟に乗って湖に浮かんでいる自分を母の胎内で羊水に護られている胎児に譬えている。「母なる自然」と「臍の緒」を通してつながっているという、この詩における「自然」のイメージは、まさに「恵み」「恩恵」である。したがって、「自然」との一体感がこれ程はっきりと表現されている詩はほかにはないかもしれない。しかし、ここで注意しなければならない問題がある。それはゲーテが「自然」に抱いていたイメージは、決して「自然」の「恵み」「恩恵」ばかりではないという点である。というのも、ゲーテの自然観で見逃すことのできない、もうひとつの側面は、じつは「自然」にたいする「恐れ」「畏怖」の念であり、このような「自然」におけるまったく対照的な二つの面が、『ファウスト』[20]第一部（一八〇六）においても作品の重要なモチーフになっていると考えられるからである。

例えば、第一部「夜」では、「自然」は人智のまったく及ばないものとして描かれている。冒頭の場面、世界を統べる原理を求めてあらゆる学問に手を出した老学者ファウストであるが、結局、学問の無力さに気づいて絶望に陥る。それでも彼は「世界を奥の奥で統べているもの」「世界のうちに働く力と元素のすべて」を見究めることを諦めきれず、魔法の力に縋れば「秘密のいくらかが知れはすまいか」と考えて、高名な占星術者自筆の書を紐解き、首尾よく地霊を呼び出すことに成功する。しかし、呼び出してはみたものの、あまりの恐ろしい姿に直視することすらできない。「自然の営みを、行為の嵐を己は支えて動いてやまぬ。かしこに働き、ここに働く。生を司り、死を司る。永遠の海に漂い、筬《おさ》をさばき、いのちを燃え上がらす。こうして己は絶えず動く時の機《はた》を織り、神の霊妙な衣を作る」。このことばの通り、ファウストは地霊の力を借りて万有の秘密を知る手がかりを得ようとしたのだが、結局、手も足も出すことができない。地霊に向かって「己《おれ》だ、ファウストだ、お前たちの仲間の一人だ」と必死に叫ぶファウストに、「お前はお前に理解できる霊にこそ似ていようが、己に似てなどおらぬ」という台詞を残して地霊は姿を消す。

一方、「夜」の場面に続く「市門の前」の場面は、これとは対照的に、春の訪れによる「自然」の「恵み」に感謝する人々の情景描写と心理描写から成り立っている。「夜」の場面に描かれたように、人間の卑小さに絶望したファウストは、思い余って自殺を図ろうとするが、まさに毒瓶に手を伸ばしたその瞬間に復活祭の鐘の音が響き、生へと引き戻される。死ぬことを思いとどまったファウストが弟子のワーグネルとともに戸外に散歩に出かけると、そこには春の訪れを心から喜び、陽気にはしゃぐ村人たちの姿があった。この光景を目にして、つい先程まで死を考えていたファウストの心にも生きる活力がふたたび蘇る。ここでは、待ち焦がれていた春を迎えたときに誰もが心に感じる、何とも言えない解放感がじつに生き生きと描かれている。つまり、ゲーテにとって、たしかに「自然」はこうして人間を元気づけてくれるものでもあった。このように、「夜」と「市門の前」の場面で展開する「自然」についての正反対のとらえ方は、『ファウスト』第一部の最初のモチーフ「学者悲劇」のみに典型的に見られるだけではなく、『ファウスト』全編を貫いて流れる、おそらくゲーテの自然観の根本的な思想とみなすことができるのではないだろうか。

ゲーテが「自然」をどのように考えていたのかを知るために、こうして詩や戯曲等の作品や自然研究論文を取り上げてきたが、これらの観点を総合して考えてみると、『ファウスト』第二部（一八三一）の冒頭の「優雅なる土地」の情景は、ゲーテの自然観を最も典型的に示す場面のように思われる。花の咲く草地で疲れて不安な身を横たえ、眠ろうとつとめているファウストの上には、恐ろしい体験の追憶から心を拭い清めようと、小さな妖精たちが漂っている。やがて凄まじい轟音とともに太陽が近づいて空が明るみ始めると、森には幾千もの生命の声が鳴り響き、樹々は生気を取り戻し、草や葉が鮮やかな色を見せ始める。太陽がついに姿を見せ、ファウストを眠りから覚ますが、あまりの眩しさに顔を向けることができない。光を見る痛みに耐えかねて、太陽に背を向けたファウストの目に映ったのは、滝から舞い上がった水しぶきから生まれ出て、弧を描いて空中に懸かる美しい「虹」であった。「人間」の営みは、ある時は鮮やかに、そして空に消えるはかない「虹」のようなものであり、色とりどりの「影」にすぎないが、ゲーテにとって、そのような「虹」を生みだす「自然」とは、一方では「人間」が決して克服することのできない恐ろしいものでありながら、同時に「人間」を元気づけ、苦しみから立ち直らせ、不断の「形成」へとうながす、「人間」にとってかけがえのない、素晴らしい存在でもあった。

4 翻訳語「自然」と反近代思想の系譜

現在の日本語の「自然」ということばには、人間の手によって造られた人工の物、あるいはそれらを含む人間の営みの全体、すなわち「文化」や「文明」にたいして、人間の手が加えられていない物やそれらの全体を指す場合と、人の振る舞いや態度、あるいは様々な事物について「わざとらしさ」や「作為」を排した本来のあり方を言う場合の、二つの意味が含まれている。すでに述べたように、前者の意味はnatureからの翻訳を通して日本語に入ってきたと考えられる。その際に「翻訳語」の「自然」には、前者のnatureの意味と伝来の日本語「自然」がもっていた後者の意味が重なり、さらに「造化」「天然」などの他の語によって表されていた意味や用法がそこに加わることになった。それらの要因が渾然一体となって構造的変化が起こり、現在の「自然」ということばの基盤が形成され、やがてひとつの語として完全に定着することになったのである。また、このような「翻訳語」としての「自然」の語義の形成は、「自然主義」の口語文体がある程度定着し、それにともなって外国文学や思想書の翻訳が盛んに行われるようになる、おそらく明治二十年代から大正のはじめにかけて進んだものと考えられる。例えば、西田幾多郎（一八七〇－一九四五）は『善の研究』（一九一一）において「自然」を「純粋経験」との関連で説明しているが、その文章からは、当時の知識人が近代ヨーロッパで形成された自然観を日本の伝統にいかに融合させるかという課題と真剣に向き合っていた様子を窺うことができる。

実在は唯一つあるのみであって、その見方のことなるによりて、種々の形を呈するのである。自然といえば全然我々の主観より独立した客観的実在であると考えられている。しかし厳密に言えば、かくの如き自然は抽象的概念であって決して真の実在ではない。自然の本体はやはり未だ主客の分れざる直接経験の事実であるのである。例えば、我々が真に草木として考うる物は、生々たる色と形とを具えた草木であって、我々の直覚的事実である。ただ、我々がこの具体的実在よりしばらく主観的活動の方面を除去して考えた時は、純客観的自然であるかのように考えられるのである。しかし科学者のいわゆる最も厳密なる意味における自然とは、この考え方を極端にまで推し進めたものであって、最抽象的なるものすなわち最も実在の真景を遠ざかったものである。(21)

右の文章において、西田は「自然の本体はやはり未だ主客の分れざる直接経験の事実である」と述べ、自然科学の観点から「自然」を「主体」から独立して存在する「客観的実在」として想定することに異を唱え、むしろ人間の主観的活動と切り離すことのできない感覚的事実こそが「真の実在」であると主張する。つまり、ここで西田の言う「直覚的事実」とはゲーテにおける「直観」Anschauungに対応する。ゲーテは悟性による自然認識を退け、「自然」の直観的認識すなわち「体験」を強調したのであるが、西田の自然観も、ゲーテの自然観と明らかに共通の考え方に立っている。これはたんなる偶然の一致ではなく、西田自身がすでにゲーテの自然観について十分に認識しており、そのうえでむしろそれを積極的に取り入れることによって自らの思想を確立しようとしたからにほかならないと理解するべきであろう。

また、右の如く自然を純物質的に考えれば、動物、植物、生物の区別もなく、すべて同一なる機械力の作用というの外なく、自然現象はなんらの特殊なる性質および意義を有せぬものとなる。人間も土塊もなんの異なる所もない。しかるに我々が実際に経験する真の自然は決して右にいったような抽象的概念でなく、したがって単に同一なる機械力の作用でもない。動物は動物、植物は植物、金石は金石、それぞれ特色と意義とを具えた具体的事実である。我々のいわゆる山川草木虫魚禽獣というのは、皆かくの如くそれぞれ個性を具えたもので、これを説明するには種々の立脚地より、種々に説明することもできるが、この直接に与えられたる直覚的事実の自然は到底動かすことのできないものである。(22)

『善の研究』で西田が試みたのは、日本の伝統的な思想を近代のヨーロッパで形成されてきた、普遍的な術語と概念を用いて改めて語ることであった。また、その試みにおいては、日本人が培ってきた伝統的な「自然」とのかかわり方、日本人の自然観をいかにして近代ヨーロッパの自然観にたいして独自の「自然観」として定立するかが、最も重要な課題のひとつであった。その際に、おそらく西田は、日本の伝統的自然観を近代ヨーロッパの普遍的概念で表現するための重要な手がかりをゲーテの自然観に見出したのではないだろうか。右の引用が示すように、西田の思想は、「自然」を「純物質的」「抽象的」にのみとらえようとするいわゆる「機械的」な自然観を否定し、動植物から鉱物にいたるまでのあらゆる自然現象をそれぞれ個性ある「具体的事実」としてそのまま認めることを前提とする。これは、『色彩論』におけるように、近代科学の「機械的」自然観に反対したゲーテが、それとはまったく異なる観点から「自然研究」を行ったのと基本的に同じ立場であった。

もちろん、このようにゲーテの自然観を日本人の自然観にそのまま当て嵌めて理解することには問題がないわけではない。というのも、ヨーロッパというキリスト教世界にありながら、ゲーテが日本の伝統的な自然観と同じような見方にたどり着いたことも、ゲーテが生きた近代ヨーロッパ、そしてとくに十八世紀後半から十九世紀前半にかけての当時のドイツが置かれていた状況と密接に関連して発生したことであり、ゲーテが生きた時代に特有の歴史的・社会的背景や交友関係等の彼自身が置かれていた環境と切り離して想像することはできないからである。これらのいくつかの要因に促されて発展したゲーテの「自然」への関心そのものは、本来、アリストテレスをはじめとする古代ギリシャの自然学からの影響が大きく働いているように思われる。なぜなら、アリストテレスの自然学は、師プラトンが唱えたイデア論への反駁から出発しており、真の実体すなわちイデアは現実の世界の外側にあって人間はただその影を見ているにすぎないと唱えたプラトンにたいして、アリストテレスは、むしろ現実の現象世界の中に真の実在が働いていると主張したからである。ゲーテは、アリストテレス的な自然観を基礎として、動植物から鉱物にいたるまでのいわゆる自然科学、さらに色彩学などの自然現象の研究に取り組み、それを母体としてあのゲーテ独特の世界観を形成したのであったが、それが結果として日本人の伝統的な自然観と類似したものであったと言えるだろう。つまり、ゲーテが生きた十八世紀の後半から十九世紀にかけては、ルネサンス以降のヨーロッパで爆発的に発達した自然科学が産業革命などの影響によりますます勢いを増し、いよいよ「自然」と「人間」との関係を切り裂く時代が迫っているという実感がゲーテの中に芽生え、それがゲーテ個人の生来の「自然」への傾向と結びついて、独自の自然観がかたちづくられることになったのである。ゲーテの作品においてとくに「自然」が重要なモチーフとして意識されている理由には、当然、そのような歴史的および社会的背景をまず想定しなければならず、そのような背景があって、ゲーテはアリストテレス的自然観の意味を「再発見」したのであった。

ただ、ゲーテが「自然」をどのようにとらえていたのか、あるいは「自然」が人間ゲーテの全生涯を貫く思想や生き方にどのようにかかわっているのかという問題は、ゲーテの文学を理解するうえで、地域や時代の特殊性を超えたいわゆる普遍的なテーマを含んでいることもたしかに事実である。また、とくに大正から昭和初期にかけての日本では、ゲーテの作品がいわゆる「教養思想」と一体のものとして紹介されたが、その際、「自然」というモチーフも、たんにゲーテの詩人としての創作活動と作品内容との関連においてばかりでなく、詩人ゲーテ個人の生涯そのものがそのような自然観と重ね合わされるとともに、作品を味わう読者自身の体験とも関連づけて理解された。したがって、前節で取り上げた『ファウスト』は、「旅」を通しての主人公と「自然」や「人間」との交流と、それによる「人間形成」を主題とするが、その意味において、物語のこのような筋立てそのものが日本の旅文学と共通する面をもっている。さらに付け加えるならば、詩や戯曲等のゲーテの作品の表現形式にも私たち日本人にとって実際に受け入れ易い素地があったことも、作品の受容が比較的容易に運んだ大きな要因ではないだろうか。とりわけ、『五月の歌』などの詩に見られるような「自然」との一体感や共感の表現は、芭蕉における「感應道交」などの日本人の伝統的な自然観に通じるものがあり、それも日本人にゲーテの作品が親しみ易いと感じられる大きな理由であるのかもしれない。

ところで、ゲーテにおけるこのような「自然」への傾倒は彼自身の生来の素質と時代の趨勢によるものであったが、それを旺盛な創作活動へと結びつけるきっかけを与えたのは、ヘルダー（一七四四－一八〇三）との邂逅であろう。十八世紀後半の一時期のドイツでは、啓蒙主義における理性・悟性の偏重にたいして感性の復権を叫ぶ青年たちを中心にいわゆる「シュトゥルム・ウント・ドラング（疾風怒濤）」という文学運動が巻き起こる。若きゲーテもそのひとりであったが、彼に新しい芸術運動への意識を呼び起こしたのがヘルダーであった。ヘルダーの思想の特徴は、理性にたいして感性を強調し、普遍性にたいして個性や地域性を強調したことであったが、「自然」に関しても科学的・機械論的な見方を退け、心理的・有機的なとらえ方を唱えることによって、ゲーテにアリストテレス的な自然観への接近を促し、さらに将来の「自然研究」への道を開くことになったのである。ヘルダーがゲーテに「自然」の本質と生成力を説いたおかげで、おそらくゲーテ自身の中でまだ眠っていた「自然」への意識が呼び覚まされ、はっきりと意識化されて「作品」として大きく開花したのである。ゲーテとは異なり、ヘルダーは詩や戯曲などの文学作品は残していないので、日本では一般に馴染みがない名前であるが、例えば、彼の代表的な著書『言語起源論』（一七七二）において、「自然」と「言語」の有機的連関について述べられている箇所を見れば、ヘルダーの思想がゲーテの作品の表現面に大きな影響を与えていることはたしかである。

> 人間のすべての感覚器官を自由にしてやり、かれに見させ、触れさせ、同時にかれの耳に語りかけてくるあらゆる存在を感じさせてみよう。ああ、観念と言語のなんという殿堂だろうか。メルクールとアポロを楽劇の機械仕掛けとして雲の上から連れ降ろしてくる必要はない。多様な音を奏でる神的な自然全体が言語の女教師であり、ミューズなのである。自然はすべての生物を次々に人間のまえに登場させる。いずれも自分の名称を口に出して表し、この覆いをかぶった目に見える神に対して、臣下および従僕としてみずから名のる。それはあたかも貢物のようにかれの支配の書物にかれの標識語を供給し、かれがこの名称によってそれを思い出し、将来それを呼び、享受できるようにするのである。（略）すなわち、人間は生きた自然の音声をもとにみずから言語を発明し、かれの支配者的な悟性の標識としたのであり、これこそが私が証明するところのものである。[23]

十八世紀後半のヨーロッパでフランスを中心とする合理思想・啓蒙思想にたいして、ゲーテやヘルダーをはじめとする「シュトゥルム・ウント・ドラング」の文学者たちが反旗をひるがえし、ここにドイツの文学と思想の黄金時代の幕開けが告げられた。その際に中心となった理念は、「人間の生きた感性に戻る」ことであった。そしてこの発見はその後のドイツの精神史を流れる、「反近代思想」とも称すべきひとつの底流をかたちづくり、やがてニーチェやハイデガーの思想へと続くことになる。当時のドイツの状況には、たしかに、文明開化で西洋文明を受け入れて以後の日本の置かれていた状況と基本的に通じる面があった。ただし、日本の場合は、万葉集にはじまり、古今集や新古今集などの勅撰集を経て、芭蕉の俳諧に見られるような風流風雅世界が文学や芸能等の分野の主たるモチーフとして連綿と受け継がれ、長い年月をかけて洗練されてきたが、その一方で、近代ヨーロッパで発達したような自然科学は日本ではついに発達することがなかった。したがって、ゲーテに見られるような「自然」についての問題意識そのものが発生する背景が、明治期以前の日本にはそもそも現実に存在しなかった。つまり、日本人は明治の文明開化によってヨーロッパの自然観に接するようになってはじめて、「自然」というものを近代的な意味において認識し、それを介して自分たちの伝統的な「自然」とのかかわり方を独自の自然観としていわばゲーテとは違った意味で「再発見」することになるのである。

ところで、現代の私たちは「自然」ということばをどのようにとらえているだろうか。現代の日本人は、ふだんの生活では、「自然」をなんとなくnatureの意味でとらえてしまっていることが多くなっているのではないだろうか。ただ、ふだんはことさら意識することがなくても、京都や奈良などの社寺を訪れるとき、あるいは美術館や博物館で日本の伝統的な美術品に接するとき、かつての日本人の繊細な美意識、とくに季節の移ろいとともに微妙に変化する「自然」とのかかわりの中で磨かれてきた審美眼の鋭さに思わず魅せられることがある。たいていの場合、いまの私たちはそうした経験を重ねることでようやく「自然」ということばの伝統的な意味を再認識することができる。言い換えるならば、これはほとんどの日本人の日常が、祖先が営んでいた「自然」とともにあった暮らしからはほど遠いものになっていることの証しでもある。西洋の文明や文化を「翻訳」することによってできあがった、人工的な環境に取り囲まれた現代の日本人の大半は、こうして過去の文化的伝統から切り離された、いわば「不自然」な日常を生きているのである。『論文の書き方』で清水幾太郎が指摘しているような、日常と伝統との乖離は、たんにことばの上での問題であるばかりでなく、生活の全般ともかかわっており、私たちのものの感じ方にも大きな影響を与えていると言えるだろう。それでも何かの折りに、失われてしまった本来の「自然」への感受性がよみがえり、伝統的な「自然」の意味を想起させられることがまったくないというわけでもない。例えば、ゲーテの有名な『旅人の夜の歌』[24]（一七八〇）などは、芭蕉の言う「感應道交」におけるように、おそらく自己を「放下」し、まさに「自然」と一体化するという、ふと「自然」への共感の境地に入った時にはじめて本当の意味を味わうことのできる詩ではないだろうか。

山々の頂きに
憩いあり。
木々のこずえに
そよ風の気配もなし。
森に歌う小鳥もなし。
待てよかし、やがて
なれもまた憩わん。

注

（1）柳父章『翻訳の思想』筑摩書房、一九九五年
（2）柳父章『翻訳語成立事情』岩波書店、二〇〇六年
（3）同上書、iページ。
（4）同上書、iiページ。
（5）福沢諭吉『文明論之概略』岩波書店、一九九七年、五七ページ。
（6）清水幾太郎『論文の書き方』岩波書店、二〇〇九年、一五四―一五五ページ。
（7）柳父章『翻訳の思想』、一一〇ページ。
（8）橋本治『「自然主義」と呼ばれたもの達』失われた近代を求めてⅡ、朝日新聞出版社、二〇一三年
（9）唐木順三『日本人の心の歴史』上、下、筑摩書房、一九九三年
（10）唐木順三『日本の心』筑摩書房、一九六五年
（11）同上書、二一―二二ページ。
（12）同上書、三四―三五ページ。
（13）唐木順三『日本人の心の歴史』上、五八―五九ページ。
（14）同上書、二六〇―二六一ページ。
（15）E・カッシーラー『自由と形式』中埜肇訳、ミネルバ書房、一九七四年、一五〇ページ。
Ernst Cassierer: *Freiheit und Form*, Darmstadt 1961.
（16）J.W.v. ゲーテ『色彩論』木村直司訳、ゲーテ全集第十四巻、潮出版社、一九八〇年、三〇六ページ。
（17）J.W.v. ゲーテ『形態学序説』前田富士男訳、ゲーテ全集第十四巻、潮出版社、一九八〇年、四一ページ。
J.W.v.Goethe: *Naturwissenschaftliche Schriften* I.In: Hamburger Ausgabe Band 13. Müünchen, 1988.
（18）J.W.v.Goethe: *Johann Wolfgang von Goethe, Gedichte 1756-*

1799, hrg.von Karl Eibl, Berlin 2010, S.287f.
（19）Ibid., S.297.
（20）ゲーテ『ファウスト』第一部、第二部、高橋義孝訳、新潮社、二〇一〇年
（21）西田幾多郎『善の研究』小坂国継全注釈、講談社、二〇一二年、二〇一ページ。
（22）同上書、二〇四ページ。
（23）J・G・ヘルダー『言語起源論』木村直司訳、一九七五年、六二―六三ページ。
J.G.Herder : *Abhandlung über den Ursprung der Sprache*. In: Johann Gottfried Herder Sprachphilosophische Schriften. Hamburg 1960.
（24）ゲーテ『ゲーテ詩集』高橋健二訳、新潮社、二〇〇九年

その他の参考文献

三木清『ゲーテにおける自然と歴史』ゲーテ読本、潮出出版社、一九八二年
高橋健二『若いゲーテ、評伝』河出書房新社、一九七三年
高橋健二『ヴァイマルのゲーテ、評伝』河出書房新社、一九七五年
芦津丈夫『ゲーテの自然体験』リブロポート、一九八八年
高橋義人『形態と象徴、ゲーテと緑の自然科学』岩波書店、一九九九年
ゲーテ『自然と象徴、自然科学論集』高橋義人編訳、前田富士男訳、冨山房百科文庫33、一九九九年
E・シュタイガー『ゲーテ』（上）（中）（下）木庭宏他訳、人文書院、一九八一年
柴田翔『詩に映るゲーテの生涯』丸善株式会社、一九九六年
赤井慧爾『ゲーテの詩とドイツ民謡』東洋出版、一九九五年
小塩節『旅人の夜の歌、ゲーテとワイマル』岩波書店、二〇一二年
木田元『わたしの哲学入門』講談社、二〇一四年

4 断片的赤松啓介論

綱澤満昭

恐ろしいことをやってのけた若者がいた。その若者とは当時の「大御所」的存在として、日本民俗学の世界に君臨していた柳田国男にかみついた赤松啓介のことである。

当時柳田批判、攻撃することは、民俗学をやっている人たちにとっては、決死の覚悟が必要だった。そういう雰囲気が存在していたのである。

柳田の冷たい視線によって、その世界から葬り去られた人は、一人や二人ではなかろう。柳田は奉られる人であったのだ。

赤松が『民俗学』（三笠書房）を出版したのは、昭和十三年であった。その時彼はまだ三十歳になっていない。

柳田は円熟味を増していた。昭和十三年にかぎっても、日本民俗学講座で、「酒の問題」、「餅の問題」、「伝説の社会性」、「猿蟹合戦の昔話」などを講義し、その他東京女子高等師範学校で「労働服の変遷」、宇都宮農学校で「農業の将来」、津田英語塾で「女と言葉」、東京外国語学校で、「国語学」を講演するというふうに、東奔西走、多忙を極めていた。昭和十六年には民俗学の創設と普及に尽力したということで、「朝日文化賞」を受賞している。

絶頂にあった柳田の存在を知りながらも、この若い無名の赤松は、柳田にかみついたのである。公にしたのであるから、赤松の『民俗学』に柳田が気付いていないはずはない。柳田およびその周辺の人たちは、どういうわけかこの赤松の『民俗学』を無視したのである。歯牙にもかけぬというふうであった。

この時のみならず、赤松のこの書はその後日本民俗学界からは無視され続けたのである。佐野眞一もこうのべている。「戦前から柳田のプチブル性を批判し唯物論の立場にたって、夜這と非常民の民俗学研究を一貫してテーマとしてきた赤松は、最近でこそ、阿部謹也、網野善彦、山折哲雄などから再評価の熱いまなざしが注がれているが、柳田が神のごとく跪拝された戦前、戦中、戦後を通じ、赤松の名を口にすることすらタブーとされた。」（『旅する巨人――宮本常一と渋沢敬三』文藝春秋、平成二十一年、二〇三頁）

なぜ無視され続けられねばならなかったのか。それは赤松の作品が取るに足らぬ愚作であったから唾棄されたのか。そうではあるまい。

赤松のような、マルクス主義的視点の強い民俗学を柳田はもちろん、その周辺の人々も警戒し、できることなら、そっと葬りたかったのではないか。

よくあることであるが、自分の権威を維持するための黙殺だったように思われてしかたがない。

福田アジオは、この赤松の『民俗学』が黙殺された理由と、本書のもつ現代的意義について次のようにのべている。

「完全に無視されてきたと言うべきであろう。しかし、価値がないから無視されたのではない。その逆である。影響を恐れての無視だと思われる。今日、民俗学は出版物が多く出ることによって発展してきているかのように見られるが、内実は混迷の度を強めていることは明らかである。これからの民俗学がどのような道を選択して歩むのかは、若い世代の研究者に委ねられている。民俗学を目指す多くの若い人が『民俗学』を読むことで、鋭い問題意識と強烈な批判精神を学び、自己の民俗学観を形成し、主張してほしいと願って、本書の解説としたい。」（「赤松啓介の民俗学と『民俗学』」、復刻版『民俗学』の「解説」、明石書店、昭和六十三年）

柳田および、当時の柳田の傘下にいた人たちが、この赤松の『民俗学』を無視したり、黙殺したからといって、若き赤松のこの仕事の普遍的価値が揺らいだわけではない。

この書は、単に柳田を批判したり攻撃しているだけではない。もちろん結果的にはそうなるが、彼独自の民俗学形成のねらいを読み抜かなければならないであろう。

昭和十四年十日に検挙され、昭和十八年五月まで獄中にいたことは、赤松から貴重な学問研究の時間を奪い取ることになった。このことは日本の民俗学界においても、じつに悲しいことであったし、大きな損失であった。

柳田は赤松を無視、黙殺したのであろうが、赤松は大先輩柳田の学問にたいして、そういう扱いはしていない。むしろ柳田の民俗学創造への情熱、功績を彼は高く評価している。

「柳田国男は既に明かなように日本民俗学開拓者の一人であり、かつ現在の発展にまで導いた最大の功労者であり、今や『大御所』的存在として特に地方研究者の渇仰の的となった。…（略）…アカデミー的研究者達の蔑視に対抗して、こゝまで民俗学を築きあげた功績は偉大なものといへよう。」（『民俗学』三笠書房、昭和十三年、五四頁）

しかし、すかさず柳田を小ブル的農本主義の傾向にある者として次のように批判している。

「彼の強みは『旅と伝説』を初め地方の群小雑誌に現はれた小ブル的研究者の啓蒙に勉め、その趣味的伝統を知識的中間層の開拓によって清掃せんとし、それが成功とともに強大な支持の地盤を獲たことだ。それは彼が実に小ブル的農本主義の傾向にあるといふことに於て、地方の小ブル的研究者達と基底が一致したからであり、また地方の小ブル的研究者もかつての好事家・趣味家・猟奇家が朽ち老いて、アマチュア的研究者として知識的中間層が増大したから、彼らが柳田氏のうちに共鳴と希望を見出したのは当然である。」（同上）

なにはともあれ、柳田が従来の文献依存のアカデミズムに抗して、民衆の生活の足跡に熱い視線を向け、さまざまな資料を駆使して彼らの日常性を明らかにしようとした試みにたいしては敬意を表したのである。

しかし、この民衆の日常を照射するという視点に立つとき柳田の学問が、それを担当することを赤松は指摘する。ついては、大きな疑いがあることを赤松は指摘する。

柳田の学問は、当時の社会運動家の思想を「善導」する役割さえあたえられていたともいえる。愛国の情あふれる柳田学の傘下にいれば、権力に目をつけられることはないという安心感を抱く人もいたであろう。激しく厳しい社会運動で傷ついた人たちの傷を癒す格好の場を提供することにもなっていたのであろう。このことは柳田の民俗学の性格を考える場合、欠かせないところである。

彼の学問は終始国家権力から弾圧されることはなかった。日本ファシズムの嵐の前で柳田は、なすすべもなかったという人もいるが、そうではなくて、柳田は国家のために一肌脱いだといったほうがよいかもしれない。民衆の実態を調査し、その肉声を収集しようとする学問が、権力にとって無害であるはずはない。有益であるというのであれば、その時点で、民衆の日常にある呻きや嗚咽はその民俗学という濾過装置によって、没生命的なものになりはてているのである。

『遠野物語』と同じ明治四十三年に出版された柳田の『石神問答』を、赤松は次のように評価している。

「柳田国男著『石神問答』は明治四三年五月に出版され、

柳田氏と山中笑・和田千吉・伊能嘉矩、白鳥博士・緒方小太郎・喜田博士・佐々木繁・松岡輝夫の石神に関する往復書翰を内容とし、民俗学的論著の冒頭を飾る歴史的意義を持つ。本書の重要性は中小農没落必至化の傾向に基底崩壊を感じた官僚の、小ブル的農本主義に立つ回顧的・空想的研究の発端をなしたことにあり、それは同じ著者の『時代と農政』(同年一二月刊)に現はれた尊徳仕法への憧憬に明かである。換言すればこゝに初めて小ブル的民俗学が胎生されたのであり、」(同上書、三五〜三六頁)

この『石神問答』が世に出た頃、日本は農業国家から工業国家への転換の時期にあたり、大地主は寄生化し、中小地主は資本の攻勢によって不安のなかにおとしめられていった。産業としての農業が衰退していけばいくほど、農への郷愁のようなものは強くなり、ほろびゆく農村への回顧の念が浮上してくる。いわゆる本格的農本主義の台頭である。

農本主義者たちの多くは、農村内部に病巣として存在する土地制度の矛盾や貧困からは、目をそらすようにしむけ、ほろびゆく農村、ふるさとの風景に強烈な郷愁を抱かせるよう山紫水明的幻想を創出する。

農村、ふるさとに郷愁の念を抱かせるのは、なにも農本主義者だけではない。民俗学にもそういうところがある。近代化の激しい波によって押し流され、消去されてゆく習俗、歴史をなつかしさのゆえになんとしても保存しておきたいという願いを民俗学ももっている。

本来、民俗学というものは、政治とは無関係のように思われているが、けっしてそうではなく、じつは両者は微妙な関係にあることを忘れてはならない。民俗学が単なる好事家的なものになり、珍品や奇話を収集するだけのものになるとき、それはたちまち権力に加担し、支配体制に有利な手段を提供するものに零落してゆくこと必至である。

毒気を抜き取った自然賛美は、いつの時代においても、きわめて危険性をはらんでいると思わねばなるまい。

この赤松の柳田民俗学にたいし、ずっと後になってからのことであるが、花田清輝が次のような反批判をしたことがある。

花田は柳田民俗学を弁護しようとしたのではない、という「但しがき」をつけて、次のようにのべたのである。

「われわれの祖先の信仰をあきらかにするための必死の努力を、『回顧的・空想的研究』として——農本主義の内部からの切りくずしを、『尊徳仕法への憧憬』として一蹴するような批判は、もはや批判ではなく、誹謗と受けとられても仕方がないのではなかろうか。なるほど、それは、一見、権威をおそれない批判のようにみえるかもしれないが——したがって、柳田国男の行きかたと軌を一にするもののような気がするかもしれないが——しかし、事実は、マルクスやレーニンの権威によりかかり、日本人の生活から眼をそむけているにすぎないのである。」(「柳田国男について」神島二郎編『柳田国男研究』筑摩書房、昭和四十八年、一六二頁)

花田が指摘しているように、たしかにこの赤松の柳田批判は、イデオロギー過剰の性急にして独断的なものであるが、当時の柳田の巨大な勢力にたいして、堂々と批判をしている赤松の姿勢には拍手をおくりたい。

今日、経済大国日本の装飾品的学問として、軽薄な日本文化論、日本人論が横行しているが、これは一歩誤れば、日本の「伝統」を作為的にでっちあげ、極端なナショナリズムに走る危険性をはらんでいる。赤松の批判は、それなりの評価がなされて当然である。

赤松も自分の欠点を認めながら、この花田の批判にたいし、次のようにのべている。

「花田清輝が『近代の超克』(一九五九年一〇月、未来社刊)の『柳田国男について』で、私の柳田国男批判を再批判しているけれども、柳田の『経世済民』はわかるのだが、いみじくも彼が指摘しているように『上』からの『経世済民』であって、われわれが望んでいる『下』からの『革命』ではないのである。当時、私はいまいったような情況の中で、走りながら考え、走りながら書いたので、書斎や研究室、図書館があるはずもなく、僅かな手持ちの資料ででっち上げたのだから、一面的、公式的と非難されればその通りというほかはあるまい。」(『非常民の性民俗』明石書店、平成三年、五五〜五六頁)

赤松の民俗学が柳田民俗学に投げかけたものとはなんであったのか。少し言及してみたい。

まず、あげておきたいのは民俗資料の採取の件である。柳田を中心に大間知篤三などによって、昭和十年八月に結成された「民間伝承の会」というものがあるが、ここに柳田のねらいが如実にあらわれていると赤松は次のようにいう。

「民間伝承の会とは地方の小ブル的研究者を組織化し、それを資料採集の吸盤として利用するためのものであり、だから地方の研究組織乃至雑誌の整理と統制、それを通じて研究者及び研究を一定の方向へ制約することを目的としてゐる。『研究題目の分担を明かにし、資料の交換を旺んにし、採集方法と技術の習熟を計り、無駄の採集重複を避け、また未採集地域の採訪を促進すること等、総て意識的な方法によって、此の学問の発展を期することが可能だと思ひます。』といふ趣意は、地方研究者を単なる採集者に陥入れて隷属させようと企画してゐる。中央の研究者にとってのみ誠に結構な可能性ある趣意だらう。」(『民俗学』、五五頁)

研究者は中央にいて、資料採集者が地方にいるという構図への批判である。「一将功成りて万骨枯る」という声は、なにも赤松だけが発したものではない。こういう関係が成立するのは、それなりの理由があったのである。地方にいる採集者が、柳田「大」先生のために、という気持が強く、柳田にほめられたりすると有頂天になる。その心理を柳田たちは利用する。

次のような声を発する人もいる。

「地方にいて民俗学を研究しているといっても、その多くは、民俗学の資料を採訪して、それを素材のまま雑誌に発表し、学界?に提供するというだけの仕事でありまして、実際の研究をしている人は中央におって、全国から集まった資料の上に研究を進めていたに過ぎないのであります。これが偽らざる事実であります。」(一志茂樹「民俗学と地方史研究」、野口武徳・宮田登・福田アジォ編『現代日本民俗学』〔1〕、三一書房、昭和四十九年、一五七頁)

柳田は全国を隈無く歩いたといわれているが、一度や二度の訪れで、地方の民衆が真意を語るはずはない。ことにタブーとなっているムラの秘密など口が裂けても喋ったりはしない。

研究する人と集める人とが分断されるということは、民俗学のもっている宿命的なものかもしれないが、そのことは次のような弊害を生むと赤松はいう。

「民俗学のように資料の占むる価値の大きい科学にあって、資料の全き獲得と整理が可能でないのは致命的であり、必然に地方研究者を単なる資料採集者に堕せしめ、中央研究者への隷属を不可避ならしめるのである。中央研究者にとって自己の頤使に甘じて服する地方研究者の増大ほど結構なことはなからうが、しかしそれは資料の雑然たる堆積と研究の封建的な遂行によって、科学そのものの頽廃をもたらすとともに、」(『民俗学』五八〜五九頁)

赤松は、柳田という人物は、ムラで民俗を採取したことなどないのではないかという。そうであるなら、誰が採取したのであろうか。

この点に関して、柳田と渋沢敬三を比較して、佐野眞一は次のようにいう。

「柳田は『郷土研究』などを通じ、多くの郷土史家に働きかけて民俗学に興味をもたせていったが、その多くは柳田の忠実な民俗資料レポーターとして終わった。この点について岡正雄は、柳田学の基礎資料は多くの無名の報告者の報告から成り立っている、とした上で、『ずっと後になって、先生に対する僕の悪口の一つが、柳田学は〈一将功なって万骨枯るの学問〉だということです、お前たちは報告だけしろ、まとめるのはおれがやる。僕はいつも何か割り切れない気持でみていました。』と述べている。これに対し、敬三は後述するように、すぐれた在野の研究者をみつけると、その人間がもっているものをすべて吐き出させ、さらにそれによって一人一人が独自の研究姿勢をもっていくように仕向けた。これは何も専門の研究者に限らなかった。敬三は、ごくふつうの漁民や開拓農民にまで声をかけ、彼ら自身に筆をとらせた。」(『旅する巨人』文藝春秋、平成二十一年、一六〇～一六一頁)

常に支配者の立場を固執してゆずらない柳田にたいし、渋沢の姿勢の違いが明確に描かれているが、赤松が柳田にどれほど遠く離れていて、渋沢にどれほど近いかがよくわかる。

次にあげたいのは、赤松の性に関する民俗のことである。この性に関する民俗を注視するだけでも、赤松は柳田に挑戦状をたたきつけたともいえよう。

衣・食・住と並んで人間生活の基本をなす性の問題をはずして成立する民俗学というものは、いったいいかなるものかという思いを赤松は強く抱いている。

国家権力と性の問題は、思いのほか重大なかかわりをもって存在しているのである。性の向うところに国家は手を焼いてきた。性の秘めたる力と爆発力は、なにものをもってても抑止しきれないものをもっている。国家はそのことに常に敏感であるし、それを封じ込めようとして殺気だつ。

性にかかわる日常を無視して生活の実態を知ることはありえない。もし、それに目をふさぐなら、心臓のない人間を人間としてみているようなものである。

いかなる道徳、倫理、あるいは法的規制をもって押え込もうとしても、それを打ち破り、突き抜け、乱舞するエネルギーを性はもっている。

日本の軽薄な近代化を鋭く批判したとはいうものの、役人として、あるいはそういうスタンスで国家の側に立っていた柳田が、猥雑な問題を積極的にとりあげることなど、はじめからできない話である。

柳田の立場を理解しつつも、赤松はこうのべている。

「周知のように日本民俗学の主流であった柳田派は、こうした性的民俗については、実に頑強なまでの拒否反応をしめした。当時の民俗学の置かれた状況からみて、ある程度までの自制を必要とした立場は、私にも理解できる。しかし彼と、その一派の拒否反応は異常ともいうべきまでに昂進してしまい、人間生活にとって最も重要な半面の現実を無視する誤りを犯した。」(『非常民の民俗文化』明石書店、昭和六十一年、四〇頁)

単に柳田は性の問題に重点を置かなかったというよりも、国家側からの性にまつわる習俗の取締りに協力し、民衆の自然性の弾圧に加担したことになる。これは大きな問題である。

柳田が性の問題を避けていることを指摘、批判したのは、なにも赤松だけではない。南方熊楠もその一人である。

大正五年、熊楠は六鵜保にあてた書簡で、柳田の民俗学にふれ、次のようにいっている。

「貴下はこの三年来小生ほとんど毎号書きおり候『郷土研究』雑誌御覧下され候や。もし御覧あらばそれに出したる諸説に関し、いささかたりとも御聞き及びのことあらば直ちに本社なり、また小生なりへ御知らせ下されたく候。この『郷土研究』は貴族院書記官長柳田国男氏(小生面識なき人なりしが、一昨々年末尋ね来たり対面せし)が編纂にてずいぶんよく編みおるが、氏は在官者なるゆえ、やや猥雑の嫌いある諸話はことごとく載せず。これドイツなどとかわり、わが邦上下虚偽外飾を尚ぶの弊に候。小学児童を相手にするとかわり、成年以上分別学識あるものの学問のために土俗里話のことを書くに、かようの慎みははなはだ学問の増進に害ありと存じ候。」(『南方熊楠全集』〔9〕、平凡社、昭和四十八年、四三三頁)

熊楠はさらに、「『郷土研究』の記者に与うる書」のなかで、夜這いにふれ、これは地方、郷土の安全、繁栄のために欠かせない重要なもので、これを無視してはならぬという。熊楠はこういう。

「婚家の成立大家《たいけ》にあらざる限りはみなこの夜這によりて定まることで、いろいろ試験した後に確定する夫婦ゆえ、かえって反目、離縁等の禍《わざわい》も少なく、古インドや今の欧米で男女自ら撰んで相定約するごとく、村里安全、繁盛持続のための一大要件なり。…(略)…この夜這の規条、不成文法ごときも、実は大いに研究を要することにて、何とか今のうちに書きおきたきことなり。それを忽諸《なおざり》に付し、また例の卑猥卑猥と看過して、さて媒妁がどうするの下媒人《したなこうど》に何人《なんびと》を頼むの、進物は何を使うのと、事の末にして順序の最後にあることのみ書き留むるは迂もはなはだし。田舎にては媒妁はほんの式だけのもの、夜這に通ううちの通わせ文、約束の条々等が婚姻の最要件であるなり。」（『南方熊楠全集』〔3〕、平凡社、昭和四十六年、二五一～二五二頁）

ムラに生きる民衆にとって、性に関する唄や話は、猥談とか猥褻といったものではなく、生活そのものになっているのである、性の話を猥褻と称して取締りの対象としたのは、明治国家による性の管理統制によるものであった。

この問題を柳田が回避していたということは、民俗学の「地位向上」に役立ったのかもしれないが、彼は民俗学から大きなものをスタートの地点で欠落させたということになる。

熊楠や赤松が、民衆の生活のなかにある、ありのままの性を取り上げ、解説したのにたいし、柳田はそうはしなかった。そのため、柳田の民俗学のなかには、整理された美しさはあっても、民衆の習俗のなかにある怪奇、異様な人間臭さがにおってこない。

谷川健一はこの点に関して柳田と熊楠を比較して次のようにのべている。

「男女の性愛は民間の習俗や伝承のあらゆる部分に入り込んでいるといっても過言ではない。今にしておもえば南方の言葉は、彼が猥雑な言を放恣に弄するという批難に答えて弁疎であるというだけでなく、柳田民俗学の出発にあたってはやくもその限界をするどく指摘したものにほかならなかった。なぜなら庶民の生活は猥雑さを抜きにしてあり得なく、また猥雑さによってしか、支配階級を撃つことはできないからである。南方は神主や若者による処女の破素の事例をしきりにあげているが、これを支配と被支配との関係におきかえると、神といけにえの関係に追いつめることができる。そして人身供犠の風習は天皇制の思想と無関係ではあり得ない。柳田民俗学は性の問題を忌避したがために天皇制に肉迫する衝撃性を失ったのである。」（「『縛られた巨人』のまなざし」『南方熊楠全集』〔8〕、平凡社、昭和四十七年、六三六～六三七頁）

民衆の日常は猥雑さを欠落させたのでは成立せず、また、その「猥雑さによってしか、支配階級を撃つことはできない」という谷川の言葉は辛辣である。

衣・食・住と男女の関係は、人間生存の根源的なものであり、その一つである男女の関係、つまり性の問題をはずして、生活史は描けないとの確信が赤松にはあった。しかし、国家の「正史」はそれを隠蔽しようとする。なぜなら、性のもっている激しく爆発するエネルギーが恐ろしいからである。

性の問題を扱わないということは、その時点で国家権力に敗北を喫しているということでもある。

柳田ができるだけ避けようとするのにたいし、赤松はこの問題を徹底的に扱ったということは、彼の民俗学がどこに向って矢を放っているかがわかるというものである。差別と犯罪とこの性に関するものに注目した赤松の民俗学は、まさに柳田民俗学が欠落させていたものを補うことになったのである。

赤松はなにはさておいても、この性の民俗だけは、はずしてはならぬと次のようにのべている。

「戦前において、あらゆる民俗が調査、研究の対象になったかというと、そういうことにはなっていない。その最も顕著な例は、『性』民俗である。国家が売春を公認していたのであるから、『性』の重要性もわかっていたはずであった。しかるにワイセツをもって、公開を弾圧したのはどういう根性か疑われる。『性』がワイセツであるなら、人間の生活でワイセツでないものは一つもありえない。」

（『非常民の性民俗』明石書店、平成三年、二二一〜二二三頁）

悠久の歴史のなかで民衆があたためてきた習俗のうち、権力支配というものは、自分に都合のいいものだけを保存、維持し、都合のわるいものは弾圧、排除してゆく。柳田民俗学はその方向に寄与することになったと赤松はいうのである。

ムラにおける民衆の集まりが、強引に官製化されたとしても、それは表面的なことであって、日常的には、旧来の世界のなかで人々は生きている、柳田らの行う民俗調査というものは、この表面的なものであって、深淵の領域には触手をのばしていないと赤松は断言している。その深淵の領域のことが日常的に行われるのが民衆の生活だという。赤松はこういう。

「私たちが気づいて調査し、資料を集めはじめたときには、いわゆる近代思想、とくに日本では教育勅語型理念、国家倫理的精神で、村落共同体のもっていた自主性、平和思想を徹底的に弾圧、解体させ、破壊に狂奔していた。その悪質な手先として働いたのが柳田民俗学で、このため貴重な資料を埋没、抹殺してしまったのは、痛恨というほかあるまい。とくに最も被害が大きかったのは『夜這い』民俗であり、夜這い世代では、夜這い民俗が特別に変わったものでなく、少し大袈裟にいえば日常の茶飯事で、夜這いばな

しなど『今日は』のあいさつと殆んど同じである。」(『非常民の民俗境界』明石書店、昭和六十三年、五〇〜五一頁)

赤松がこの夜這いの問題に執着したのは、柳田民俗学の空白部分を埋めるというねらいがあったのはいうまでもないが、しかし、それだけではない。夜這いを肯定することは、教育勅語などによって、性の統制をはかろうとする国家権力に対峙する意味があった。教育勅語など国家がもってくる道徳・倫理などを御生大事に守っていたら、ムラの活力は弱まり、ついには崩壊するであろうと赤松はいう。

いま一つ彼は重大な視点を投げかけている。それは性習俗の弾圧と資本主義の発達との関連である。

夜這いなど性習俗を禁止・弾圧するということは、国家的規模の遊廓・その他の遊所による巨大な税収につながるという。赤松はこういう。

「明治政府は、一方で富国強兵策として国民道徳向上を目的に一夫一婦制の確立、純潔思想の普及を強行し、夜這い弾圧の法的基盤を整えていった。…(略)…農村地帯で慣行されている夜這いその他の性民俗は、非登録、無償を原則としたから、国家財政に対しては一文の寄与もしなかった。…(略)…明治政府は、都市では遊廓、三業地、銘酒屋その他、カフェー、のみ屋など遊所の発達を保護、督励し、はるかに広大な領域の農村にも芸妓屋、料理屋、性的旅館、簡易な一ぱい屋などの普及、…(略)…ともかく、そうした国家財政の目的のために、ムラやマチの夜這い慣行その他の性民俗が弾圧されたことは間違いない。」(『夜這いの民俗学』明石書店、平成六年、八五〜八六頁)

このように赤松が夜這い、その他の性習俗をとりあげるということは、ただ面白く、おかしく性を扱っているのではない。そこには、天皇制、国家権力、資本主義の発達などとの関連で、そこを見抜く力がつねに彼の中には宿っていたのである。

山人への関心が強かった頃は別として、柳田には、極論すればムラの習俗というものは、国家の支柱となるものでなければならなかった。逆にいえば、国家に弓を引くようなものは捨てるか、見て見ぬふりをして郷土の習俗から抹消してしまうようなところがあった。

いま一つ赤松の主張の大きな特徴は、「非常民」の民俗学である。これは柳田の民俗学である「常民」に対峙する意味である。

柳田が「常民」という言葉を使用するにいたった経緯を検討する余裕は、いまはないが、ここでは伊藤幹治の説明をあげておきたい。

伊藤は柳田学のなかで、「農民」と「常民」の位置、存在がきわめて大きいことを主張しながら、こういう。柳田は農政学や農村学のなかでは「農民」を使い、民俗学では「常民」を使ったと。前者は「実体概念」であるのにたいし、後者は「抽象的概念」だという。伊藤の文章をあげておこう。

「柳田のイメージのなかに定着した『農民』とは、喜びを分かちあい、悲しみを共にした、地域社会としての郷土に生活する住民のことである。ところが、『常民』になると、こうした実像が捨象され、ひとつの抽象概念にすぎなくなっている。」（『柳田国男——学問と視点』潮出版社、昭和五十年、六〇頁）

伊藤は「農民と「常民」とでは、生きる舞台が違うことを指摘するのである。「農民」が郷土を舞台にしているのにたいし、「常民」は国民社会を舞台にしているという。『農民』はローカル・レヴェルの実体的な人間像を、『常民』はナショナル・レヴェルの抽象的な人間像を意味している、ということができよう。

このように、《柳田学》の主役が実体概念から抽象概念に変貌し、その舞台が郷土から国民社会へと移行したことは、柳田の視点に、次のような変化が生じたことを意味している。それは、『農民』を媒介とした郷土性の追求から、『常民』を媒介とするエートノス（民族性）の討究への変容ということである。」（同上書、六〇〜六一頁）

柳田の家（旧性松岡家）は、定着農民ではなく現実的地域、郷土よりも、はじめから抽象的普遍的なものに向う要素があった。

幼くして故郷を離れざるをえなかった柳田は、氏神を中心としたムラでの、あの交歓に酔いしれることもなければ、ムラの呪縛を体験することもなかった。歓喜も煩わしさもなく、たまに帰る柳田を迎えてくれるものは、山川草木のみであった。郷土に執着することのなかった彼は、イメージとしての故郷をナショナルなものへ直結さすことによって、精神的バランスをとっていたのかもしれない。

生地を離れ、各地を転々とせざるをえない人間が、幻想としての故郷を追い求めようとするとき、現実の毒や矛盾は後方に退却し、あるいは消え、その故郷は観念の上で拡大し、美しい国、美しい民族のあるところに飛翔してゆく。「実体概念」としての農民が、「抽象概念」となることは、そういった彼の故郷観からわりだせるものである。

しかし、赤松にとっては、柳田が平民や農民や人民から常民を使用するにいたった経緯など、どうでもよかった。

いずれにせよ、柳田の扱う対象は、定住者である農民であろうと、抽象的常民であろうと、それは要するに一部の人間の表面的なものにすぎない、というのが、赤松のこだわるところであった。

赤松は柳田らの日本民俗学が排除した人たち、その人たちの文化のなかに真の人間性や文化を見ようとする。『非常民の民俗文化』の出版動機について赤松はこうのべている。

「いわゆる民衆、市民、常民といわれるような階層の他に、その底、あるいはそのまだ底、その下の底などにも、いくつもの人間集団があり、かれらがどのような生活意識をもち、どのような生活民俗を育ててきたか。その極めて概要を説明してみたいと思ったのが、『非常民の民俗文化』である。日本の民俗学では、常民以下の生活集団は余計者として排除、つまり疎外してしまう。常民までは人間だが、それ以外の生活集団は、非人間として対象から外した。」(『非常民の民俗文化』、六頁)

柳田は日本の近代が生んだ、とてつもない大きな知識人であることはいうまでもない。広大な分野に鍬を入れ、膨大な量におよぶ仕事をした。従来の史学が英雄の伝記や政治的大事件の紹介に終始していたのにたいし、彼は歴史の隅においやられてきた領域に、新しい価値を認めようと意欲を燃やしたのである。ことに柳田の初期の民俗学は、この点に重きが置かれていた。山や山人の研究である。これは定住者ではなく、漂泊者たちの領域である。そういう意味では柳田も最初は「非常民」の世界に大きな関心を寄せていたのである。

しかし赤松にしてみれば、いずれにしても柳田の民俗学は、結局「非常民」の習俗は切り捨て、「常民」こそが天皇制国家を支えてゆくものだとし、その「常民」の学を民俗学と称し、日本学にしたのである。

階級的矛盾や土地制度の矛盾を無視し、隠蔽するものとしての「常民」に赤松はこだわったのである。

たしかに人間を資本家対労働者という対立構造のなかに組み入れてしまう人間観は、人間の本質を見失うことになる。戦後一時期このような風潮が強い時期が存在した。この単純な見解によって、どれほど多くの人間性無視が行われたことか。

資本家のなかにも、善良な人もいれば悪人もいる。労働者とて同じことである。階級にとらわれすぎると人間の本質を見失うことは事実である。しかし同時に、この点を無視しても、また失う部分が生じることも事実である。

今日、階級対立というような構図をもちだすと、時代錯誤として一蹴されかねないが、それでいいのか。いまもって階級は厳然として存在し、それぞれの枠内でしか考えられない民俗もある。階級的視点を入れると民俗学は存在しないのか。そんなことはあるまい。反乱、革命、戦争といった非日常と思われるもののなかにも、民衆は日常として生きる。

民衆がもつ情念は、いついかなるところで噴火し、全体を火の海にするかもしれない。

宮田登の現代民俗学への忠告を最後にあげておきたい。「いったい現代の民俗学が何を見失っているのかということを考えるとき赤松啓介氏の民俗学がそのことをはっきり教えてくれているのであり、…(略)…元来民俗は、文化全体の活性化の原点にあって活力にあふれ、ドロドロした捕捉しがたい現象を示している。したがってその全体像をとらえる作業は困難をきわめるだろう。折角網の目をかけてすくい上げたように思えても、本質はスルリと抜け落ちてしまう。日本民俗学の主流を占めてきた柳田民俗学自身にもそうした空しさがつねにつきまとっているのであり、赤松啓介氏の一連の仕事はそうした空白部を早くから鋭く衝いてきたのであった。」(『非常民の民俗境界』の「解説」)

主要参考・引用文献

赤松啓介『民俗学』三笠書房、昭和十三年
佐野眞一『旅する巨人——宮本常一と渋沢敬三』文藝春秋、平成二十一年
福田アジオ、赤松啓介の『復刻版・民俗学』の「解説」、明石書店、昭和六十三年
赤松啓介『非常民の性民俗』明石書店、平成三年
野口武徳・宮田登・福田アジオ編『現代日本民俗学』(1)三一書房、昭和四十九年
赤松啓介『非常民の民俗文化』明石書店、昭和六十一年
『南方熊楠全集』(9)、平凡社、昭和四十八年
『南方熊楠全集』(8)、平凡社、昭和四十七年
『南方熊楠全集』(3)、平凡社、昭和四十六年
赤松啓介『非常民の民俗境界』明石書店、昭和六十三年
赤松啓介『夜這いの民俗学』明石書店、平成六年
伊藤幹治『柳田国男——学問と視点』潮出版社、昭和五十年
中山太郎『日本若者史』春陽堂、昭和五年
谷川健一『原風土の相貌』大和書房、昭和四十九年
山中正夫『反柳田国男の世界』近代文芸社、平成四年
『マージナル』vol.5、現代書館、平成二年五月十五日
神島二郎編『柳田国男研究』筑摩書房、昭和四十八年

5 行楽への勧誘

吉田初三郎の鳥瞰図に見る「パノラマ的眺望」

岸 文和

はじめに

大正から昭和にかけて一世を風靡したもののひとつに吉田初三郎（一八八四〜一九五五）の鳥瞰図がある。「初三郎式」と呼ばれる独特の鳥瞰図法に基づく鉄道沿線案内図（例えば《小田原急行鉄道沿線名所案内》昭和二年［一九二七］、図1）や名所案内図、都市景観図などが、印刷メディアとして、大量に流通した。(1) その種類は一六〇〇種とも言われ、明治以来の近代化にともなって成立した都市の大衆の間で、おおいにもてはやされた。(2) 本論の目的は、この「大正の広重」とも呼ばれる吉田初三郎の手になる鳥瞰図が、なぜ、大正時代に、大衆的な人気を博することができたか、その理由を考察しようとするものである。

初三郎の鳥瞰図については、近年、おおいに注目を浴びるところとなり、一九九五年、高岡市立博物館で開催された「絵図にみる観光名所――吉田初三郎の世界」展をはじめとして、各地で展覧会が開かれるとともに、相当数の研究業績が蓄積されてきた。(3) しかしながら、これら先学の努力にもかかわらず、いまだ初三郎の描いた鳥瞰図が何種類あるのかといった基礎的研究も十分ではない。また、これらの研究は、それぞれ、歴史学的、図学的、形態論的なアプローチを採用することによって、初三郎式鳥瞰図のもつ魅力の一端を解明することに成功しているとはいえ、初三郎の鳥瞰図の多くが、その注文主である鉄道会社や都道府県などの意図に沿って、鉄道という近代的な交通手段を利用した旅行を勧める（勧誘／奨励する）ことを目的として制作された宣伝メディアであるという点を、必ずしも十分に前景化しているようには思われない。本論の課題は、具体的には、初三郎の最初の鳥瞰図であり、出世作ともなっ

図1　吉田初三郎《小田原急行鉄道沿線名所案内》印刷折本　17.7 × 77.0㎝　昭和2年［1927］
© アソシエ地図の資料館

た《京阪電車御案内》（大正二年［一九一三］、図2）を中心にして、鉄道旅行に「勧誘する」という広告的な機能が実現されるメカニズムを、鉄道が知覚に及ぼした影響を論じたヴォルフガング・シヴェルブシュ『鉄道旅行の歴史――一九世紀における空間と時間の工業化』が提示する「パノラマ的眺望」を導きの糸として、芸術学的に分析することである。(4)

そのために、第1章では、《京阪電車御案内》（図2）や《小田原急行鉄道沿線名所案内》（図1）を分析することによって、初三郎式鳥瞰図は、駅の間を高速で移動する経験を基本的な軸として、沿線に展開する遊覧スポットを、あたかも移動する視点から眺めているかのように線路沿いに布置し、統合的に全体を構成していることを明らかにする。そのうえで、初三郎は、列車による旅を、易々と移動し、どこか最寄りの駅で降りれば、どこでも好きな遊覧スポットを訪問することができる旅という魅力を持つものとして表象することに成功していることを指摘する。第2章では、奥須磨子「郊外の再発見――散歩・散策から行楽へ」を参照して、この種の旅が「行楽」と呼ばれる、一九二〇年代半ば以降に顕在化した旅の歴史的な形態のひとつであることを確認する。(5) そのうえで、京阪開通と同時に刊行された山本松三郎『京阪電気鉄道線路案内』（私家版、明治四三年［一九一〇］）と田山花袋『京阪一日の行楽』（博文館、大正一二年［一九二三］）における記述内容と形式の差異を確認し、初三郎の鳥瞰図が、花袋の案内記に対応するものであることを指摘する。(6) 第3章では、シヴェルブシュ『鉄道旅行の歴史――一九世紀における空間と時間の工業化』を参照し、初三郎の「名所景観図」がパノラマ的眺望の魅力――連続して変化する個別的な景色（遠景）を全体として展望する喜び――を表象することによって、大衆を、鉄道を利用して郊外に出かける行楽へと勧誘していることを明らかにする。おわりに、初三郎式鳥瞰図の魅力が、世界を「田園と都市からなる巨大百貨店」

として表象している可能性に言及する。(7)

1　広告としての《京阪電車御案内》

初三郎の鳥瞰図は、決して観賞用に制作されたわけではない。初三郎に鳥瞰図を依頼した注文主が、国内の交通行政を所轄していた鉄道省をはじめ、鉄道会社や商船会社といった交通事業者、また、旅館やホテル、料亭、百貨店といったサービス業者であったことからも分かるように、彼の鳥瞰図は、文字通り、実用的メディア――大衆の欲望に形を与える（欲望の対象を魅力的なものとして表象する）ことによって、大衆に何らかの行動（購入／利用）をさせようとする宣伝・広告用のメディア――であった。《京阪電車御案内》に求められていた機能も、その例外ではない。(8)

《京阪電車御案内》は、大正二年［一九一三］、初三郎がはじめて描いた沿線案内図で、大正三年、学習院普通科の修学旅行で京阪電車に乗られた皇太子（後の昭和天皇）の目に留まり、「これは奇麗で解り易い、東京に持ち帰って学友に頒ちたい」というお褒めの言葉を賜った伝説中の宣伝・広告メディアである。それに期待された機能が、京阪電車を魅力的な運輸サービスとして表象することによって、受容者（潜在的な利用者）に、京阪電車を利用するように促すことであったことは明白なことである。したがって、皇太子がそれを持ち帰ったのも、それが単に「綺麗」であったからではなくて、何かが「解り易い」ところがあって、その何かを、京阪電車に乗ったことのない東京の学友たちに知らせたいと思ったからであろう。(9)ではいったい、何が解り易かったのだろうか。初三郎は、京阪電車を魅力的な運輸サービスとして表象しようとしていたはずであったから、その「何か」は魅力そのものに、「解り易さ」はおそらく、その魅力を表象する造形上の工夫に関連しているにちがいない。

京阪電車は、明治四三年［一九一〇］、大阪・天満橋と京都・五条（現在の清水五条）を結ぶ路線として開業した。大阪と京都の間には、すでに、淀川右岸（西側）に官営鉄道（現在のJR京都線）が走っていたが、運賃が高く、貨客輸送は、もっぱら淀川の蒸気船によって行われていた。そこで、淀川左岸（東側）における鉄道事業の将来性に着目した政財界が、京街道沿いに電気鉄道を建設することにしたわけである。とはいえ、この路線の魅力が、運賃の安さ（官線と同額）であったわけではない。沿線には、宇治平等院などの旧来の名所・旧跡が点在したり、香里には、

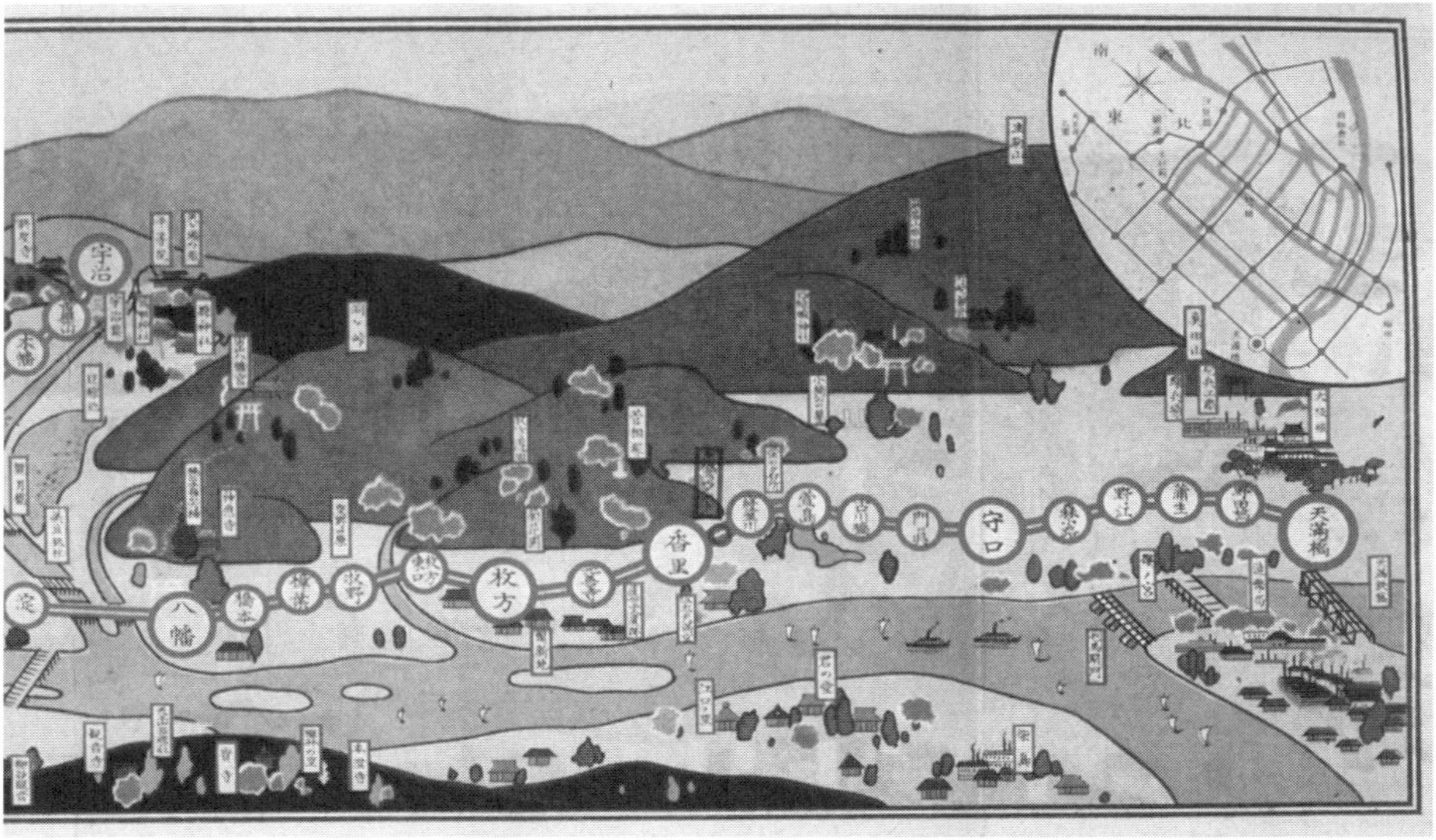

新たな集客装置として遊園地が作られて、「菊人形展」というイベントが行われたりしていたから、これらのことが路線の魅力であったことは否定できない。しかし、初三郎の案内図の方式が、これ以後、京阪電車以外にも、一般的に適用されるようになったという事実を考慮すると、この案内図が表象する魅力というのは、京阪電車に固有のものというより、もっと一般的なもの、言い換えれば、鉄道を利用した旅行という近代的な移動形態そのものに固有の経験に根付いたものであったと考えるほうが適切だと思われる。

修学旅行中の皇太子が「これは奇麗で解り易い、東京に持ち帰って学友に頒ちたい」と語ったことは、重要なヒントである。この初三郎自身によって繰り返し喧伝されたエピソードは、一方で、初三郎を発憤させ、「日本全国の名所図絵、否朝鮮、満州、世界中」の名所図絵を描くことによる「図画報国」を誓わせたというコンテクストにおいて、また他方で、威厳に満ちた明治天皇や、病弱の大正天皇とは異なる、昭和天皇の「青年プリンス」という――「今日の大衆天皇制の原型」に繋がる――神話形成のコンテクストにおいても興味深い。[10] ともあれ、いったい、修学旅行の途次にある皇太子が「解り易い」と思ったこと、しかも、

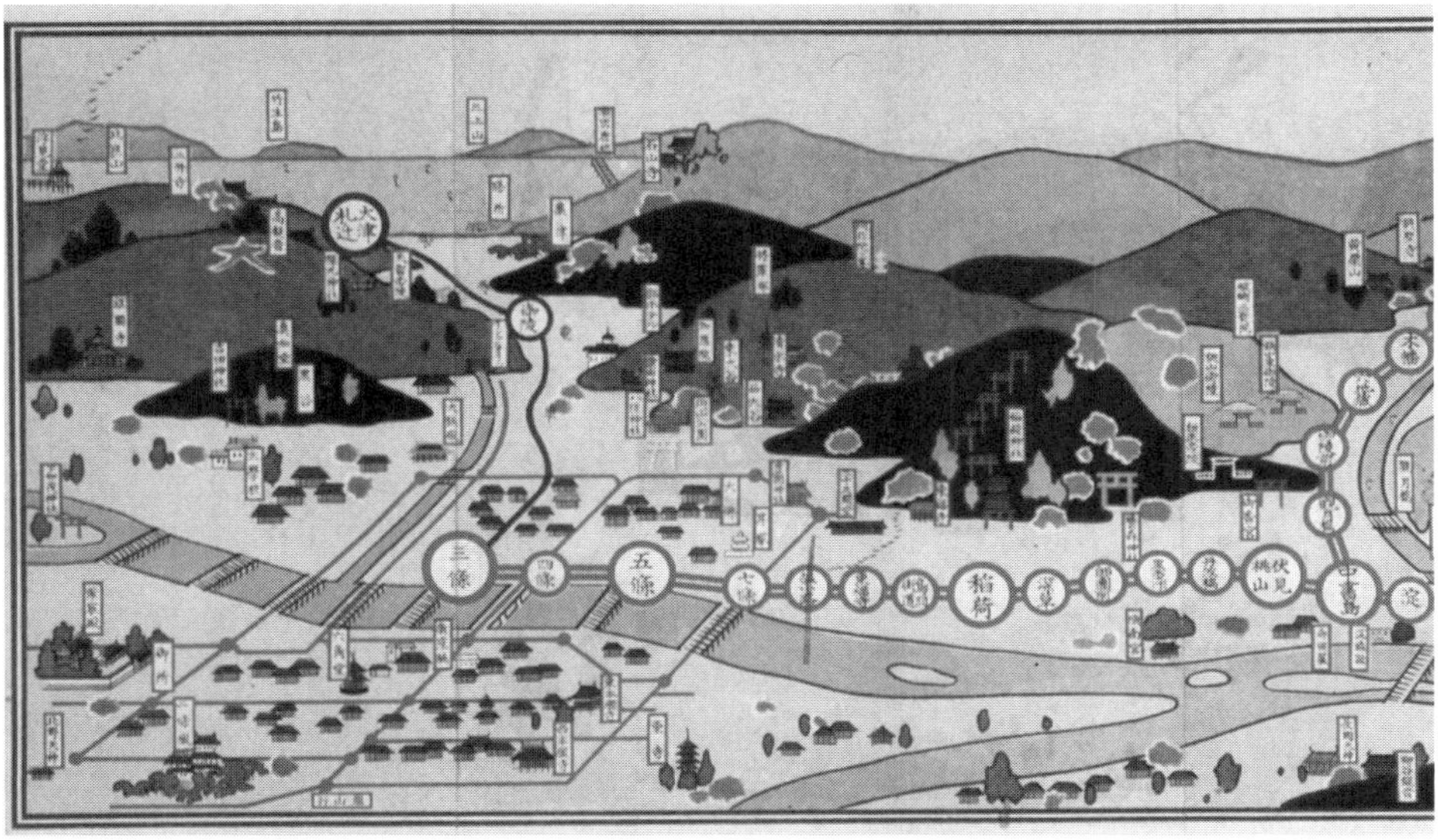

図２　吉田初三郎《京阪電車御案内》印刷折本　13.2 × 76.5㎝（表紙含む）大正２年［1913］
堺市博物館

この種の鳥瞰図という視覚形式に基づいた案内図だけが伝達できる情報とは、何だったのだろうか。そこで、改めて案内図を見ると、いくつかの興味深い工夫があることに気が付く。

第一に、《京阪電車御案内》は、京都・五条と大阪・天満橋間を結ぶ京阪本線のすべての駅の名を、太い線で円形に縁取ったうえで、それらの間を緩やかに蛇行する太い線で繋いでいる点では、いわゆる平面的な「鉄道路線図」に似ている。例えば、京阪開通と同時に刊行された山本松三郎『京阪電気鉄道線路案内』に付された《京阪電気鉄道株式会社線路図》（図3）がそうである。しかし、それと同時に、淀川の左岸（東側）に点在する名所旧跡と山並みの景観を描いている点では、「名所景観図」に似ている。例えば、雪舟の《天橋立図》（図4）などがそれである。要するに、《京阪電車御案内》は、鉄道路線図と名所景観図とを合成したものなのである。

第二に、《京阪電車御案内》は、左側に京都・五条、右側に大阪・天満橋を描いている点で、いささか違和感がある。というのも、近代の日本では、《京阪電気鉄道株式会社線路図》（図3）がそうであるように、地図を描く場合、基本的に、北を上にし、右を東、左を西とする慣習が支配的であるにもかかわらず、初三郎は、それを逆にしているからである。ではなぜ、初三郎は、東西を逆にする必要があったのであろうか。京阪電車の鉄道路線と、淀川右岸（西側）ではなくて左岸（東側）――京街道――に展開する名所景観とを相互に関連するものとして、セットで提示したかったからである。これ以外にはない。その関連性にかかわる重要な戦略とは、名所・旧跡などの遊覧スポットと最寄り駅の関係を、道や、近接性を工夫することによって、明示することである。[11]実際のところ、右側から視線を移動させていくと、「練兵場」と「野田橋（片町）」、「小楠公の墓」と「萱島」、「蛍の名所」と「寝屋川」、「香里遊園」と「香里」、「蓮如上人遺跡」と「光善寺」、「菊花園」と「枚方」などの関係が強調されているように見える。

したがって、修学旅行の途次にある皇太子が「解り易い」と思ったこと――そして、帰京後、学友にも伝えたいと思ったこと――は、二つあることになる。ひとつは鉄道路線図に固有の、駅と駅との隣接性に関する情報であり、もうひとつは名所景観図に固有の、個別的な遊覧スポットの空間的な布置に関する情報である。もっとも、初三郎の案内図において、これら二つの情報は等価／同等なものとして扱われているわけではない。鉄道路線図の情報を主として、それに名所景観図の情報を――相互に連動させつつ――従属させているのである。初三郎が《京阪電車御案内》以後に描いた鳥瞰図の進化形は、そのことをはっきりと示している。例えば、《小田原急行鉄道沿線名所案内》（図1）は、昭和二年［一九二七］に開通した新宿と小田原の間を結ぶ郊外電車の案内図＝鳥瞰図である。全体の奥行き感が強調され、新宿と小田原の間を繋ぐ路線が、真っ直ぐ、直線的に表現されていることを除けば、この案内図は、《京阪電車御案内》と同じ構造をもっている。すなわち鉄道路線図と名所景観図を主従の関係において結合するという構造である。

ただし、鉄道路線図が近代に固有のものであるのに対して、名所景観図が近世以前からある、それどころか雪舟の《天橋立図》などにまで遡りうる伝統的なものであることが重要である。例えば、橋本玉蘭斎の《富士詣独案内》（安政六年［一八五九］、図5）は、右上隅にある江戸・日本橋から富士山に参詣するさまざまな街道の宿場と、沿道の社寺、名所、山川を表示したものである。名所景観図の一種として、富士山を含む景観の全体を一望の下に把握することができるのであるが、名札で示された宿場を繋ぐ道は必ずしも明瞭ではない。この曲がりくねり、起伏が激し

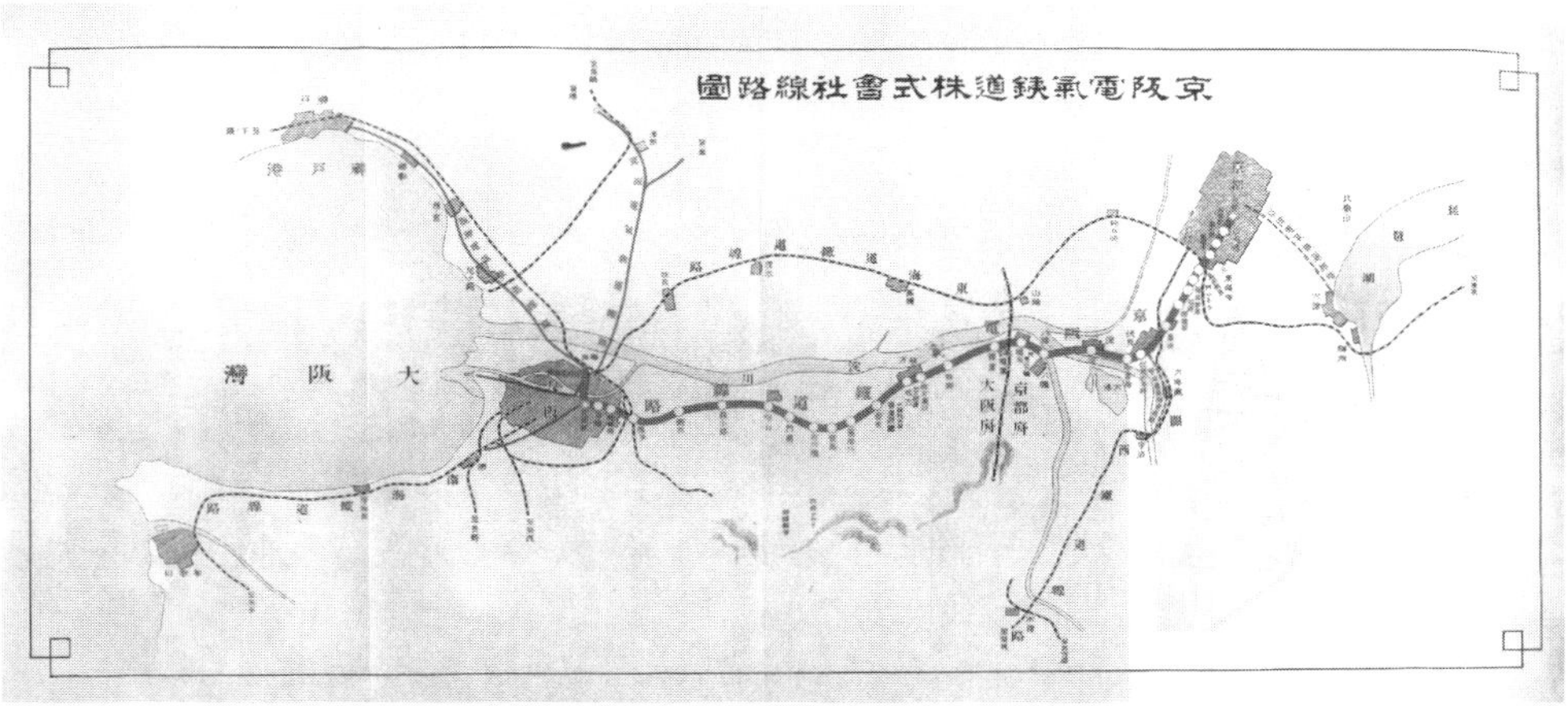

図3　《京阪電気鉄道株式会社線路図》　山本松三郎『京阪電気鉄道線路案内』所収　明治43年［1910］　私家版

図4　雪舟《天橋立図》紙本墨画淡彩　89.4cm × 168.5cm　16世紀　京都国立博物館

く、移動の困難さを予想させる道程を、近代に誕生した鉄道路線図に固有の直線に置き換えたのが、初三郎の鳥瞰図に他ならない。そのさい、鉄道路線図が、実際には蛇行し、アップダウンを繰り返す鉄路を、もっぱら直線として、時には、なだらかに湾曲する曲線として表象することはきわめて重要である。というのも、直線は、二点間を結ぶ最短距離であるとともに、無限に延長可能であるという属性をもつ点において、鉄道による移動が、遠くまで、短時間で、容易に到達することのできる便利なものであることを象徴的に示しているからである。

このような分析が正しいとするなら、初三郎の鳥瞰図は、二つの欲望に形を与えていることになると言ってよい。ひとつは、名所景観図に表現される、各地の名所・旧跡を遊覧したいという欲望で、これは前近代から保持され続けているものである。もうひとつは、鉄道路線図に表現される、短時間で長距離を容易に移動したいという欲望で、これもまた、いつの時代にも潜在するものである。とはいえ、現実に可能になるためには近代における鉄道インフラの整備を待たなければならなかった。大正時代には、しかし、このことが実現されつつあり、日本と欧州とは鉄路で結ばれていた。《小田原急行鉄道沿線名所案内》の左上部分(図6)をよく見ると、小田原急行に乗って、どこかの駅で乗り換えれば、京都、神戸、下関を経て、遠く、釜山にまで繋がるルートが記され、さらに、その先には、上海、台湾、南洋諸島までが遠望されるのである。もちろん、実際に見えるわけではない。しかし、地図上に存在する国や都市を描くのは、日本という国を外国との関係で相対化する国際意識、逆に言うと国民意識の現れであって、それはまさに大正という時代の精神にかなうものであったにちがいない。

しかし、吉田初三郎の《小田原急行鉄道沿線名所案内》(部分、図7)と橋本玉蘭斎の《富士詣独案内》(図8)を見比べたとき、その差異は鉄道路線図の部分(直接的な鉄道/屈曲する街道)にのみあるわけではない。鉄道路線図の部分の差異に連動する形で、名所景観図の部分にも差異が生じていることは注目に値する。第一に、図全体の形において、玉蘭斎のものは、大判三枚続きで相当に横に長いとはいえ、初三郎のものはさらに長大である。第二に、文字の書き入れの点では、両者は、道で繋がれる宿場と路線で繋がれる駅、そして、その周辺に点在する遊覧ポイント(名所/旧蹟/社寺/山川)に、色分けされた名札を付けている点では同じであるが、玉蘭斎の景物は、それぞれが具象的で、かつ、山と重なって見えない部分があったりする

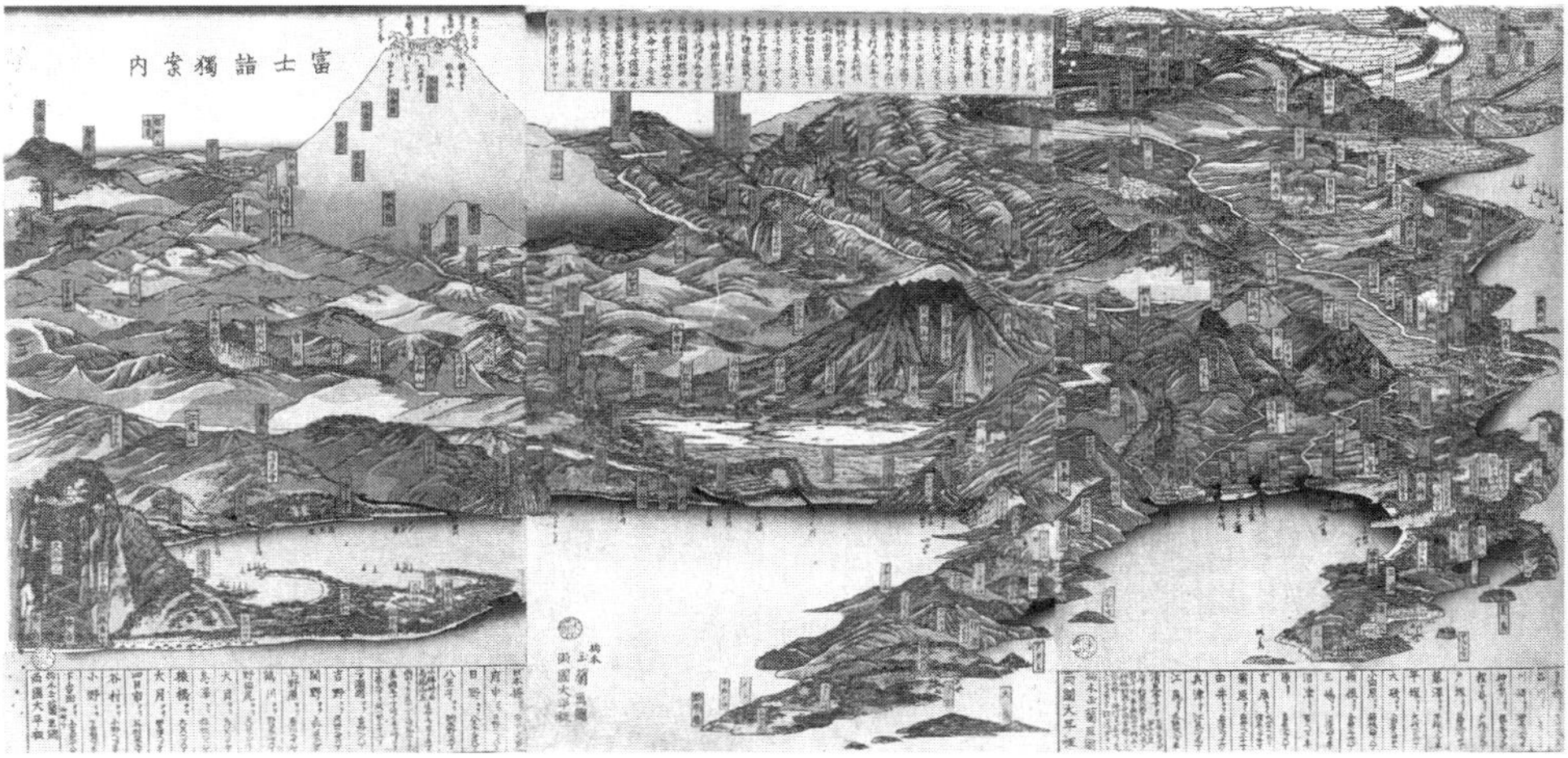

図５　橋本玉蘭斎《富士詣独案内》木版色刷　37.3 × 74.0㎝　安政６年［1859］　神戸市立博物館

図６　吉田初三郎《小田原急行鉄道沿線名所案内》部分

ように、相互の関係において具体的である。それに対して、初三郎の景物は、かなり抽象化されたアイコンであって、空間的な位置に関わりなく、ほぼ同じ大きさが与えられている。また、景物相互も重ならないよう、数を整理し、配置にも十分な配慮をしている。第四に、山水の形と地形が、このことと連動して、玉蘭斎の場合は、具体的で複雑であるのに対して、初三郎の場合は抽象的で単純である。また、その色彩も同様で、玉蘭斎の場合は、複雑で暗く、初三郎の場合は、単純で明るい。要するに、玉蘭斎の《富士詣独案内》は絵画的(写実的)であるのに対して、初三郎の《小田原急行鉄道沿線名所案内》は図案的(抽象的)なのである。

これらのことを踏まえると、両者の空間構造はまったく異質なものであることが分かる。というのも、両者とも、たしかに「俯瞰図」とか「鳥瞰図」とかと呼べるもので、視点は高いところに設定されていて、ある種の浮遊感を伴っているのであるが、玉蘭斎の《富士詣独案内》は、宿駅の間を一歩ずつ徒歩で移動する経験——屈曲する起伏のある道を相当の苦労を伴って歩むこと——を部分とし、それらを、隣接性に基づいて、加算的に接合することによって全体を形成しているように見える。それによって、図を見る人は、自ら旅人となって、一歩一歩、地に足を着けて歩み、苦労しながらも、遊覧スポットを訪問し、移り変わる風景を眺めて、目的地である富士山に至るというような旅を疑似的に体験することが可能である。それに対して、初三郎の《小田原急行鉄道沿線名所案内》は、駅の間を高速で移動する経験を基本的な軸として、沿線に展開する遊覧スポットを、あたかも移動する視点から眺めているかのように、線路沿いに布置することによって、統合的に全体を構成しているように見える。それゆえにこそ、図を見る人は、自ら乗客となって、易々と移動し、どこか最寄りの駅で降りれば、どこでも好きな遊覧スポットを訪問することができるような旅を疑似的に体験することが可能となる。

玉蘭斎が表象する旅が近世的な社寺参詣とか物見遊山とかであるとするならば、初三郎の表象する旅は、まさに近代的な旅である。初三郎の鳥瞰図は、さまざまな造形上の工夫を施すことによって、そのような近代的な列車による旅を魅力的なものとして表象することに成功しているように思う。皇太子が「綺麗で解り易い」と言ったのは、まさに、近代的な運輸サービスが提供するそのような旅の魅力に気づいたからであり、初三郎の鳥瞰図が愛されたのもまた、同じ理由による。では、この種の近代的な旅は何と呼

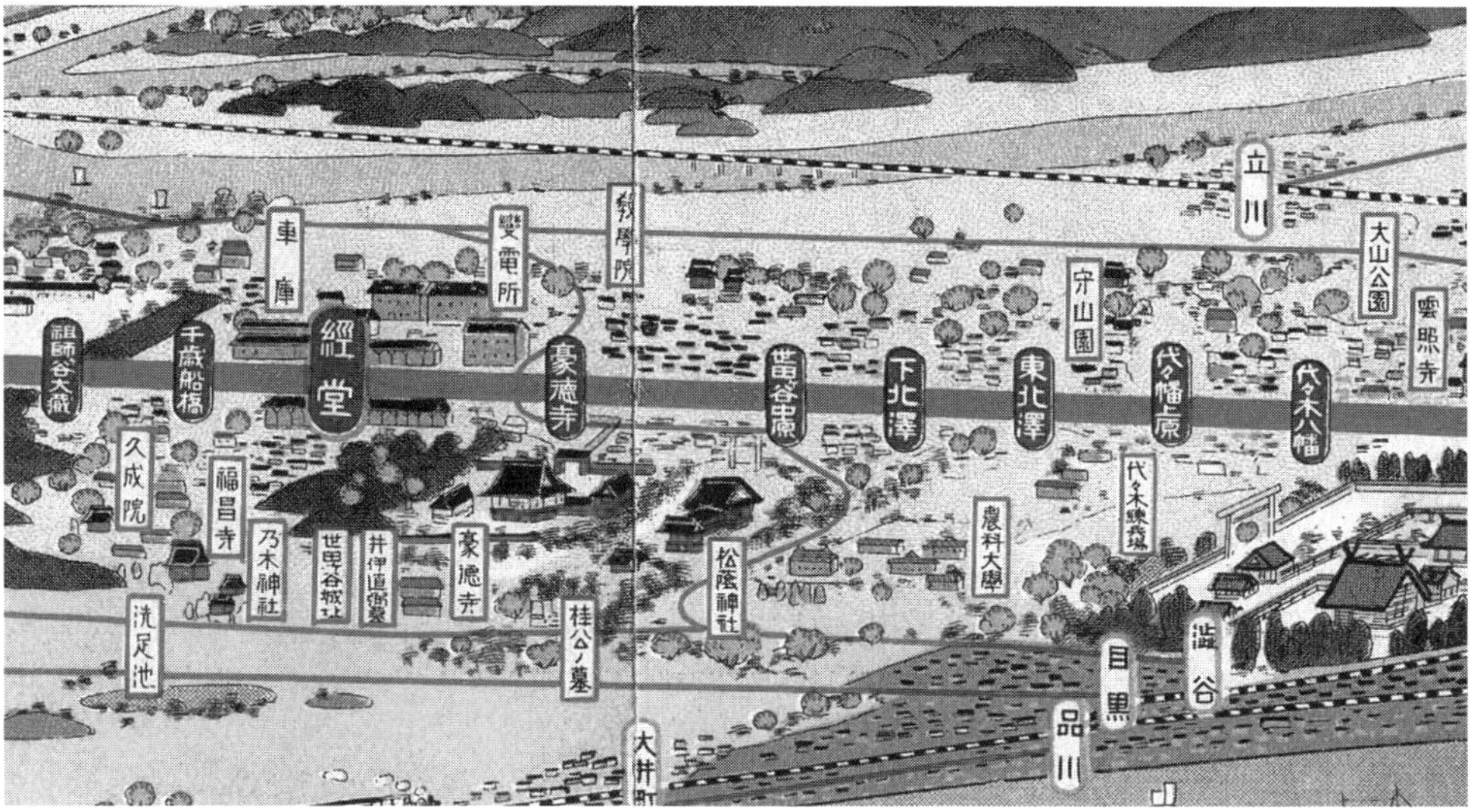

図７　吉田初三郎《小田原急行鉄道沿線名所案内》部分

図８　橋本玉蘭斎《富士詣独案内》部分

ばれるか。歴史的な研究の教えるところによれば、それは行楽である。

2 名所案内記から行楽案内書へ

行楽は、近世的な社寺参詣や物見遊山とは異なる近代的な旅として、しかし、いまだ観光とは呼ばれない電車・汽車を利用した旅として、一九二〇年代半ば以降に顕在化した旅の歴史的な形態のひとつである。奥須磨子は、「郊外」「近郊」あるいは「行楽」を表題中に含む単行本や雑誌、新聞の動向を参照して、次のような結論に達する。(12)

一九一〇年代後半、新しい案内書の出現そして郊外散歩の効能を説く新聞の論調や武蔵野趣味普及を目的とする会の活動などによって、郊外あるいは近郊への関心が広く住民の間に喚起された。二〇年代になると、送り出される多数の案内書に先導され、さらに電鉄会社の勧誘策や百貨店の催し物に刺激されて、人々は大挙して郊外あるいは近郊へ出かけるようになった。この過程で、郊外あるいは近郊へ出かけることは健康上の効用云々よりも楽しみ・遊びの色彩を強く帯びるようになったため、散歩・散策に代わる言葉として、「行楽」という言葉が改めて見出された。そして三〇年代には、明らかに、そしてたびたび案内書や新聞で、「行楽」が「(「行」を行くことの意と解し)郊外などに出て楽しみ遊ぶこと」という新たな意味で用いられるようになった。(13)このことは、この時期の東京住民の多くが実際に郊外に出かけて行って楽しみ遊んだ、行かない場合でも大いに気をそそられる楽しみとしていた実態の反映であったと考えられる。これらのことからすると、近代の、とくに二〇年代半ば以降の一〇年余間の東京において、郊外あるいは近郊に出かけて楽しむことが娯楽の一つになっていたと言ってよいであろう。

奥須磨子は、この種の新しい行動形態である行楽は、二〇年代前半における「新しい案内書」の出版ブームによって加速されたと考えている。そのきっかけとなったのが、小菅広胖・小川煙雨『東京郊外・名所めぐり』(厚明社、大正五年[一九一六])と田山花袋『東京の近郊』(実業之日本社、同前)で、その新しさは、鉄道・電車の路線に沿って名所旧跡を系統的に説明することにあるという。以下、場所を京阪（京都／大阪）に移して、このような特徴を指摘するだけで十分か、検証してみることにする。

まず、京阪電車が開通した明治四三年［一九一〇］に刊行された山本松三郎『京阪電気鉄道線路案内』を紐解くことによって、「古い案内書」のあり方を覗いてみることにしよう。「はしがき」には、次のように記されている。(14) なお文中の［ ］は筆者による補注である。

> 京阪電鉄の線路は徹頭徹尾名所と旧跡とに埋もれて居る、一千有余年来の帝都たる京都と、豊太閤の偉業に依つて歴史上毅然たる光輝を放つた大阪との間を連結せる沿道は総て豊富なる歴史に依つて彩られているのだ、第一交野《かたの》の原《はら》の如き一千年以前の御狩場《みかりば》から、樟葉《くずは》の宮、船戸御所、渚の院と云つたやうな、天皇皇族の宮《みやい》殿の旧趾《あと》や、これに伴ふ縉紳［身分の高い人］公卿の旧邸、陵墓などは総て此線路に限られたやうに存在して居る、と又一方では歴史上有名な菅公、楠公、豊公等《ら》が地を換へ時を変じて、此の附近に縁故《えんこ》を設け記録に遺《のこ》して居る、殊《こと》に男山八幡宮、伏見稲荷神社、蹉跎天満宮をはじめ縁起に富める神社や、由縁《ゆかり》深き巨刹が殆んど数へ切れない位の所へ、種々の興味深き口碑［古くからの言い伝え］伝説が附随して居る、これ等《ら》の総ての事績旧記を悉く此の小冊子に収録しやうといふことは到底不可能の事である、でこれは他日改めて完全な案内記を刊行することゝして、取敢へず電鉄線路の開通記念の為、爰に此の小冊子を刊行した次第である。

この一文からも分かるように、この案内記は、名所旧蹟（事績旧記・口碑伝説を伴う）を単位として説明する点で、江戸時代の名所案内記や名所図会に通じるものである。ただし、電車の路線に沿って名所旧跡を系統的に説明する点は、新しいと言えば新しい。ちなみに、本の構成としては、「はしがき」の次に、《京阪電気鉄道株式会社線路図》（図3）を挟み、鉄橋、変電所、電車などを写した六葉の写真を挿入してから、「京阪電鉄線路案内目録」を掲載する。大阪から京都に向かう路線を、七つの区間（大阪市線路附近／守口及佐太附近／枚方及樟葉附近／八幡及淀附近／宇治及木幡付近／伏見及深草付近／京都市線路付近）に分け、その周辺に点在する遊覧スポットを、順次、解説する。

その一三年後、大正一二年［一九二三］に出版されたのが、東京における「新しい案内記」出版ブームの火付け役のひとりで、大正七年［一九一八］に『一日の行楽』を出版した田山花袋の『京阪一日の行楽』である。ただし、この案内書の言う「京阪」とは、京阪電車のことではない。「京阪地方」の意味で、花袋は、京都や大阪ばかりでなく、奈良や大津、伊勢、志摩にまで脚を伸ばす。ただ、すべての行楽に共通しているのが電車を利用することで、「大阪から枚方まで」と題された章は、京阪電車による行楽の最初の章である。そこには、次のように記されている。(15)

この電車は気持ちの好かつた。忽ちにして大阪市街を離れて、京街道または淀川に添つて北走した。停留所は京橋、野田橋、蒲生、野江、森小路、守口、門真、古川橋、萱島、寝屋川、香里、光善寺、枚方、枚方東口、樟葉、橋本などで、それから真直に男山八幡、淀、中書島の方へと行つた。

今では、京都大阪間を往来する最も便利な交通路として、旅客は大抵汽車よりもこの電車に乗るのを便利とした。この間は始めは平野で、次第に右に生駒山脈を望み、左に淀川を隔てゝ、丹波境の山岳を見るといふ形になつたが、枚方を過ぎると、淀川の水光もはつきりその前にあらはれ出して来た。

この間にも、仔細に探れば、見るところがないでもなかつた。簡単にそれを挙げて見ると、守口停留所の北三町には本願寺の守口御坊、寝屋川停留所西北約半里には、官公の遺跡のある佐太神社、管相寺、来迎寺、香里停留場の東南三町にある蹉跎神社、これも何でも菅公左遷の時に縁故を持つたものであるといふことである。その祠の東藪町には蹉跎神社がある。菅公左遷の時に息女苅屋姫と別れを惜しまれたところだといふ。光善寺は光善寺停留所のぢき近くにある。寺は淵埋山と称し、大谷派本願寺に属してゐるが、伝説に因ると、蓮如上人が梓原の深淵を埋めて百町余の土地を得、そこに寺を建てたのであるといふ。何でもその時分には蛇が多く、ことにその一部には蛇の巣などがあつて、大きなものなどもゐたといふことであるが、蓮如上人がすべてこれを化して遂に今の寺としたといふ話が伝へられてある。今でもそこにその蛇の鱗を収めた塔があるといふことである。電車は漸く往昔の枚方町へと近づいて行つた。

花袋は、天満橋で京阪電車に乗って、枚方に着く前に、章を打ち切る。次の章を読むと分かるのであるが、花袋は枚方で下車した。しかし、枚方までは、ずっと車中にあって、窓の外を眺め、移り変わる景観を楽しんでいる。傍線を引いたところが、窓外の風景に言及しているところである。それ以外のところは、名所旧跡の説明であり、伝説の紹介である。次の「枚方」の章で、花袋は下車して、歩き出し、現在の町並みの様子に言及したり、俗謡を思い出して往昔の情景を想像したり、伝説を紹介したりする。次の「淀川づたひ」の章では、何カ所かの名所について会話し、橋本からまた電車に乗ったのだろうか、「男山八幡」の章では、電車に乗ったまま、八幡の話をして、「淀城址」の章に至る。ここでも花袋は車中の人で、傍線部分が窓外の風景に目を向けている個所である。[16]

　八幡を出ると、電車は木津川をわたる。その鉄橋は東高野街道の御幸橋をその下流に見るといふ形になつている。この附近は、三方から水の集つて来るところで、ちょつと感じが他に異つてゐる。右からやつて来るのは木津川である。中央を落ちて流れて来るのは宇治川である。そしてその最も左を桂川の水が流れた。

　此処は昔から水の出るのできこえたところで、新淀川の毛馬の閘門と琵琶湖の南郷の閘門とが出来て、その水の調節を計らない以前には、そこには毎年のやうに水が浸した。現にその東にある巨椋池はその洪水の度毎に溜つた残水湖である。

　そしてこの三つの川の中では、何と言つても、宇治川の水量が一番多く、それがいつも木津、桂の二川を圧する形になる。従つて宇治川の水が一番多く逆流して、それが溜つて、あの大きな巨椋池を形成するに至つたのである。地理学上、頗るおもしろい地形の一つであるといふことである。

　木津川をわたつて、間もなくまた電車は鉄橋へとかゝつて行く。それが即ち宇治川である。東を見ると、上流に大きな橋がかゝつてゐる。即ち淀の大橋である。淀の川瀬の水車といふのは、何でもそこらに昔、沢山にあつたといふことである。

　宇治川をわたると、美豆村で、昔の美豆の牧場のあつたところである。今はそこには桃の林があつて、花時はかなりに見物人がやつて来るといふことである。これから電車は泥濘地を通つて、やがて淀の古城址の石垣を見るやうになつて行つた。

　淀の城址は、電車の中からでもはつきりと指すことが出来た。豊臣秀吉が淀君を置いたところだけであつ

て、地勢が頗る要害で、誰でも此処を通るものは、素通することが出来なかつたので著名である。（中略）

淀の停留所から電車は東北に向つて駛つて行く。右に微かに巨椋池の芦萩に埋められたのを見る。少し行くと、左にも矢張真菰や芦で埋められて、碌に水光も見ることの出来ないやうな沼が見え出して来た。それは矢張淀の残水湖である横大路沼である。電車は暫しの間沼沢の上のやうなところを通つて、やがて中書島の停留所に達した。

宇治には、電車がそこからわかれて行つてゐた。

花袋の『京阪一日の行楽』には、車窓からの眺めを記述している部分が多い。それどころか、旅行案内記に車窓からの眺めを記述することこそ、「新しい案内記」の重要な特徴なのである。そのような新しさを表題にした谷口梨花『汽車の窓から』が博文館から出版されたのは、大正七年［一九一八］である。花袋の『京阪一日の行楽』は、この谷口のスタイルに倣っている。その序に、鉄道を運輸サービスと捉えて、ジャパンツーリストビューローの産みの親になった木下淑夫（一八七四～一九二三）が、次のように記している。[17]

近年社会の上下を通じて旅行熱が一般に増進した為め旅行に関する出版物も頻々と現はれ、所謂汗牛充棟［蔵書がきわめて多いことの形容］も啻ならぬ［普通ではない］有様である。しかし其多くは旅行記を集めたものでなければ、一地方に限られたもので、消閑の耽読［書物を夢中になって読むこと］には好いが、旅行者実際の手引としては、誠に頼り少ない心地がするのである。

頃日［この頃］僚友谷口君公務の余暇筆を執れりとて、稿本「汽車の窓から」を示して序を請はる。執りて一読して見ると、題名の如く車窓から見ゆる景観に就て、地理を説き歴史を語り、産業を説き交通を叙して余すことなく、名所旧蹟、高山大河、四囲の万象皆意義あるものとなりて、車窓の人の目に映し来るのみならず、更に旅行者の多くが必ず下車せらるべき主要なる名勝地、遊覧地、都市に就ては、汽車を降りて詳しく案内するの労を取つて居る。即ち一面車窓の友たると共に、其遊覧の手引たらんことを期したもので、これまで出版されて居る旅行物とは、全く其撰を異にした、新しき試みの案内記である。

旅行者の中には、汽車内に於ける無聊を云々せらるゝ人が多いが、夫は畢竟沿線の山川や、名所旧蹟などを、無意識に送迎せらるゝが為である、若し此場合に何人か車窓の景観に就ての説明者となり、併せて其遊覧の目的地に就ての概念を与へて呉れる人があつたならば、感興自ら湧き来つて、長途の汽車旅行も亦楽しきものゝ一つとなるであらうと思ふ。この書は即ち其車中の説明者たり、亦其目的地の案内者たるに近いものである。

谷口君は鉄道院運輸局に在つて、多年「鉄道旅行案内」の編纂に従事して居る人である、同案内は幸に旅行者必携の案内記として、此年好評を博して居る。この書は即ち其「鉄道旅行案内」の姉妹篇とも云ふべきもので、同案内を有する人にして併せてこの書を携へらるれば、彼此相俟つて一層旅行の趣味を感受せらるゝこと多きを信じ茲に之を社会に紹介する所以である。

「車窓の友」「車中の説明者」であり「遊覧の手引」「目的地の案内者」でもあることを目指した『汽車の窓から』は、旅行者の「汽車内に於ける無聊」を慰め、「沿線の山川や、名所旧蹟などを、無意識に送迎」することを停止させる。谷口の案内書は、京阪電車に言及しているわけではない。鉄道院所管の幹線――東海道線／山陽線／中央線など――の沿線について、過去の風景を想像したり、見えない遊覧スポットの説明を織り込んだりしながらも、実際に車窓から見える風景を記述・説明することを主眼にする。花袋の『京阪一日の行楽』もその例外ではない。

最も重要なことは、このような新しい案内書の出版ブームが、ちょうど《京阪電車御案内》を端緒とする初三郎式鳥瞰図の大流行と、時期的に重なるという点である。もっとも、ただ時期が重なるというだけではない。両者が旅の魅力として新たに表象しようとしている事柄が、重なるからである。実際のところ、花袋の『京阪一日の行楽』を念頭に置いて、初三郎の《京阪電車御案内》(図2)を眺めてみれば、花袋が車窓から見た風景（傍線部分）の多くが、初三郎の鳥瞰図に、順に描かれていることに気づく。「大阪市街」「淀川」「平野」「生駒山脈」――「丹波境の山岳」はない――「枚方町」「八幡」「木津川」「(木津川の）鉄橋」――「東高野街道の御幸橋」もない――「宇治川」「淀川」「淀の大橋（名札はない)」「淀の古城址」「淀の停留所」「巨椋池（名札はない)」「横大路沼（名札はない)」「中書島の停留所」がそれである。初三郎の《京阪電車御案内》が、新しい案内書と同じように、新しい行動形態である行楽の魅力を表象していると言うのは、それが、線路に沿ってさまざまな遊覧ポイントを配置しながらも、全体としてまとまりをもつように描くことによって、次々と車窓に展開される景観を一連のものとして知覚する鉄道旅行の楽しさを、疑似的に表象することに成功しているからにちがいない。

3 パノラマ的景観

W・シヴェルブシュ『鉄道旅行の歴史——19世紀における空間と時間の工業化』(一九七七年)は、周知のように、鉄道というきわめて近代的な技術が、従来の徒歩や馬車による旅行のあり方を、根本的に変容させたことを、空間的・時間的・意識的(知覚的)な点にわたって、詳細に検討したものである。その結果、高速で移動する鉄道旅行は、一方で、ラスキンに代表される古い旅に固執する人たちに「風景の喪失」をもたらしたが、他方で、新しい旅行技術の影響に逆らわず、次々に移り変わる車窓の景観を「新しい知覚」によって楽しむ旅行者が出現することによって、「パノラマ的再生」を果たしていることを明らかにした。もっとも、シヴェルブシュの射程はもっと広い。というのも、シヴェルブシュにとって、このような鉄道旅行についての議論は、「技術一般、交通技術、小売などの特定の発展状態に対応する、商品流通のある特定の発展状態を基礎とした知覚」をも見据えたものだからである。(18)

本章では、初三郎の《京阪電車御案内》をはじめとする初三郎式鳥瞰図のもつ近代的意義について、シヴェルブシュの議論がどのような貢献をなしうるかを、初三郎式鳥瞰図を構成する二種類の図——鉄道路線図と名所景観図——の特性と関係に絞って、検証することにしたい。

シヴェルブシュは、「パノラマ風の旅行」という章において、「知覚が行き届いた」ゲーテのスイス旅行の日記を旅行小説の記念碑と位置づけたうえで、鉄道がこのジャンルに終止符を打ったことを指摘し、次のように言う。(19)

鉄道が風景の中を突っ走る速度と数学的な直線性が、旅行者と通過する空間の間の親密な関係を破壊する。この経緯を説明するために提示されたエルヴィン・シュトラウスの概念を使って言えば、風景空間(der Landschaftsraum)が地理的空間(der geographische Raum)になったのである。「風景の中では」とシュトラウスは言う。「われわれは常に、一つの場所から他の場所へとたどるだけだ。どの場所も、目に見える範囲内にある隣接の場所との関係で、もっぱら規定されている。われわれは、一つの部分空間からもう一つの別の部分空間に到着するだけで、われわれが旅する場所は、どの場所も全体を見通せる状態にはない。さて、地理的空間の方は一つのまとまった空間であり、その限りにおいては、全構造が見通せる空間である。この空間内のどの場所も、全体の中にあるその位置により規定され、結局は、この空間を整序する座標系のゼロ点との関係に規定されている。地理的空間は組織化されている」。シュトラウスは、鉄道を名づけて、風景空間を地理的空間に変えた重要な代理人、と言っている。

馬車や徒歩によって移動する旅行者は、旅の空間を「生き生きとした統一体」として知覚し、「生きている連続性」として体験した。しかし、列車による移動は、中間の空間を跳び越したり、通過したり、眠って過ごしたりすることを可能にすることによって、古い旅の統一性／連続性を破壊し、新しい抽象的な秩序をもたらした。ここで言う「風景空間」の表象として、例えば、歌川広重の「東海道五十三次」シリーズを考えてもよい。それは、江戸日本橋と京都三条大橋の間の繋ぐ東海道を歩く旅人が、その間で「生き生きとした統一体」として経験する五三――江戸と京都を勘定に入れると五五――の場所（部分空間）の風景表象＝名所絵の連続体である。しかし、それぞれの個別的な名所絵――例えば「由比」とか「平塚」とかといった場所の表象――は独立／孤立したもので、たとえそれらをシリーズとして眺めたとしても、そこに出現するのは、部分空間の加算的集合であって、東海道の全体が、ひとつのまとまりをもって見通されるわけではない。もっとも、近世において、全体を見通したいという欲望がなかったわけではない。玉蘭斎の《富士詣独案内》（図5）などを一例とする名所景観図の系譜がそれである。当時は、「一覧図」とか「一目図」とかと呼ばれたようであるが、一般的には「鳥瞰図」と呼ばれるように、高い視点を設定＝仮構して、そこから見下ろすという形を取る。ただし、これについてはシュトラウス的な意味における地理的空間の表象と認めることはできない。というのも、シヴェルブシュは「鉄道発明以前には、旅人にとって地理的関係は、風景の変化で次第に作られてきた」と言うように、玉蘭斎の《富士詣独案内》は、あくまでも部分空間の表象である名所絵を加算的に接合したものにすぎないからである。

シュトラウス的な意味における地理的空間の表象とは、本論で言う「鉄道路線図」のことである。例えば、《京阪電気鉄道株式会社線路図》（図3）がその一例で、京都と大阪間の空間の全体が——編集の都合上多少の歪みを伴って——見通されるとともに、その内部に、京阪電車の路線が位置付けられている。

このような観点で《京阪電車御案内》（図2）をはじめとする初三郎式鳥瞰図を見ると、それらが、列車による旅が経験する地理的空間の表象としての鉄道路線図と、近世以来の徒歩による古い旅が経験する風景空間の表象としての名所案内図を奇妙な形で合成したものであるように思われてくる。「奇妙な形で」と言うのは、初三郎の鳥瞰図が鉄道路線図と名所景観図を合成したもののように見えるとしても、鉄道路線図も名所景観図もともに、それぞれ厳密な意味での地理的空間の表象でも、風景空間の表象でもないからである。すなわち、一方で、初三郎の鉄道路線図が地理的空間の表象ではないというのは、それが、実際の地理的関係を無視して、奇妙に——直線的・曲線的な方向に——歪められているからである。他方で、初三郎の名所景観図が風景空間の表象ではないと言うのは、それが、個別的な名所絵の加算的な集合ではないことは言うまでもないとして、玉蘭斎の《富士詣独案内》（図5）のような鳥瞰図ではなくて、そのパノラマ的再生とみなすべきものだからである。

ここで言う「パノラマ的」とは、ドルフ・シュテルンベルガーが、高速で移動する鉄道旅行のもたらした「新しい知覚」に与えた形容詞であるが、シヴェルブシュは移動中の車窓から外を眺める乗客の知覚について次のように言う[20]。

速度が前景を消してしまうということは、速度が主体のすぐ近くにある空間から主体を引き離すということ、つまり速度が客体と主体との間に、「ほとんど実体のない障壁」となって割りこむことである。このようにして見られた風景は、たとえば鉄道旅行の批判者ラスキンのように、集中的に、アウラ的に体験されず、刹那的に、印象派的に、つまりはパノラマ的に体験される。より正確に言えば——パノラマ的知覚とは、対象をその刹那的性格のゆえに、逆に魅力あるものと見なす知覚である。それゆえ、この魅力は、対象または観察する主体を、このような状態に置き換える動きから生ずるのである。（中略）われわれはこの知覚を、対象との集中的で静的な関係を特徴とする、ラスキン流の伝統的知覚と区別して、パノラマ的と名づけた。

繰り返し引用されるこの個所は、鉄道が現出させた新しい風景――旅行者の目を楽しませてくれる車窓からの「パノラマ的眺望」――に言及しているが、その眺望の特徴は次の三点に集約される。第一に、空間的には、速度によって前景が消失するが、遠景は十分長い間視野に捉えられて印象を残すこと、第二に、時間的には、それぞれ異なる領域に属する景観が直接結び付けられて、次々に、連続的に展開される（変化する）こと、第三に、車窓のかなたに展開する種々さまざまなものが、その間の区別をつけずに受け入れる能力の発達によって、ひとつの「点描画風」の全体として――展望として――把握されることである。[21] この展望つまりパノラマ的眺望は、次々に移り変わる画面（タブロー）あるいは絵巻物あるいは連続するシーンと呼ばれるが、細部は明瞭でないとしても、全体として見れば生が漲っていることを特色とする。このような点から、初三郎の名所景観図を振り返ってみれば、《京阪電車御案内》（図2）のそれも、《小田原急行鉄道沿線名所案内》（図1）のそれも、個々のモティーフを写実的・絵画的にではなく、抽象的・図案的に描き、同時に、相互に重ならないように、平面的に――奥行きを感じないように――配置していたことが、重要な意味を持っていることに気付く。これらは、初三郎の名所景観図が、パノラマ的眺望であることの証拠である。

おわりに

初三郎式鳥瞰図は、一方では鉄道路線図として、線路を可能な限り直線的に表現することによって、鉄道の効用――遠く早く容易に安全に移動することを可能にする交通手段であること――を表象する。他方では、それと同時に、名所景観図の一変形として、線路に沿って、さまざまな名所・施設などの遊覧ポイントを配置しながら、全体として、まとまりをもつように描くことによって、パノラマ的眺望の魅力――個別的な景観をひとつの全体として展望する喜び――を表象する。初三郎は、このような工夫によって、大衆を、鉄道を利用して郊外に出かける行楽へと勧誘していたわけである。そのさい、初三郎の鳥瞰図が、どこか運輸サービスの商品カタログ――遊覧スポットを満載した広告――のように見えることはきわめて重要である。シヴェルブシュは「百貨店の商品の外見と、鉄道の車窓から見られた風景の外観」の等価性――「パノラマ的」であること――に言及して、次のように言う。(22)

> 経済的に見れば、鉄道旅行も切符という形で、買いとられる商品――輸送サービス――である。それゆえ車室から見られるパノラマ的眺めは、物的な速度の結果ばかりでなく、同時にそれは鉄道旅行が質的に新たな装いで商品となったという、新たな経済関係の結果として理解すべきものなのだ。鉄道旅行における風景の消失とパノラマ的再生とは、それゆえ構造的に百貨店における商品の使用価値としての姿の消滅に相当する。駅につけられた都市名は、商品に値札を張りつけるのと同じ過程を示すものである。

このような観点は、近代における運輸サービスの特性を照らし出すことによって、私たちの文脈においては、行楽がさらに観光へと変質して行くプロセスを解明する手がかりを提供する。言い換えれば、初三郎式鳥瞰図の魅力が、世界を「田園と都市からなる巨大百貨店」として表象している点にある可能性が検討されてもよい。(23)

注

(1) 初三郎は大きな肉筆鳥瞰図も制作している。発行部数は総計二〇〇〇万部とも言われている。

(2) 書店で売られたり、頒布会で配られたり、無料で配布されたり、新聞などの附録とされたりした。なお、吉田初三郎研究プロジェクト「初三郎鳥瞰図を探す――都道府県別作品目録」『吉田初三郎のパノラマ地図――大正・昭和の鳥瞰図絵師』(『別冊太陽』、平凡社、二〇〇二年)参照。

(3) 藤本一美『吉田初三郎の鳥瞰図原画目録稿――日本一の鳥瞰画仙・絵師』(私家版、一九九七年)、水野信太郎・水野由美「都市鳥瞰図と吉田初三郎」(金沢学院大学都市学研究所編『都市学研究』第一号、一九九九年)、「吉田初三郎特集」(日本古地図学会編『古地図研究』第三〇七号、二〇〇〇年)、『吉田初三郎のパノラマ地図――大正・昭和の鳥瞰図絵師』(前出)、益田啓一郎編『美しき九州――「大正広重」吉田初三郎の世界』(海鳥社、二〇〇九年)、堀田典裕『吉田初三郎の鳥瞰図を読む』(河出書房新社、二〇〇九年)など参照。

(4) W・シヴェルブシュ『鉄道旅行の歴史――一九世紀における空間と時間の工業化』加藤二郎訳、法政大学出版局、一九八二年(Wolfgang Schivelbusch: *Geschichte der*

Eisenbahnreise : zur Industrialisierung von Raum und Zeit im 19. Jahrhundert, Frankfurt am Main, Fischer Taschenbuch, 2000, c1977）。なお、引用は、基本的に邦訳に依ったが、一部、修正したところがある。また、邦訳の頁数の後の（　）内には原著の頁数を付した。

（5）奥須磨子「郊外の再発見――散歩・散策から行楽へ」奥須磨子・羽田博昭編『都市と娯楽――開港期～一九三〇年代』日本経済評論社、二〇〇四年、二一二頁

（6）山本松三郎『京阪電気鉄道線路案内』私家版、明治四三年［一九一〇］、田山花袋『京阪一日の行楽』博文館、大正一二年［一九二三］

（7）W・シヴェルブシュ『鉄道旅行の歴史』前出、二四五頁（S. 174）

（8）広告・宣伝のメカニズムについては、岸文和「テレビCMの芸術学――〈かわいい〉物と人を欲望する」（近畿大学日本文化研究所編『危機における共同性』、風媒社、二〇一二年）、同前「テレビCMの物語論――スライス・オブ・ライフ型を中心に」（京都大学美学美術史学会『京都美学美術史学』第一一号、二〇一二年）、同前「歌麿筆《名取酒六家選》のレトリック――隠喩と換喩」（『美術フォーラム21』第二七号、醍醐書房、二〇一三年）など参照。

（9）「解り易さ」と共起する「綺麗」については、「さっぱりしている」「すっきりしている」「整っている」といった意味に注目したい。『日本国語大辞典』（平凡社）参照。

（10）南博『大正文化／一九〇五－一九二七』勁草書房、二〇〇一［一九六五］、二二五頁。また、吉田初三郎研究プロジェクト「天皇の絵師としての初三郎――二荒伯爵と本山大毎社長、徳富蘇峰らの影」（『吉田初三郎のパノラマ地図――大正・昭和の鳥瞰図絵師』前出）など参照。

（11）「遊覧」は、『日本国語大辞典』によれば「見物してまわること」で、古代から用例がある。本論では、これを非歴史的な行動の概念として使用し、歴史的な行動形態である「行楽」や「観光」の特性を記述するために使用する。

（12）奥須磨子「郊外の再発見」前出、二一二頁

（13）『日本国語大辞典』によれば、「行楽」には、「（1）（「行」はおこなうことの意）楽しむこと。遊びの楽しみ」と「（2）（「行」を行くことの意と解し）郊外などに出て楽しみ遊ぶこと」の二つがあり、後者は近代の用例であることを示している。

（14）山本松三郎『京阪電気鉄道線路案内』前出

（15）田山花袋『京阪一日の行楽』前出、四四八頁以下

（16）同前、四五九頁

(17) 谷口梨花『汽車の窓から』博文館、大正七年〔一九一八〕

(18) W・シヴェルブシュ『鉄道旅行の歴史』前出、二四一頁以下（S. 170）

(19) 同前、七〇頁（S. 52）

(20) 同前、二三五頁以下（S. 166-167）

(21) シヴェルブシュは、百貨店内部について、「商品群の全体が、客の知覚に働きかけて、解け合って、点描画風の全体的印象となる」（同前二四〇頁〔S. 168〕）とも述べる。

(22) 同前、二四一頁（S. 169-170）

(23) 同前、二四五頁（S. 174）

II

社会批判としての自然

6 自然・社会・孤独

もうひとつの近代社会像とその克服に向けて

鈴木伸太郎

人間にとって自然とは何かという問いは、現在のところ、理論的にはともかくとして、都会人の平均的な日常生活の中では、真剣に問われることは少ないと思われる。都会の真ん中では自然に触れたりする機会や、自然を意識するきっかけに乏しいものであるし、そのような環境に生きる都会人が、オフィスや学校や家庭などで自然環境とはほとんど関係なく行うあれこれの内容こそが、私たちの生活の中心をなしている。なるほど災害などがあれば、それも大災害であれば、私たちは自然の中に住まっているのだということを強く実感することはする。地震にせよ噴火にせよ、人間の営みと大自然の営みとのスケールの違いを私たちに印象づける現象であり、災害を間近に体験する者ほど、自然に対する「怖れ」の感覚を新たにすることになるだろう。しかし、日常生活が戻ってくるにつれて、それらは影が薄くなっていく。私たちの日常の営みは、自然に祈りを捧げることを中心になり立っているわけではないのである。

あるいは、環境破壊という言葉を聞けば、最近の都会人は確実に反応するであろう。環境破壊の多くは人間による自然環境の改変がもたらすものである。そして、そのことが回り回って私たちの生活に響いてくることを私たちは恐れている。しかし、自然をただあるがままの自然として敬い、尊重する態度がどれだけあるだろう。便利な都会生活を極力捨てて、自然の中に素朴に住まいすることを積極的に求める少数の都会人がいることも事実であるが、私たちの多くはむしろ逆に都市の中心部で快適便利に老後を迎えようとするだろう。

特に日本社会では諸外国と比較しても都市化が著しく、人口の半分が三大都市圏に住むというような現状[(1)]がある。現代の経済の中心は当然大都会、ないしは大都市圏であり、東京圏は世界最大、大阪圏も世界有数の大都市経済圏である。大都市圏でない地域でも、その地域のなかで比較的大きな都市に人が集まる現象がみられる。周辺に大きな都市がない地域ほど人口流出が著しい。

科学技術の発展が現代流の巨大都市圏の経済を支えているのは言うまでもない。そもそも、過去数世紀の近代科学の発展は、自然を「人間が利用し、管理するもの」と見なすように人々に仕向けているのである。かつてメルロ＝ポンティは、〝科学は物を巧みに操作するが、物に住みつくことは断念している〟と書いた(2)。私たちの全員が理工系の専門家や技術者になったわけではないが、科学技術が社会に浸透している現代では、「科学的なものの見方」もまた社会に浸透しており、個人差はあるとしても、物を物そのものとして見るよりは、計量したり道具として役立てたりするために見るという態度が、都会人を中心に標準化している。あまりに当たり前になっているので、本稿の読者にも「それがどうした？」と言われそうな気もする。「物に住みつく」という言い方の方こそ分かりにくいかもしれない。さしあたり、人間の利用を離れて、「物そのもの」として見たり聴いたり、感じたりする態度ということにしておきたい。散歩の途中で、落ち葉の色に見とれて拾いあげたり、道端に植えてある木の幹に触ろうとする人がいるとしたら、そういう人の態度といっていい。狩猟採集をこととする時代から、人類は自然を利用してきたと言えるが、そのような時代にあっては自然を利用する目線と、自然を物として感じて関わる態度、あるいは崇拝するような態度とが手に手を携えてきたと言えると思う。

日本の縄文時代について述べたある著書の中で、渡辺誠は次のように総括している。〝四季の移り変わりを正確に認識し、また動植物たちの生態を精緻に観察すればするほど、自然の摂理や循環システムといったものが生活の安定を保障するものとして意識され、災害や異常気象などはこれを破壊するものとして畏怖されたに違いない。そのように、死と再生の観念やシャーマンによる自己犠牲に基づく母性的な儀礼は、おそらく彼らの生活実態や身体感覚から生まれたものだろう。ようするに、生産技術の発達と呪術の発達は相反するものではなく、表裏一体の関係をもって発達したのであり、弥生文化はその延長線上に位置づけられるのである(3)〟。ここに書かれているように、生きるための技術の進展と、自然の観察や自然に対する畏怖の感情は、縄文時代において互いに密接に絡んでいるのである。遙か古代の縄文時代についてこう言われていることについて、特に異とするには当たらないと感じられるかもしれない。

しかし、これは現代においても、多少形は変わっても、引き継がれるべき態度なのではないだろうか、というのが私の本稿における見方なのである。これには異論が出るだろう。呪術の世界に戻るわけにはいかないという見解はもっともである。しかし問題なのは、現代人はともすると、自然をありのままに観察したり、自然を畏怖して崇拝したりする態度を、心の中に今もある「未開人」や「文明を知らない野蛮人」の観念とともに軽侮する傾向があることである。イノシシなどの野生動物を表現した見事な土偶、それを可能にした縄文人の観察眼などには感嘆を惜しまないとしても、それを現代人（自分）がするべきだと考える人は少ないかもしれない。

　縄文人のような古代人が自然と密接に関わり、自然を見つめ、自然を畏怖していたのは、彼らが原始的な生活をせざるを得なかったためなのであろうか？　もちろん、彼らがそう望まなくとも、そうせざるを得なかったのは明白である。しかし、後に本稿で述べるような理由から、彼らは自然との関わりの中で孤独を克服し、強い喜びを感じていた可能性があるのである。呪術が大切なのではなく、このような自然との関わり方が大切なのだと私は言いたいのである。技術的に、縄文人のようには自然に依存せずに済む現代人は、人生に絶望しないで済むために、古代人の知らなかったもっとましな方法を見いだしていると言えるのだろうか。このことを考えてみたいのである。

1　社会に浸透する近代科学の思考

近代科学の発展、特に技術的な進展が著しくなってから、古代からのバランスが崩れて、人間は自然から物理的にも精神的にも離れていき、自然は利用したり操作したりする対象として見られることが圧倒的に多くなったと考えられる。

　もう少し、前述のメルロ＝ポンティの言うところをみよう。〝科学は…（中略）…モデルを作り上げ、そしてその指数とか変数に、それらの定義から許される範囲の変換操作を加えるだけであって、現実の世界とはほんのときたまにしか顔を合わせない。科学とはこの見とれるほど活動的で、器用で、割り切った思考であり、全存在を「対象一般」として、つまりわれわれにとっては無にも等しいものでありながら、やはり同時にわれわれの人為的技巧に合わせて作られているとでもいうかのように扱おうとする態度のことである[4]〟。彼の言うように、科学的な思考では、人間が直接思考の対象としているものは「モデル」なのである。「モデル」は現実を扱いやすいように抽象化したものである。数学的な概念が典型的であるが、「円」というものは現実には存在しないが、自動車の車輪は円板として扱うと私たちには考えやすくなるのであり、技術的な工夫をそこに加えやすいのである。科学的思考、そして技術的思考も、「モデル」をあれこれ論じているわけであり、「現実の世界とはほんのときたまにしか顔を合わせない」。そのことに人間自身が気がつかなくなるほどに、「モデル」のことで頭がいっぱいになるのが科学・技術の世界なのである。実際に自動車を組み立てるとなれば、現実に触れ、実際に走るかどうかを試したりもするだろうが、技術者の思考は、あくまでも「モデル」を巡って展開するのである。実験の結果が思わしくなければ、新たに「モデル」に別の要素を加えたりして改変することもあるが、うまくいっている限り、「モデル」から離れることがない。

この「活動的で、器用で、割り切った思考」こそ、現代の都会人の典型的な思考法になっているのである。「文系」の法律専門家も、経済専門家も、通常は「モデル」で思考している。ビジネスの現場でも、例えば顧客への対応をマニュアル化したとすれば、顧客に対応する従業員は（枠からはみ出した予想外の強いクレームに目を覚まされでもしない限り）大半の時間を「モデル」に関わって過ごすことだろう。

しかし、そもそも「モデル」とばかり関わって、現実とはわずかしか関わらないということの何が問題なのだろう。現実との関わりを抑えて「モデル」について思考するようにしたために科学技術の長足の進歩があったと考えられる。そうせずに敢えて現実そのものに触れた場合、その豊かさのために、言い換えれば、複雑さのために、人間は論理的で筋道の通った思考はしにくくなる。例えば現実を造形的に表現しようとして、芸術家が生み出す作品は、芸術家の数だけ多様であるだろう。現代の専門家（結局は都市に住む大多数のメンバー）というものは、そのような複雑な現実はなるべく避けて通り、「活動的で、器用で、割り切った思考」にいそしんでいる。「モデル」が異なれば、思考も異なってくるので、異なる「モデル」に関わる異分野の専門家同士が話が通じないということはあるかもしれないが、同じ「モデル」について話をしていれば現実の複雑さに頭をあまり悩ませずに済む。問題はこの「活動的で、器用で、割り切った思考」にある。

自然が私たちに恵んでくれるのは、このような現代風な思考が通用しない世界なのである。次の節に見るように、むしろ思考を停止することが、私たちにとって生きていることの喜びを強く感じる契機となると考えられる。まずこのことが納得されなければ話は始まらないが、もし仮にこのことが真実であるとするなら、自然と関わりが物理的にも社会的にも薄くなり、近代科学技術の思考に沿って「モデル」について思考することが通常の状態になったときに、現代の都会人にとって、「モデル」のようなものを通さずに、現実との接触を回復する時間や機会が重要なものになるであろう。とりわけ、自然をそのままに味わうという時間である。

自然を享受する文化的伝統は現代において消失してしまったわけではないだろう。日本の場合でいえば、古代の自然崇拝の伝統は、都会の真ん中に神社の森を残すという形で存続していて、日常的に神社を参拝に訪れる人も決して少なくはない。神社にお参りするということは、宗教儀礼という点では、イベント性に乏しいと言える。祈ったりするような儀式的な部分は少なく、多くの人にとって神社への参拝というのは、実質的には境内をゆっくりと散策するということを意味している。そうやって歩き回りつつ、それが宗教的行為なのだという自覚などない人がほとんどであろう。それだけのことと言ってしまえばそれまでであるが、私たちの多くは、それが決して嫌いではない。だからこそ大都市の中心部にも広大な敷地の神社が存続しているのではないか。こうしてみると自然の中でなんということはなしに気持ちが安らぐという伝統的な感性は、無意識的ではあっても、都会人にも連綿として受け継がれているとみることができる。普段はあまり意識していないとしても、機会があればすぐに覚醒するような文化的伝統として、自然を利用する道具としてでなく、自然そのものとして味わう態度が息づいているといえると思う。それは、古代的な自然崇拝の伝統であるとも言えるのではないだろうか。

2 「何も考えない」ことにともなう喜び

ただ本稿では、ことさら日本の文化的伝統を採り上げて論ずる意図はない。文化は違っても、人間にとって自然とは何かということに関しては西洋人の捉え方の中にも共通のものがあるのではないかと考え、そこを論じようと思うのである。日本の文化の中で育った人間は日本の伝統の方向から自然にアプローチするので、私のこれから書くことも、確かに日本的な特徴が出ているだろうと思うが、それはある程度は意識するとしても、ことさら強調される必要のないことだと考えている。ともあれ自然についての観念をあれこれ論ずるのではなく、自然の中に入っていくと人間がどのような感じを持つかということを直に問いかけたいと思う。

例えばウィリアム・ジェイムズは、「人間におけるある種の盲目性について」と題するエッセイの中で、〃われわれの生活が、何も考えない水準、純粋に感覚的な認識だけによる水準にまで引き下げられた場合に、どれほど強烈な魅力を帯びてくるかについて〃[5]述べようとしている。哲学者の指摘としてはユニークなものと言えるだろう。高度に抽象的な概念を使い、縦横無尽に論じることで精神の高みに達することばかりが重要ではないとジェイムズは考えていたらしい。「何も考えない水準」が人間にあるというのは誰もが分かるが、それが「強烈な魅力を帯びてくる」と主張するとなると、懐疑的な見方をする向きも多いだろう。順を追って説明してみたい。

ジェイムズが「何も考えない水準」と対比して述べているのは、私たちのありふれた都会生活である。つまり、先に述べたように自然から遠ざかって、「モデル」に基づいた思考に慣れ、専門的な仕事を通じて社会生活での成功を目指す生活であり、高度な教育を受けるとともに、絶えず能力を磨いて、概念や言葉を巧みに操ろうとする生活である。そして、ありきたりの消費生活に留まることをよしとしないで、より高度の刺激を常に求めているようなそういう生活である。おそらくは、日常のありふれたものに感じる満足感が薄いために、高度の刺激を求めるのではないだろうか。しかし、それは自分では満足感を高めようとしているのに、どこか同じことの繰り返しで退屈になりがちな生活でもある。生活に強烈な魅力を感じるには、もっと別の態度をとらなければならないはずだ、とジェイムズは言うのである。文章を引用してみる。

〃われわれ（いわゆる）高等教育を受けた階層は、たいてい自然からははるかに遠ざかっています。もっぱら選り抜きのもの、珍しいもの、極上のものを求め、ありふれたものを見すごすようにしつけられているのです。われわれは、頭に抽象的な概念を詰めこまれ、しゃれた言葉を巧みに並べ立てます。そして、このような高度な能力を養っていくうちに、もっと単純な能力と結びついた喜びの特別な源泉が干あがってしまい、生活のより基本的で普遍的な価値や喜びがまったく見えなくなり、それに対して無感覚になってしまうのです〃[6]。

ジェイムズが述べていることは、いわゆる「頭でっかち」に対する戒めと見れば、ありがちな主張のようにも見えなくもない。しかし彼は、「頭でっかち」は私たち都会人のすべてのことだと言おうとしているのである。そもそも「頭でっかち」はなぜいけないのか。常識的な意味としては、物事を考えすぎて、大切なものを見失っているということであろう。それは、もしかするとジェイムズの言うように、私たちのほとんどが陥っている状態なのではないだろうか。

「もっと単純な能力と結びついた喜びの特別な源泉」というものがあるはずなのに、そこを素通りして「頭に抽象的な概念を詰めこまれ、しゃれた言葉を巧みに並べ立て」るために、「生活のより基本的で普遍的な価値や喜びがまったく見えなく」なるとジェイムズは言う。先に述べたように、「モデル」にもっぱら関わり、現実とはごくたまにしか接触せず、「活動的で、器用で、割り切った思考」をこととする現代の都会人そのものではないだろうか。その証拠に、都会人の多くは、都会から遠く離れた田舎には何もなくて、退屈な生活しかできないと感じている。そのような人間は、「極上のものを求めてありふれたものを見すごす」ような習慣に陥ってしまっていると言えないだろうか。ありふれたものをありふれたようにしか見られないと、当然ながら退屈してしまうものである。私たちは「自然からはるかに遠ざかって」いるというジェイムズの表現に象徴されるように、私たち都会人は、自然の中では何も刺激がないと感じている。観念的な憧れは抱くとしても、実際に自然の中で過ごすとなると退屈しがちなのである。

あれこれ考える対象がないと、私たちはどうしていいか分からなくなってしまいがちである。「活動的で、器用で、割り切った思考」を巡らすことが価値のある営みにつながると信じ込んでいるのに、自然の中には、特に災害などに至らないような平穏な自然の中には考えるべき対象がないように思える。だから、何事にも集中できず、眠くなったりもする。ところが、「何も考えない水準」にあれば、何もないような自然の中に強烈な魅力を感じ取ることができる、とジェイムズは言っているように思える。

平穏な自然の中に入っていくというのは、都会の生活に適応してしまった人間にとっては、一つの試金石と言っていいようなものになる。そこで退屈して戻りたくなるとしたら、大事なものを見失ったまま、都会でも多かれ少なかれ退屈な生活を続けていくしかない。その逆に、新たなエネルギーをそこから得られるとしたら、都会生活を別の目で見ることができるようになるのではないか。

3　W・H・ハドソンの「逆もどり」体験

ジェイムズは、前述のエッセイにおいてW・H・ハドソンの文章を採り上げている。それがこれから論じたいテーマを明らかにしてくれると思う。ハドソンは、南米のパタゴニアの「何もないような」自然の中で、ある印象的な意識の状態を体験した。現在はよく分からないが、十九世紀半ば当時のパタゴニアは、派手なところがまるでない、人跡未踏の「灰色の曠野」が果てしなく広がっているようなところだったようである。野生の動物もごく少なく、したがって危険も少ない代わりに「イバラの曠野にはその通った足跡も見あたらない」ようなさびしいところであった。そのような誰もいない、動物もあまり見かけない荒野に、若い時代のハドソンは「一度ならず、二度ならず、三度どころか連日」イヌを連れ、とぼとぼとウマに乗って通いつめたという。銃は持っていたが、獣がいないので、ほとんど撃つこともなく、目的らしい目的も持たずに行き、それなのに「ただ飢渇と西に傾く日輪に追いたてられたときだけ、そこをはなれる始末(7)」というほど愛着をもってしまったらしい。

あちらこちらをうろうろしたあげく、ある時以降、昼休みの一時間ほどを過ごすお気に入りの場所ができた。ハドソンの書いているところでは、〝ほかのどの山腹でも、この地をおおっている何百万という灌木のどのひとつの下でも、休んでかまわないのに、なんでまたその場所を選んだのか、ときにはそのとき私のいるところから何マイルもそれ道をしてまでその場所にすわりにいったのか、私は自分では格別不思議に思わなかった。そのことについてはまったく何も考えなかった(8)〟という。ハドソンの中で、自問自答するという都会人の習慣、自分の行動の意味や動機を多少とも客観的な視点で把握しなければ気が済まないような思いというのは、繰り返し荒野をさまよっているうちに消失してしまったらしい。さらに引用を続けてみよう。〝ひとたびあそこで休んでからは、また休みたいと思うたびに、あの独特の木立ち、その［鹿などの群れが通る摩擦によって］みがかれた木の幹、その下のきれいな砂の床の心像が連想され、そしてたちまちのうちに動物のようにあのおなじ場所に休みにもどる習慣ができてしまったのだと思う(9)〟（［ ］内は筆者の補った部分）。ハドソンのこのような文章の中で、「動物のように」という表現が大事なポイントを指し示すかのようである。ここでハドソンは、ジェイムズの言う「何も考えない水準、純粋に感覚的な認識だけによる水準」に下がってしまっているのである。

私たちの抱きがちな先入観とは異なり、ハドソンにとってその状態が魅力的だったことは明らかである。ハドソンによれば、〝疲れてもいないくせに一時間も動かずにすわっているあのお昼の小休止は、不思議にここちよかった〟[10]という。ほとんど何もない自然の荒野に囲まれた林の中で、何もせずにただ座っているだけということで、典型的な都会人なら確実に退屈してしまうはずである。現代風にいうなら、何もなく、スマホもいじれない場所で何もせずにじっとしているわけである。しかもそれが心地よく、座っている場所が、自分でも分からない理由でお気に入りの場所になっていたわけである。

彼が何も考えない状態だったことは疑いない。なぜいつもそこに行くのか自問自答もしていないし、考えが浮かぶということすらまれだったと述べている。長くなるが再び引用してみる。〝騎行しながら私に聞こえる音といえば、ウマのひづめのこもった音、小枝が私の長靴やウマの鞍飾りなどをひっかく音、そしてイヌの低いあえぎ声だけであった。そして、ウマをおりてすわり、こうした音でさえ、それからのがれたときにはほっとする思いであった。しばらくたてばイヌは両前足の上にその頭をのせて眠ってしまう。そしてその先は、なんの音も聞こえない。木の葉のかさっという音すらしない。……（中略）……ある日、この沈黙に耳をすましていると、もし大声でわめいてみたらどんなことになるかしら、という疑念が私の心に浮かんだ。同時に、これは空想の恐ろしい暗示、「無茶不作法な気まぐれな考え」のように思われ、そのため私は、ほとんど身ぶるいするばかりになり、その考えをすぐさま追放しようと躍起になった。しかし、そうした孤独の日々に、どんな思いつきにせよ考えなどというものが私の心を横切ったというのは、まことに珍しいことであった。動物の姿が私の視界をよぎることはなく、声が私の聴覚を強く刺激することはもっと珍しいことであった。当時の私の変わった心的状態では、思念思考などというのは不可能事になっていた[11]〟。

この文章で特徴的なのは、思考するということが、まるで軽佻浮薄な、軽はずみな行為のように感じられているということである。私たちは思考というと真面目な活動と思い込みがちであるが、自然の厳粛さの前では、人間の自我のいたずらのような行為であるのかもしれない。

ハドソン自身は、もともと自然界の動植物に強い興味があり、また後年文学で身を立てることになったことからも容易に想像されるように、思考の習慣も強く持っていたのである。ところがイバラの曠野では目に付く珍しい動植物もほとんどない。そもそも何かが不意に出現するような出来事もおこらないので、注意力がそらされることもない。思考については、彼が言うように〝ほかの場所ならどこであっても、馬上のままとても自由にものを考えることができたし、パンパスではもっとも淋しい場所ででも、特別疾駆で移動しながらも私の心はいつもとても活動的であった。確かにそれが習慣だったのだ〟[12]。ハドソンのこれは、まさに都会人的な習慣である。クルマで高速道路を疾駆しながら考え事をすることは皆がやっている。しかし、パタゴニアの曠野では違ったのである。ハドソンの文章では、〝しかし、今度は、ウマに乗っていると、考えることが不可能であった。私の心は急に、考える機械からほかの未知の目的のための機械に変化していた。考えるということは、私の頭の中にあるやかましい機械を動かすということであり、そしてそこには、私に静かにしろと命じ、私は従うよりほかにないような、なにものかがあった[13]〟ということになる。考えることを「やかましい機械を動かす」ことに喩えているのは、示唆的である。私たちが何気なくしていることではあるが、深い静寂の体験があると、それは「やかましい機械」が動いているようなものに感じられるのである。

何も考えることができない状態でありながら、弛緩してたるんだ状態でもない。集中度は高かった。心が静寂になり、ハドソンが別の箇所で述べるように、〝頭脳はそのとき、磨き上げられた鏡にも似ていて、そこには、目に見える自然のすべて——いっさいの丘や樹木、木の葉——が不思議なまでにおどろくべき鮮明さで映しだされている[14]〟。これは、私たち都会人にとって馴染みのあるような、何物かを観察するような状態とは違う。観察する場合は、絶えず内的な思考が伴っているものである。自ら持っている知識や経験と照らし合わせながら、目の前にあるものを（知的に）認識しようとする姿勢が、私たちにとっては標準的なものになっている。いつもそうではないし、人によっても違い、職業によっても異なる可能性はあるが、思考なしに対象を鏡のように映しだすという姿勢は、平均的な都会人のものではない。

都会人は、もともと「いま、ここ」に集中することが少ない。絶えず心は過去を後悔したり、未来に不安に満ちたまなざしを向けたりしているものである。このことについてもハドソンは正確に認識している。〝私の状態は、気がかりと注視用心というものであった。それでも私は、なにか危険に遭遇するような気はしなかったし、現在ロンドンの一室にいて感じるような不安などからは自由だと感じていた[15]〟。ハドソンの述べている「ロンドンの一室にいて感じる都会人の不安」は、目の前にある事柄から来るものではないし、生命の危険に関することであることもめったにない。今夜や明日にやらなければならない面倒な事柄について考えたり、仕事上の煩わしい人間関係や、もっと先の人生に待ち構えている事柄に関する漠然とした思考などから生じてくる。パタゴニアのハドソンのように現在に集中できれば、都会人の心ももっと安らかであるかもしれない。

先にジェイムズが主張していたことを裏付けるようなハドソンの主張が、次の一説に表わされている。〝私におこった変化は、私が私自身ではなくなり、ほかの人間か動物に変わってしまったかのような、とても大きな不可思議なものであった。しかし、そのときは、それを不思議だといぶかったり、いろいろ考えてみる力が私にはなかった。この状態には、不思議というよりも親近感があったのである。それに、強い高揚感がともなっていたけれども、私にはそれはわからなかった——なにかが私と私の思考のあいだにはいりこんできたことがわからなかった——のだが、それをうしない、もとの自分——考える自分、そしてもとの木阿弥——にもどったとき、私はそのことに気がついた[16]〟。このように、ハドソンは自意識がすっかり飛んでしまったような状態になってしまったようである。しかしそれは、確かに「私が私自身でなくなる」感覚を伴っていたものの、親近感と強い高揚感があったのである。何もない荒野にいたから何も考えない状態に至ったとも言えるかもしれないが、逆に何も考えない状態がずっと持続していたからこそ、自然の中でぽつんと座っていることが心地よく感じられたとも言えると思う。別段目的もなく、荒野に行かなくてもよかったのに、そこへ毎日行って、特別な気分を味わっていたのである。考え事や自問自答などが消えたときに、人間は心地よさを感じるものらしいということがこの引用から分かるのではないかと思う。

何もない自然の中に座ってじっとしていられて、しかも眠ったりもしないで最高度に覚醒しているような状態に至ると、生きていることが強烈な魅力を帯びて感じられるようになる。自然は人間に災害や様々な困難な試練をもたらすことがあるのは事実だが、平穏な状態では、人間に強烈な喜びの感情をもたらす存在でもあるらしいことが分かる。後者も、都会人にとっては試練なのかもしれない。考え事をするのは、「生活のより基本的で普遍的な価値や喜び」に無感覚になることであり、自然の中にひとりで入っていくことは、その感覚を取り戻すように促されるような試練なのである。文明人は、その高度だと自認している「考える」生活の中では本当に自足することができない。かえって、文明人から見れば「野蛮」あるいは「未開」と見えるような精神状態にこそ強烈な喜びがある。ハドソンの言葉でいうなら、〝私がパタゴニアの孤独の中でえたものは、この種の高揚であり、うしなってしまった心的状態への逆もどりを味わい経験する感覚なのである。というのは、私は確かに逆もどりしていたからである。そして高度の知的機能の停止をともなう強い用心深さもしくは警戒の状態は、純粋な野蛮人の心的状態をあらわしている。彼、蛮人は、あまり考えない。理性を働かせない。自分の本能の中に確かな案内者をもち、自然と完全に調和しており、彼が餌食にし、ときには立場が代わって彼を餌食にする野獣と、心的にはほとんどおなじレベルにいるのである[17]〟。

　いわゆる「未開人」を讃えて、都会生活のむなしさ、都会人の本質的な薄っぺらさを嘆くというのが本論文の主旨ではない。私たちは都会人たらざるを得ない。私たちにできるのは、自然との関係を今よりも少しだけでも回復させることだろう。私たちが普通に想定しがちな「高度な」思考の生活は、決してそれだけで成り立てるようなものではない。思考を停止するように「逆もどり」することは私たちにも可能であり、むしろ時々逆もどりすることが必要なのではないだろうか。都会の生活が退屈でむなしい、同じことの繰り返しに堕さないようにするには、それが是非とも必要なことである。

　ハドソンのような形で自然の中にいる場合、人間はひとりでいるにも関わらず、孤独を感じない。「自然と完全に調和している」からである。自然の中で心地よさを感じている場合、私たちは自分の世界が局所化せずに、どんどん延び広がっていくと感じる。逆に（ともすると、都会生活の中で陥りがちなことだが）自分と「それ以外」を隔てる境界線が消失せずに、逆に強く浮かび上がり、立ちはだかるときには、孤独の感情が生まれる。自分だけの閉じた世界の「意識」が、孤独の感情を生むのである。

4 自然に対する「人類の孤独」

　以上の考察は、「自然」が何か特別に神秘的な存在であるということを主張しようというのではない。ハドソンの体験のように、人間が自然との密接な関係のなかに立つときには、少なくとも人間のあり方が都会の真ん中でよく見られる人間のあり方とは異なってくるのである。それはなぜなのかという理由、つまり自然と関わるときに私たちが時にハドソンのような体験をする理由の解明はここでは到底できない。ただ、都会人が、社会のまっただ中において、自然の問題を素通りしがちな理由については、本稿の最初の部分でも論じたが、もう少し述べてみたいと思う。

例えばN・エリアスはこう書いている。〝自然現象は人間にとって善である（もしくは悪である）、などと言うことも、またあまり意味がない。「自然」は意志を持たないのだ。それは目標を知らず、徹頭徹尾目的を持たない。目標を設定することができ、想像することができ、意味を賦与することのできる存在は、この宇宙でひとり人間だけである〟[18]。エリアスによってこのように書かれていることは、文言としては間違いではないかもしれない。「自然」の意志なるものを人間が勝手に想像して、それを自然に押しつけたりしていいものではないだろう。確かにそうである。しかし、冷静に自然を対象化すればこのように考えざるを得ないとしても、自然との関わりを深めていくにつれて、人間自身のあり方が変容していくこともまた否定できない。これもまた、ハドソンの例から明白に読み取れることであるし、旅先などで自然の素顔に触れたと感じるときに私たちが体験することでもある。その体験の中から、世俗にまみれた生活の中では見いだし得ないような目的や目標を人間が抱くことになったとした場合、これを「自然」から人間が受け止めたと感じたとしても別に不思議はないだろう。自然崇拝とはこのようにして始まるものかもしれない。とはいえ、その種の気分になっているのは人間自身にほかならないし、自然が何か人間に指図したり示唆したりしているわけではない、と言うことはできる。近代以降の自然観として、それで間違いとも思われない。しかし、体験的にいえば、人間と自然との間に交流が成り立ったのだという理解の仕方は、リアリティーを失うことはないのではないだろうか。人間自身が変容してしまう以上、変容に寄り添って理解する視点は重要である。たとえ冷静な視点からはばかげているように見えても、冷静で客観的な視点で捉えるもの以外は現実ではないと断定する根拠はない。

いずれにしても、エリアスの示したような見方を堅持していては、「自然とともにある」状態における人間の変容を見落としてしまうのは避けられない。よく考えてみれば、他にもこういうことはある。友情や愛情を強く抱くときには、人間と他の人間との関係は通常とは異なる状態にあるし、当事者のそれぞれも、通常とは変容した状態にある。それを錯覚と断じてしまっては、生活上の重要な部分を見逃してしまうことになる。当事者にとっては、それが人生をも左右しかねないほどの重大事にすら見えているものである。なるほど友情や恋愛感情が失われた後では、かつての一時の高揚感は、ばかげた妄想の産物にしか思われないかもしれない。しかし、すべての強い感情がそのように妄想として捨て去られるとは限らない。人と人との結びつきの感情を現実的なものとして重視することがなければ、人生を生きたことにもならないだろう。

5　社会の中の人間の「孤独」

エリアスの見方は、自然（全生物界を含む）と対した場合の「人類の孤独」のようなものである。しかし、人間対人間では、社会学者として、当然そのような見方には陥っていない。むしろ個人が感じる孤独感というものに対してエリアスは批判的である。〝人間が相互に、徹底的に依存し合っている、という事実を一般の人にはっきり理解してもらうことは、今日依然として容易なことではない。ある人間の行為の意味はすべて、かれが他人にとってどのような意味を持つ存在なのかによって決まるということ（しかもこの場合の他人とは、同時代の人のみならず未来の世代の人々も含まれる）、言い換えれば、ひとりの人間は幾世代にもわたる人間社会の存続に依存しているという事実は、数ある人間相互の基本的依存関係のなかのひとつに挙げられる〟[19]。そもそも、誰にせよ、自分が「やる価値がある」と考えることは、まずたいてい、ことごとくが社会的な意味を持っている。何も職業の追求だけではなく、絵を描くとか水泳をするとか音楽を聴くとか、通常思いつく「やること」は、誰かがすでに（やる価値あり、とみなして）やっていることであるし、誰にもできないことであっても、暗算でも革命でも、社会の人々（または未来の社会の人々）から一定の価値ありと認められる範囲に留まることが多い。否定的な行為であっても、社会は必ず意味づけを行う。殺人でも麻薬中毒でも、すぐさまできあいのカテゴリーに算入されてしまうものである。まだ社会が意味づけるためのカテゴリーを持っていないものについては、誰か（たとえばサド侯爵）が始めると、多数の同類の存在が脚光を浴びる。そして不思議に続々と後継者が社会の中から出現し、新しいカテゴリーが誕生することになったりする。

人間関係においても、誰もがそれぞれの関係の中で一定の役割を演じている。親子兄弟や友人・恋人、上司と部下、等々はありふれた、そして代表的な役割であり、状況に応じて様々に役割を演じていくことで、私たちはやることなすことを意味づけているものである。再びエリアスを引用すると、〝ある人間の人生は、どのような形にせよ他者に対して意味を持つ。したがって、ある人間の人生の中から、他者との連関をまったく欠いた、それだけで自足しているような意味を見つけようとする試みは、徒労に終わるほかない。「自分の人生は有意義だ」という感覚と、「自分は他の人々にとり、――また他の人々は、自分にとって――意味があり、重要なのだ」という思いとの間に関連のあることは、実際の社会生活の中では明らかである。このような視点に立てば、「無意味な生活」、「意味に満ちた」、「意味のない」、「意味の空虚な」のような、人間の生活に関するいろいろな表現が、実は、自分は他の人間にとってどのような存在なのか、またかれらに何をしてやれるのか、という問いの持つ意味と極めて密接に関連していることが、難なく理解されるのである[20]〟。

V・フランクルは、臨床的経験を基に、「意味」を求める人間の傾向というものは、他の欲求と独立した人間の基本的欲求とみなせると主張しているが[21]、人間が人間として形成されるのが社会を通じて、他者との関係を通じてであることである以上、人間の求める意味というものは、まずたいていは、社会的なものでなくてはならない。人間とは意味を求める存在である。ということはすなわち、人間とは社会の他者との関係の中に意味を見いだそうとして生きているものだということなのである。

6 「孤独」の理由を探求する

しかし、これだけ言ったのでは十分ではない。ひとつには、上述のような社会学的な洞察は、社会に浸透しているとは言い難いからである。エリアスの言い方では、〝発達した社会の、高度に個別化された構成員たちの間に拡がっている感情、すなわち、かれらのうちの誰もが孤独であり、他人から、そしてそもそも「外界」の総体から絶対的に独立して存在しているという感情が、自己省察の場では通常優位を占めてしまうのである。このことと相俟って、人間は誰しもただ己のみにとっての意味を持たねばならない、とする観念も優位を占めるのである[22]〟。

エリアスの言うように、人間は他の人間と相互に依存し合う関係に生きていることは明白であるにも関わらず、そしてこのことは特に複雑な理論を必要とせずに了解可能と思われるにも関わらず、その事実だけでは社会に生きる人々の孤独感を救えてはいない。のみならず、近代的な思想もまた、このような状況を深く反省しないまま、孤立した個人を前提に話を出発させている。再び引用すると、〝人間はすべて「外的な」動植物によって生きている。「外的な」外気を呼吸し、「外的」な光りと色彩のための目を有する。「外的な」両親から生まれ、「外的な」人間たちを愛したり、憎んだり、親しんだり、敵視したりする。社会的実践のレベルでは、誰もがこれらすべてを当然のこととして知っている。しかし距離をとった考察の中では、以上の経験はしばしば排除される。そこでは、複雑な社会の成員たちは自己をしばしば、その「内面」がこの「外的な」世界から完全に切り離されてしまった存在として感じる。古典的伝統的哲学は、実践の上では誰もが知っている右のような事実を、社会的・個人的に排除することをいわば公認したのである〟[23]。エリアスも指摘するような、このような執拗な先入観が生じるには、それなりの理由がなくてはならないだろう。

　消極的自由に留まっているかぎり、人は孤独と孤立を恐れ、自由からの逃走の衝動に駆られるというエーリッヒ・フロムの主張も、ここで思い起こされる[24]。フロムの立論に従えば、消極的な自由を求めることは、拘束からの自由を求めることであり、それだけではますます人間は孤立していくほかはない。ただし、意欲的に何かに関わって生きるような生産的な状態にある限り、人間は孤独感に苛まれることはない。そのようなことが実現できない現代人の消極的な生き方が（必然性のない）孤独感を生み、また、客観的に社会の現実を見ることを妨げているということになる。

　エリアスの見方も、近代の社会が、人間の孤独化傾向を助長していると考える点では、『自由からの逃走』と根本的に隔たっているわけではない。エリアスによると、〝徹頭徹尾己れひとりきりで存在する者、というこの歪められた人間像の中には、現実に存在する極めて強い孤独化の傾向が反映されていると見られる。この傾向は、高度に発達した社会に住む現代人の人格構造に極めて特徴的なもので、とりわけ、この社会の個別化現象にもっとも特徴的な傾向である。このような社会では、自己制御という規範が、成長しつつある次代の人間たちの間によく持ち込まれるが、その結果この自己制御という新たな規範は、かれらにはまるで実在の壁のように感ぜられるようになるのである。というのは、この規範は、かれらの、人間および事物に対する衝動や激情を遮断し、かれらをその対象から切り離すように働くからである(25)〟。このように、「文明化の過程」が強度の自己制御を促し、それによって個人の孤独化傾向が現われるというエリアスの独自の視点がここに出てくるわけであるが、「衝動や激情」が他の人間や事物と私たちを結びつけているという観点はどれほどリアリティーがあるであろうか。ハドソンの体験を仮に「未開人」の精神状態の体験というとしても、彼は衝動的でもないし、激情に駆られていたわけでもないのである。

通常の人間関係においても、激情的であるほど結びつきが強まるというものではあるまい。熱愛中の恋人同士でも、静かに語り合うことは絆を強めるためには重要なはずである。それができずに衝動に身を任せるばかりでは、関係の破綻は近いというべきであろう。他の人間関係においても、激情や衝動はむしろ自己中心性の特徴である。相手の話をよく聴くという態度からして、高度な自制心が必要だろう。時に思うままに振る舞い、言いたいことをぶつけることも大切だろうが、それをすればするほどいいわけではない。「文明化」された抑制の枠組みが「実在の壁」のように感じられる必然性はないように思う。

7 高い教育が「孤独」を助長？

ハドソンが「高度の知的機能の停止をともなう強い用心深さもしくは警戒の状態」と言っていることに改めて注意しよう。西洋社会が先導してきた近代化の流れの中で、「文明化の過程」が進展したことも、社会的紐帯からの自由が拡大したこともおおよそ間違いのないことであるが、社会の多数の人間が、日常的なレベルで「思考する」ことが増えたということもまた事実であろう。

ちなみに、エリアスも何気ない調子で以下のような見解を述べている。〝この［孤独化の］傾向は、もちろん階層・性別・世代によって違っている。大学卒の集団ではこの傾向が非常に強く、一般的に中産階級の方が労働者層よりも強く、また、おそらく男性の方が女性よりも強い、と考えられる。しかしこれは極めて大ざっぱな比率であり、…（以下略）…(26)〟（［ ］の部分は筆者による補足）。このエリアスの見解は、格別の異論を引き起こさないかもしれない。あるいは、世代をさかのぼるほどリアリティーが増していくかもしれない。しかしエリアスの指摘は、要するに高等教育の浸透度が「孤独化の傾向」に比例しているということではないかと思われる。中産階級の男性こそ、特権的な貴族階級などを別とすれば、社会の中で真っ先に高等教育を受けたグループであり、労働者層や女性は時代が下るにつれて徐々に大学に行くようになってきた。先進諸国の教育事情は、例外なく大学教育の拡大傾向を示しているので、次第にこの現象は「階層・性別・世代」の区分が曖昧化する傾向を生じていく（生じている）可能性もある。しかし、エリアスが正しいとしたら、それは社会の孤独化の傾向を助長していく可能性もあるのではないだろうか。

つまり、エリアスの指摘の通りなら、長期に教育を受けるほど、ハドソンのような「逆もどり」が難しくなるのではないかという仮説が浮かんでくるのである。近代的な、都会人主体の社会というものは、生活の本拠地である都会の環境が、手つかずの自然からますます離れるという明白な傾向を持つ。それに加えて、学校教育は長期化し、大学教育がますます普及しつつあるわけである。

エリアスが先に述べていたことからも分かるように、人間に孤独感をもたらすような、自己の「内面」と「外部」を隔てる「壁」や境界線というものは、どうにも動かぬ現実として存在しているのではない。実は特定の偏った視点から逃れられないことに基づいている。それにも関わらず、都会人の日常生活ではそれが（人にもよるが）リアリティーを持っている。しかしそれは、例えばハドソンのような「逆もどり」の体験の中で消失していくのである。自然というものは、エリアスの言うように「目標を知らず、徹頭徹尾目的を持たない」ものかもしれないが、それだけに、人間の側の勝手な思考も受け付けないのである。だからこそ、自然に触れ、自然の中に入っていく人間は、人間が頭の中で生み出した思考とともにはいられなくなる。人間相手であれば、相手に思考を投げかければ、（素直な反応かどうかはともかくとして）何らかの応答があるのが普通で、それがさらに思考を誘ってしまう。しかし、自然を相手に長く思考をし続けることは難しい。不思議なことに、そのような自然を相手にして、人間は安らうことができる。思考は人間が生み出したものであるが、思考ばかりをし続けることは、もしかすると人間にとってどこか苦痛なことなのかもしれない。

このような自然とともに安らうという心境は、美しい自然の風景に見とれることを必ずしも意味しないという点は重要である。ジェイムズも先に採り上げたエッセイで挙げている例であるが、エマソンは次のように書いている。〝たそがれ時に、どんよりした空のもとを、雪でぬかった、荒涼とした共有地を横切った時、私は、何か特別幸運なことがおこったという考えも浮かんでいなかったのに、完全な歓喜を経験した。私はこわくなるほど、うれしい[27]〟。短い引用だが、寒く冷たく、暗く、足下はぬかるんでいるような状態にも関わらず、また、特別に何かいいことがあったというわけでもないのに、ここでエマソンは「すべてよし」とでもいうような気分になったもののようである。

　エマソン自身、こういうことを単なる偶然とは考えてはいない。自然との関わりの中で人間が癒やされることを当然と見ていた。例えば森について次のように語っている。〝森の魔力には、治療の力があり、われわれを落ち着かせて、いやしてくれる。この魔力は、地味な楽しみであって、われわれの性にかない、快よいものである。われわれは、われわれ自身のもののところに帰って行く。学校の野心家連中は、おしゃべりのなかで、しきりと物質を軽蔑するようにとわれわれを説きつけようとするが、われわれはこの物質と親しくなる。われわれは、決して物質と離れることができない。心は、その古巣を愛する。水が、われわれの喉のかわきをいやしてくれるように、岩と大地は、われわれの目と手と足とを力づけてくれる。物質は固い水、冷たい火である。なんと健康的で、類似していることであろう[28]〟。エマソンの語るのは岩と大地のような自然の「物質」の作用である。それは「地味な楽しみ」なのであり、遊園地のように人を楽しませるために人が工夫したものとは全く異なる。「物質」とは、いってみれば、観念の対極にあたるものである。観念をもてあそんで人は思考をするが、それとは反対のものが人間を癒やしてくれるのだ、と彼は言っているように思う。

　続く部分で、都会人にとって、自然に触れることが是非必要だとエマソンは主張しているように思われる。〝われわれが、知らない人びとと気取った態度で、おしゃべりをする時に、いつも旧友のように、いつも親友であり、兄弟であるかのように、この誠実な顔をした自然が、やってくる。そしてまじめな態度で、われわれになれなれしく接するので、われわれは自分たちの愚かしい態度を恥ずかしく思い、これを捨てる。都会は、人間の正常の心を入れる余地がない。われわれは日毎、夜毎に外に出て、地平線を見て、われわれの目を養う。ちょうど風呂には水が必要であるように、われわれには地平線といった広々としたものがなくてはならない[29]〟。エマソンがここで書いているように、自然は人間のもてあそぶような観念を受け付けないので、「まじめで誠実」なのだが、他面、旧友のように、兄弟のように「なれなれしい」存在でもある。都会人の「気取った態度」は、処世術でもあるが、あまりにそれに慣れてしまうと、私たちは「まじめで誠実でありながらも親しげな関係」というものを見失ってしまう。そして、おそらくは孤独感に苛まれることになる。

8 動物という自然――コミュニケーションについて

「まじめで誠実でかつ親しげな存在」というと、私たちの身近にいる動物、例えばイヌなどが思い浮かぶ。本稿の文脈で言えば、人間に飼われたイヌであっても立派に自然の一部であり、人間の観念や思考をそのままでは受け付けないという点が、かえって人間の癒やしにつながる例であろう。とはいうものの、都会人の誰もが犬のような動物との付き合い方を心得ているわけではない。むしろ不器用な人間が増加している可能性がある。目の前の動物がいまどういう気持ちでいるのかということを見ようとする前に、あれこれ考えてしまう傾向の人があるのである。これまで論じてきたように、都会人の典型的な思考優先の態度である。山川草木であればそういう人間をただ放っておくだけだが、動物は人間の様子に敏感に反応してくる。動物と人間とのあいだのコミュニケーションについてユニークな洞察を展開しているヴィッキー・ハーンの言うところを見てみよう。

〝優秀なイヌは、確かに性格判断がうまい。とくに、「もともと咬みつかれやすい」人に、「イヌのそばへ行って体にさわってくれ」などと頼まないように気をつけなければならない。もともと咬みつかれやすい人とは、イヌに対する接し方(おそらく人間にたいする場合も同じだろうが)が認識論に毒されている人のことだ。彼らは、イヌが咬みつくかどうか、跳びついてくるかどうかといったことについて、自分で勝手に結論をだそうとする。ハンドラー〔訓練士、調教師〕が言うようにイヌの表情を「読む」ことをしない。(ハイデッガーなら、イヌの存在に耳を傾けると言うところだろう)。彼らはなんらかの前提を探し求める。その前提から推測して、イヌは必ずこんなふうに行動するという確実な見込みを手にいれる。ほんのちょっとのあいだも、イヌをよく見ることができない。見てはいるが、なかなか必要な情報が集まらないというのではない。彼らはそのイヌがイタリアン・スプモーネ種だとかコモンドール種だということはわかっても、そのイヌについてはけっして何もわからないということだ。イヌはそのことを読みとって落ちつかなくなる。たとえば、誰かがふいに部屋に入っていくと、連れ合いか友人かが自分についてうわさをしていたようすがありありとわかる。気まずい沈黙。そんなときに感じるのと同じ落ちつかなさをイヌは感じるのだ。イヌも人も懐疑、つまり恐怖で相手に対応するようになる〟[30]（［　］内は筆者の補った部分）。全員ではないが、私たちのあいだに広がっている態度がハーンによってここで描写されている。目の前のイヌをよく見よう、気持ちを感じようとするのではなく、手持ちの知識や過去の経験（つまり「モデル」）を参照して、相手がどう出るかを考えようとしてしまう。相手が人間であれば、そうされれば居心地の悪さを感じるだろう。誰かが自分の噂をしている場所に侵入してしまった場合も、押し黙った人たちの心の中で、私たち自身について思考が巡らされているのを私たちはあからさまに感じることになる。自分の内面を理解するために向けられる視線とは明らかに異なるものを私たちは感じる。ハーンによれば、イヌも同様なのだ。

　思考を交えず、人を「よく見る」こと、「表情を読む」ことをしなくてはならない。あるいはむしろ、「耳を傾ける」ようにしなくてはならない。私たちの知性は視覚を重視するので、思考を一旦停止するのには、「見る」よりは「聴く」ようにする方が楽な場合がある。先ほど述べたように、これは観察ではないような「見方」が大切である。内面で密かにノートを取るような態度は、相手に疑念を呼び起こさずにはおかないのである。観察して知的に理解しようとすることは、相手を対象物のように突き放すことである。コミュニケーションをすることが目的なら、そうではなく相手の気持ちを感じ取る姿勢をまずはとらなければならない。ここでも、年中都会人の内面に作動中の思考が邪魔をするのである。動物とのコミュニケーションは、思考にとらわれた都会人にとって難しいことになりつつあり、逆に言うと、動物と真剣に向き合うような経験を、誰もが必要としているとも言える。このことは、動物愛護の問題とは必ずしも一緒ではない。ハドソンの体験が環境保護の努力や運動と直接交わるとは限らないのと同様である。動物を殺したり虐待することをなくすからといって、動物とのコミュニケーションが上手にとれることには直結しないからである。

　人間にとっては視覚が重要な意味を持っているが、イヌの場合は嗅覚であり、ウマの場合は触覚である、とハーンは述べている。[31] 人間にとって視覚と思考は楽に同時並行で進むことができるのであるが、触覚や、嗅覚はそうではない。むしろそれらの感覚は、思考中心の都会生活では、うっかりすると完全に脇に追いやられてしまいそうな感覚である。それだけに、人間にとって野生動物に比べればはるかに身近な動物であるイヌやウマとの付き合いにも、思考におぼれないように注意が必要なのである。思考がないと不安になりがちなのが都会人であるので、意外にそれは難しい。再びハーンの書いているところをみよう。

〝もし単にウマの世話をしたり、ちょっと乗るだけでなく、本物のウマの乗り手になりたいのであれば、ウマの寛大さにみあうだけの寛大な気持ちで、このウマの言語を理解するようにしなければならない。つまり、少なくともそのあいだ、人間の思考のシステムによって得られる多くの認識を失う危険を冒さなくてはならないのだ。それはちょうど、トラッキング・ドッグを訓練することが、ものを見る能力をいくらか失うことを意味しているのとよく似ている。運動感覚による難解なウマの言語を尊重しつつ、ふつうの人間のように話せる人もいるが、それができない人もいる。乗馬をこわいと感じるのは、ほとんどの場合、それができないせいだ。たとえば、外国語の初心者向け集中訓練を受けた人がこわいと感じるのも、ほとんどがそのためである(32)〟。ハーンが挙げている最後の例は、外国語の習得の際に、徹底的に外国語のみを使用して行う場合のことを想像してみるといいと思う。思考は言語と分かちがたく結びついているので、自分の母語が使えない、通じない状況では、思考は難しくなる。もっとも、たいていの場合は、内心で母語を使って思考が始まってしまう。そうなると外国語の習得のスピードは落ちるだろう。それはともあれ、慣れ親しんだ思考から離れていくことが、動物とのコミュニケーションには必要なのである。人間の思考を受け付けない「自然」がここで姿を現わすことになる。再び引用してみる。

〝まだそれほど乗りなれていない者がウマに乗ったらどんな状態になるのか、そしてそのときウマはどういう状態なのか。それについて考えてみよう。…(中略)…この乗り手の筋肉がピクピク動くたびに、ウマにとっては交響曲が鳴り響くようなものだろう。だがそれは、近ごろはやりのイプのものだ。ウマにはそれが何を意味するのかわからないばかりか、何か意味があるのかどうかさえわからないだろう。しかし、ものごとの意味を理解したいというウマの本能的要求は、人間のそれと同じくらい強い。…(中略)…したがって、ウマは理解しようとしつづけるが、(ほとんどの場合)うまくいかない。手綱や鞍を通して入ってくる情報が理解できない。いったいこれは何だ、と不審に思うのが関の山だろう。…（中略）…乗り手の方は、ウマが送ってくる触覚のメッセージをほとんど感じとれないだろう。だが、ウマは非常に大きい。したがってなかには、ウマの場合と同じで、意味がわからないなりに、あるいは意味をとりちがえていても、とにかく乗り手が気づくメッセージがいくつかあるかもしれない。もしよいインストラクターがついていて、しかも乗り手自身がとても勇敢であれば（賢ければ）、あまり見込みのなさそうなこの状況から、馬術と呼ばれる会話が生まれるのだ〟[33]。ハーンの言うように、イヌと同様、ウマが相手の場合も、植物や物質が相手の場合と違い、相手も人間を理解しようとしている。ただ、それが人間の様式とは異なるので、人間の方もウマのやり方に慣れていかなくてはならない。馬術が可能になるということは、これがやり方次第ではうまくいくということを示している。ただし、（ウマと付き合ったことのない人は想像もしないことであるが）それは主として「触覚」を媒介にしているわけであって、人間が勝手に思考で理解できると思ってはいけない。

しかし、野生の動物はなかなか人間には理解が難しいとしても、イヌやウマのように人間という動物種に近づいてきて、人間とともに生きるようになった動物種は、人間とのコミュニケーションを求めている。そして、ハーンの言うように、おそらく人間よりも辛抱強く寛大な心を持っている。私たちは人間の勝手な思考を押しつけてそれを無にしないようにしなければならないのではないだろうか。パタゴニアの曠野に対するのと同様、人間は自分の思考が通用しない世界にいったん身を置いてみる必要がある。

また、ハーンが著書で述べているように、そして動物とのコミュニケーションに長けた人たちが異口同音に認めるように、動物にも個性があり、性格が互いに異なっている。コミュニケーションが進むと、そのようなことも見えてくることになるだろう。

以上の話は、人間同士のコミュニケーションとは無縁と感じられない。言葉が通じるからといって、人間同士のコミュニケーションも決して容易ではない。自然や動物に対するのと同様に、私たちは思考をいったん脇において、相手の話をよく聴くことを通じて、互いに理解できる通路を個別に見いだしていかなくてはならないのではないだろうか。

9　死という自然——恐怖の克服について

エマソンが言っているような「われわれが、知らない人びとと気取った態度で、おしゃべりをする時に」も孤独感が生じるだろう。ある意味でこれはコミュニケーションを考える上で基本的な事態でもある。見知らぬ人間同士は互いに恐怖感を抱くというのが通例だからである。典型的には、互いに知り合いではない招待者ばかりが集まるパーティであろう。新入社員や新入生の集まりにも同様の状況が生じる。誰もが互いに他人の評価を恐れ、自分が相手にされないのではないかと恐れている。このような恐怖の中で人はそれぞれ自分と他人の境界線を強く意識することになる。もちろんこれには、不安に閉ざされた思考が増殖することが大いに関係する。その場にいながら、何も考えないでいられる人があれば、ほとんど不安や恐怖は覚えなくてすむのではないだろうか。

　エリザベス・キューブラー・ロスは、恐怖について次のように述べている。〝人生に不幸をもたらすものは、わたしたちが恐れているもろもろの対象ではなく、恐れという感情そのものなのだ。恐れは怒り、自己防御、うぬぼれなど、さまざまなかたちであらわれる。その恐れを知恵に変えなければならない[34]〟。ここでキューブラ・ロスが言うような、他人に対する恐れや不安はもちろん、それが姿を変えた怒りも、自己防御も、うぬぼれも、他人と自分の境界線を強化する結果につながる感情である。そして、他人とのコミュニケーションに不安を感じるときには、閉ざされた内面に多少とも独りよがりなあれこれの思考が渦巻いている状態のときである。

　キューブラー・ロスは、死を遠ざけようとする傾向の強かった戦後の医療に、死にゆく患者に対するケアの意義を説いていった先駆者である。彼女によると、死の床にある病人は恐怖という感情を乗り越えている例がよくあるという。再び引用すると、〝人はみな死の可能性とともに生きているが、死の床にある人は可能性ではなく、死の蓋然性とともに生きている。すぐ目のまえに死が迫っているのだ。その緊迫した意識の中で、人はどんな行動をとるのか？死の床にある人は敢然としてリスクをおかす。恐れるものも失うものもないからだ。恐れるものも失うものもないことに気づいた瀕死の患者がしばしば周囲の人に、自分は信じられないほど幸福だということがある[35]〟。この引用の最後の部分は人を驚かすに足るかもしれない。しかし、本稿で展開してきた考え方に照らすと、まことに理にかなっているもののように見える。

死に対する恐怖は、あらゆる恐怖の親玉といっていい。例えば職を失う恐怖は、生活できないことに対する恐怖がベースになっており、究極的には死の恐怖が根底にある。恋人に振られるのではないかという恐怖は、誰も相手にしてくれないことに対する恐怖が下敷きになっていて、それでは生きていけないかもしれないという恐怖が根底にある…といった具合である。[36] 逆に言えば、死に対する恐怖が薄れていくときには、もはや他の恐怖はさらに影が薄くなってしまうことにもなると考えられる。もしその通りなら、死の床にある人が死に対する恐怖を感じなくなると、あれこれ思い煩って思考を巡らす必要性が大幅に低減するはずである。もはや思考に煩わされない人間が、「信じられないほど幸福」ということであっても決して不思議ではない。

死の床で私たちがそのような心境になれるのかは分からないが、私たちにしても、日常様々なことに思考を巡らすということがなくなるとすると、幸福を感じても不思議はないということになるのではないか。ハドソンの例のように、自然の中に入っていったときに感じる高揚感がその証拠と言えないだろうか。

死を相手に取引や交渉はできない。死も人間の一切の観念を受け付けない。人間の世界にしか通用しない観念や「モデル」によって変に考えてしまえばしまうほど、死は不気味で恐ろしいものとなる他はない。そういう意味で、死に向き合うのにもっともふさわしい態度は、思考をやめるということではないだろうか。死も自然の一部なのである。現代の都会人が死について多くを語ろうとせず、ただ無意味で恐ろしいもののように死を捉えているのは、自然と向き合う術を忘れてしまった人間が当然の帰結に至ったということではないかと思う。

それはともあれ、日常的な恐怖について、キューブラー・ロスは、恐怖には、正反対の感情である愛で立ち向かうべし、という姿勢をとっている。こう言うだけでは真意はあまり伝わらないかもしれない。前述の、パーティで感じる恐怖のような場合についての彼女のアドバイスを見てみよう。〝ビジネスや社交の場で知らない人たちとしゃべることが怖くなったら、ほとんどの人がおなじ立場にいるのだということをおもいだせばいい。ほとんどの人がたがいに相手のことを知らず、自分に声をかけてくれる人がいないのではないかと恐れている。なかにはその場から逃げだして家に帰ってしまう人もいるかもしれない。あなたとおなじように、その人たちも他人から慈悲のこころで接してほしいとおもっているのだ。だから、その人たちに慈悲のこころで接すれば、怖さが消えていく。自分自身に、そして相手に、慈悲のこころをかけさえすれば、かんたんに相手に近づけるようになることがわかるだろう(37)〟。感情というのは手軽に起こしたりできるものではないので、キューブラー・ロスに「恐怖に対して愛を」と言われても、ただそれだけでは無理があるかもしれない。しかし、いま引用した部分にあるように、「ほとんどの人がおなじ立場にいる」という洞察に裏打ちされれば、話は違ってくるのではないか。誰もが「自分に声をかけてくれる人がいないのではないかと恐れている」状況であることさえよく理解できれば、思いやりの気持ちも自然に湧いてきやすくなるだろう。恐怖に閉ざされてあれこれ考え込んでしまう愚を避けて、自分ひとりではないという洞察に基づいて（そこから湧き出る感情に基づいて）行動していけば、共感的な話を交わせる話し相手が間もなく見つかる可能性が高いであろう。ここでエリアスが挙げている人間存在を貫く社会性という視点が大いに関連してくる。

10 まとめ

ハドソンのような状態で自然の中にあるときに、人間は孤独を感じない。思考をやめて自然とともにあるような人間にとっては、エマソンの地平線の比喩にもある通り、自分の世界が局所化せずに、伸び拡がっていく感覚が生まれる。自分と「それ以外」を隔てる境界線の消失が、孤独という感情を消失させるのである。逆に言うと、自分と「それ以外」の境界線が現実感を持ってきて、自分だけの閉じた世界という意識が生じるとともに孤独感が生じる。

それは、動物に対してコミュニケーションを閉ざすときの人間の姿勢でもある。人間に近づいてきた動物たちには私たちにコミュニケーションを求め、問いかけている。私たちは、自分の言葉が通じず、思考を通じて接近できない相手とどのようにコミュニケーションをとるのかという問題に答えていかなくてはならない。それは、安易な思考に頼らずに相手をよく見るという態度を養うという点で、人間同士のコミュニケーションをも再考する貴重な手がかりを与えてくれるだろう。

そして、人間にとって乗り越えがたい、「死」というものに向き合うという課題も、孤独の問題と深く結びついている。恐怖の克服が孤独の克服につながっているという事実を私たちはもっとよく認識する必要があるだろう。そしてあらゆる恐怖が死に対する恐怖に通じるものであるとするならば、私たちは死の床にある人たちがあれこれの思考に煩わされずに死に向き合う姿勢から学べることがある。そして他人に対する恐怖を日々克服していくことは、誰もが「同じ立場にいる」という認識を私たちが互いに抱くことができるかどうかということと結びついている。

近代的な社会が陥っている孤独の問題とは、理性と思考ばかりを重んじて、自然と向き合うことを疎かにしつつある都会人の問題と言えると思う。特に、人間にとっては理性や思考こそが大事であるとして、「何も考えない水準」や「もっと単純な能力」を無視し、言葉を介さずに動物と理解し合えるような部分は顧みないような「知的」な態度に問題があるのではないかと思う。本稿ではアメリカ人の著作から多くを引用しているが、一方でハーンが以下に挙げているような「知的」雰囲気が近年のアメリカ社会に存在することも事実のようである。

〝分娩後のネコの行動についてレポートを作成している学生は、たとえば、母ネコが子ネコたちのことを心配する、とうっかり書いてしまうことがある。その学生は誤りを指摘され、しばらくすると、雌ネコによって「示された」舐める行動、授乳行動などの回数を調べ、しかつめらしく数量を表示したレポートを作成できるようになる。私には、この「示された」という語が気になった。誰に示されたというのだろう？研究者にだろうか？それとも子ネコにだろうか？また、こんな言葉づかいしかできなくなるひどい語法を、念入りに教え込まれた学生たちの前途が知的にも精神的にもどうなるのか、私は不安をぬぐいきれなかった。奇妙なことに、動物は他の動物から隠れる習性をもっている、という学生たちの考え方も改めるべきだと指摘された（こういった考え方を改めたハンターの話など聞いたことがない）。これには私も頭をかかえこんでしまった。飼い主が帰宅して、敷きつめたカーペットの上にありがたくない「記念碑」を発見したとき、子イヌは、飼い主から隠れているのではないとしたら、ベッドの下でいったい何をしているというのだろう？でも、そんなことを言ったり考えたりすると、擬人化という誤りをおかすことになる、と私は手厳しく注意された。捕食者からだろうと腹をたてているカーペットの持ち主からだろうと、身を隠すためには、動物が絶対にもつことができない、一定の論理的概念をもつ必要があるというのだ〟[38]。

ハーンの述べていることは、にわかには信じられないような印象がある。文化的伝統の違いということが頭をかすめるが、それではジェイムズやエマソンの存在はどうなるのかという問題もある。ともあれ、ここで感じられるのは、学問的な正確さを追求しようとする姿勢よりは、動物と人間とは異なるのだということを強迫的に強調する姿勢である。動物と人間とのあいだにどうしても強い境界線を引かなければならない理由でもあるのだろうか? もう少し引用を続けよう。

〝擬人化を禁止しようとする動きの裏には、現代でもなお、異端者狩りの衝動がひそんでいる。たとえば、本書におさめられた「イヌは嗅ぎ、ウマは感じる」の章の一部を、ニューヨーク人文科学研究所で講演したとき、聴衆の一人が、あなたの話はなんだか宗教的にきこえるわ、と言った。宗教的という言葉で彼女が何を言おうとしたのか考えたあげく、「擬人化」という意味だとわかった。そこで、「ええ、そのとおりです。それがこの研究のポイントなんです!」と言った。彼女は、あなたみたいな人が大学で教えているとはね、と露骨に驚いてみせた。そして次の講演では、たまたま隣りあわせになった私に向かって、出ていってくれと言ったのだった。また、ウィリアム・ケーラーの非常にすばらしいイヌの訓練書も、道徳的な意味合いをおびた言葉が使われているため、何度も裁判沙汰をひき起こし、アリゾナ州では、しばらくのあいだだが発禁処分になったこともあった〟[39]。

やはりこれは驚くべき内容である。むしろ「擬人化」とは逆方向への、ある種の原理主義的な、別の宗教的情熱を感じてしまうが、もしかすると最近の(少なくとも原著が書かれた一九八〇年代以降の)アメリカに特有の雰囲気なのかもしれない。仮に「科学」の発展の結果として知的な世界がこのようなドグマに占領されるようなことになれば、その悪影響は計り知れない。人間と動物との境界線を固持し、理性によって自然を超え、動物界を超えることが人間の栄光だと頑なに考えてしまうと、「何も考えない水準」や「もっと単純な能力」などは人間の視界から消えてしまいかねない。理性を讃えるのは結構なのだが、それにばかり固執することは賢明ではないかもしれないのである。「動物と違う」人間の誇るべき理性にのみ固執すれば、本稿で述べたように、文明全体に思考の過剰と、生きてあることの高揚感の深刻な減退が生じてしまいかねないのではないか。これが地球上の一部に見られる一過性の知的流行であればよいがと願うほかはない。

注

(1)ジェイン・ジェイコブズ『発展する地域 衰退する地域』筑摩書房、二〇一二年、七五-七九ページ。
(2)M・メルロ=ポンティ『眼と精神』みすず書房、一九六六年、二五三ページ。
(3)渡辺誠『よみがえる縄文の女神』学研パブリッシング、二〇一三年、二一六ページ。
(4)M・メルロ=ポンティ、前掲書、二五三ページ。
(5)スティーヴン・C・ロウ『ウィリアム・ジェイムズ入門』日本教文社、一九九八年、八一ページ。
(6)前掲書、七九-八〇ページ。
(7)W・H・ハドソン『パタゴニア流浪の日々』山洋社、一九八六年、二二五ページ。
(8)前掲書、二二七ページ。
(9)前掲書、二二七ページ。
(10)前掲書、二二七ページ。
(11)前掲書、二二八ページ。
(12)前掲書、二二八-二二九ページ。
(13)前掲書、二二九ページ。
(14)前掲書、二四三ページ。
(15)前掲書、二二九ページ。
(16)前掲書、二二九ページ。
(17)前掲書、二三五ページ。
(18)ノルベルト・エリアス『死にゆく者の孤独』法政大学出版局、一九九〇年、一一九ページ。
(19)前掲書、五二-五三ページ。
(20)前掲書、82ページ。
(21)V・E・フランクル『意味への意志』春秋社、二〇〇二年、一六ページ。
(22)ノルベルト・エリアス、前掲書、八二-八三ページ。
(23)前掲書、八三ページ。
(24)エーリッヒ・フロム『自由からの逃走』東京創元社、一九六五年、四四-四七ページ。
(25)ノルベルト・エリアス、前掲書、八三-八四ページ。
(26)前掲書、八四ページ。
(27)ラルフ・ウォルドー・エマソン『自然について』日本教文社、一九九六年、五〇ページ。
(28)前掲書、二一八-二一九ページ。
(29)前掲書、二一九ページ。
(30)ヴィッキー・ハーン『人が動物たちと話すには?』晶文社、一九九二年、九六-九七ページ。
(31)前掲書、第四章。
(32)前掲書、一六九ページ。

(33) 前掲書、一七〇－一七一ページ。
(34) エリザベス・キューブラー・ロス　デーヴィッド・ケスラー『ライフ・レッスン』角川書店、二〇〇五年、二二四－二二五ページ。
(35) 前掲書、二二四ページ。
(36) 前掲書、二一六－二一七ページ。
(37) 前掲書、二二六－二二七ページ。
(38) ヴィッキー・ハーン、前掲書、一四－一五ページ。
(39) 前掲書、一九－二〇ページ。

参考文献

ジェイン・ジェイコブズ『発展する地域 衰退する地域』筑摩書房、二〇一二年
M・メルロ＝ポンティ『眼と精神』みすず書房、一九六六年
渡辺誠『よみがえる縄文の女神』学研パブリッシング、二〇一三年
スティーヴン・C・ロウ『ウィリアム・ジェイムズ入門』日本教文社、一九九八年
W・H・ハドソン『パタゴニア流浪の日々』山洋社、一九八六年
ノルベルト・エリアス『死にゆく者の孤独』法政大学出版局、一九九〇年
V・E・フランクル『意味への意志』春秋社、二〇〇二年
エーリッヒ・フロム『自由からの逃走』東京創元社、一九六五年
ラルフ・ウォルドー・エマソン『自然について』日本教文社、一九九六年
ヴィッキー・ハーン『人が動物たちと話すには？』晶文社、一九九二年
エリザベス・キューブラー・ロス　デーヴィッド・ケスラー『ライフ・レッスン』角川書店、二〇〇五年

7 日本の植民地主義と自然の生産

斉藤日出治

はじめに――自然と人間の弁証法

自然は通常は人間や文化と対比して考えられる。自然は人間や文化に先立つ所与とみなされ、人間の歴史はその所与としての自然が課す制約から人間がみずからを解き放っていく過程としてとらえられる。だが、人間と自然の関係は、そのようなたがいに排他的に分離された関係であるよりも、むしろ歴史とともに両者のたえざる相互浸透が深まっていく過程としてとらえられるべきではないか、デーヴィッド・ハーヴェイはこう問題提起する。

「『文化』と『自然』の境界線は透過的なものであって、時間とともにますますそうなっていく。自然と社会とは、別個の対立する領域なのではなく、より大きな総体性の動的統一の内部にある内的諸関係である」(Harvey D.［2009］邦訳四一四頁)。

自然は産業的実践によって不断に改変され、市場取引においてかぎりなく商品化され、科学技術・哲学などの知的・道徳的実践によって認識され、芸術や日常生活における感覚的な実践によって生きられる。そのような人間の多面的な実践を通して自然はたえず新たに生産される。

空間についても同様のことが言える。《空間は生産される》、と提起したのは、アンリ・ルフェーヴル［1974］であった。空間は人間社会にとって所与の客観的・中立的な枠組みなどではなく、社会諸関係の実践によってたえず新たに生産されるものである。だが同時に、社会諸関係も空間の支えを欠いた純粋な関係ではなく、空間の編成を通して組織される。したがって、空間と社会諸関係とは不可分に絡み合っており、空間は社会諸関係とともに生成してくるものであり、社会諸関係の空間的秩序以外のものではありえない。空間を社会諸関係から切り離してそれ自体としてとらえる思考は、貨幣・商品・資本といった経済学の諸カテゴリーを社会諸関係から切り離して物それ自体とみなす思考と同じように、物神化された思考である。

ルフェーヴルによるこのような空間概念の批判的考察は、自然概念についても妥当する。自然を社会諸関係や人間の諸実践に先立つ所与として、つまり自然それ自体として、把握することは、自然が人間の諸実践や社会諸関係との相互浸透を通して生産されるものであることを看過する。人間の諸実践や社会諸関係は自然との関わりなしにはありえず、自然も人間社会から切り離された所与としてはありえない。したがって、「自然と社会は、広大な社会生態学的総体性のダイナミズムのうちにある内的諸関係」(ibid., 邦訳四一六頁)として認識されるべきものである。

こうして、《空間の生産》という視点が、社会諸関係の空間的編成を問う問題視座を切り開くのと同様に、《自然の生産》という視点が自然において表象され組織される社会諸関係という問題視座を切り開く。

この自然と社会との「社会生態学的変容の弁証法」(ibid., 邦訳四一八頁)の視座から今日のグローバル化の動きを見ると、資本の蓄積過程によって開発され搾取される自然の姿が浮かび上がってくる。そこでは、社会が自然の具体的条件から切り離された崇高な抽象的理念において表象される一方で、自然的・地理学的条件はその抽象的理念を実現するための手段として、あるいはその実現にとって乗り越えられるべき障害として位置づけられる。

デーヴィッド・ハーヴェイは、現代世界が地球的な規模での自由で平等な市民というコスモポリタニズムの理念を生み出しながら、その理念のもとで不自由と不平等と搾取が深化する現実世界のパラドクスの秘密を、人間社会と自然とのこのような対立的関係のうちに探ろうとする。

今日の世界を席巻しているグローバリズムは、自由と民主主義を人間の本性と見なしその世界的な波及を使命とする新自由主義の理念を原動力としている。その結果、自由と民主主義の理念は普遍性をもつものであり、この普遍的な理念に反する軍事独裁国家や排他的な宗教集団は「悪の枢軸」、「テロリスト」として断罪され、軍事攻撃の対象と見なされる。かくして、自由と民主主義という普遍的な理念のもとに重大な人権侵害がおこなわれることになる。米軍の空爆によってアフガニスタンやイラクで非武装の多くの住民が命を奪われ、アブグレイブ収容所で囚人の人権が蹂躙される。自由の理念を普及させるという名目で、市場競争の自由や私的所有の権利が際限なく拡張され、それが社会階層間、地域間、国家間の著しい不平等を深化させ、貧困を世界各地に蔓延させる。

このようにして、自由という崇高な理念が現実世界における自由の抑圧や不平等という「薄汚い実践」(ibid., 邦訳二〇頁)へと反転する。ハーヴェイはこのようなパラドクスが生ずる原因を、自然的・地理学的な諸条件から切り離された抽象的な理念がみずからのプロジェクトを世界の諸地域に対して暴力的に押しつけることのうちに見出す。世界各地の多様な地理的・生態学的・自然的諸条件は、市場の自由競争の規律を普及させるうえでの障害と見なされ、市場の規律によってフラットな空間を実現することが新自由主義の使命として提言される。あるいは、地理的・生態学的・自然的諸条件の不均等発展や差異が資本の投資活動を推進するための契機として利用され、開発の対象となる。都市や農村の地理的な景観や建造環境や地方文化が観光産業・リゾート開発業の利益を生み出す手段として活用され、投資活動に有利な自然資源や立地条件が組織される。自然が社会諸関係や人間の諸実践を通して生産される、という以上のようなハーヴェイの認識視座は、日本の帝国主義、植民地主義と自然との関係を考えるうえでも手がかりとなる。明治近代以降の日本は、アジアの諸地域に対して軍事的な侵攻と植民地化を推し進めたが、その際に日本が軍事戦略において、あるいは植民地統治において表象したアジアの自然はけっして客観的・中立的な所与の条件などではなかった。日本はアジアの自然を自国の領土と見なして、自国の国富増進のための欲望の対象と見なした。軍部・大学・研究機関・企業がアジア各地でおこなった自然・地理・産業・社会生活に関するおびただしい調査はそのようなまなざしに支えられていた。だが、これらの調査を推進する理念として掲げられたのは「大東亜共栄圏」という《アジアの連帯と解放》の理念であった。この「崇高な理念」のもとでおびただしい資源の略奪、強制労働、住民虐殺という「薄汚い実践」がアジアの各地で繰り広げられた。

日本によるアジアの自然についての表象は、客観的で中立的であるかに見えながら、アジアの諸地域の地理的・文化的・歴史的な諸条件を日本の植民地統治の対象とするまなざしに支えられている。日本によって表象されたアジアの自然には、近代日本がアジアに行使した植民地主義的統治という権力関係が投影されている。日本によるアジア諸地域の地理学的知識や自然の知識を生産し利用する仕方のなかに、植民地主義の悪魔が宿る。《自由・正義・解放》

という普遍的な理念を掲げ、その目的のために自然を利用する結果として、「悪魔が地理学的細部に宿る」（ibid., 邦訳二二七頁）ことになる。D・ハーヴェイはこれを「地理学的理性の狡智」（ibid., 邦訳二二七頁）と呼ぶ。

本論は、日本の植民地における調査活動がアジアの自然と地理をどのように生産し利用したのかを問う。侵略先の地で軍事戦略上の地図を盗測し、その地図を利用して土地調査事業をおこない、土地の収奪を図る、アジア全域の地下資源の採掘量と埋蔵量を調査し、「大東亜共栄圏」の富として数え上げ、その効率的な開発を追求する、軍事占領下の海南島で、動植物を分類し、土壌分析や地質調査をおこない、食生活・伝統文化・風習・風俗・宗教を観察し、島の外的・内的な自然を開発して産業の興隆をめざす。このような自然の表象と利用が「地理学的細部に悪魔を宿し」、崇高な理念とされるものが「薄汚い実践」へと反転する歴史を再考する、これが本論の課題である。

1　植民地統治と外的・内的自然の支配
——後藤新平の「文装的武備論」

日本社会の自然観は、徳川期から明治維新以降にかけて大きな転換を遂げた。徳川期には日本社会の文化や伝統と結びついた多様な自然の表象様式が生まれたが、近代以降、自然を開発の対象とみなし、その対象領域を国外に向けて無際限に拡大していく開発主義的な自然認識が支配的となる。この近代日本の自然認識は、国民および植民地統治下の民衆を総動員するための内的自然（身体、欲望、生命）の開発を同時にともなっていた。

テッサ・モーリス＝スズキ［2014］は、徳川時代の日本の自然観が自然環境についての多様な認識に満ちており、その自然認識の多様性は複数の宗教および伝統文化に根ざしている、と指摘する。自然はけっして社会や文化に先立つ所与ではなく、宗教や伝統文化との相互浸透を通して多様なかたちで生産されるものであることがここでも裏づけられる。

たとえば、道教は人間を自然の統一体の一部と見なし、人間を自然という「広大な沼地の中のくぼみ」（同書五〇頁）であるかのようにとらえる。この道教と同じような自然観を抱いたのが安藤昌益で、かれは人間が自然の営みを受け継ぐ、という視点に立つ。この考えは、今日の自然農法の思想において復活している。そこでは、人間と自然の関係が、経済学が想定するように主体と客体の関係としてとらえられるのではなく、自然と人間がともに働くものと見なされる。微生物も、家畜も、森林も働いており、人間はこの自然の働きに手を添える存在にすぎない。

これに対して、儒教的な思考は、自然の営みにおける人間の積極的な関わりのほうをむしろ評価する。儒教を受け継ぐ陽明学者の熊沢蕃山は、人間は全体としての自然の一部であるが、その自然に対して特別な作用を及ぼす存在でもある、と考える。そこから、自然の摂理を理解し、それを自然に自覚的に適用して自然を開発するという、自然に対する能動的な態度が生まれる。農業の知識を自然環境に適用して、豊かな実りを実現することが自然の摂理をよりよく実現することだ、という認識が生まれる、この考え方をさらに深めて、「自然を開く」（同書、五六頁）という「開物」の思想を展開したのが平賀源内である。平賀は自然の法則の研究から出発して、その法則を人間の生活を支えるために利用する道へと進んだ。そして、天然資源を発見し活用して、さまざまな産業を興し、くにの富と力を高める方向をめざした。テッサ・モーリス＝スズキは、平賀源内のこの開物思想のうちに、のちの近代日本の開発思想の先駆を読み取る。この思想は後に、農業、漁業の開発による国富の増進を提唱する佐藤信淵の開物の思想にも継承される。[1]

だが、徳川時代の伝統文化や宗教と結びついた多様な自然観は、明治近代以降、自然を道具化し対象化する開発思想へと一元化されていくことになる。この開発主義的な自然観を推進する重要な契機をなしたのが、日本のアジア諸地域に対する植民地統治の志向である。日本の植民地統治策は、アジアへの軍事的侵攻と資源の収奪だけではなく、アジア諸地域に対する細密な調査にもとづく開発の志向性をその当初からはらんでいた。それはアジアの内的・外的自然を総動員する志向に貫かれていたと言える。

後藤新平（一八五七－一九二九年）の植民地統治論のなかにその志向性の原像を見ることができる。台湾総督府民政長官、満鉄初代総裁を経験した後藤は、日本の植民政策の不在を指摘し、「日本植民政策一班」（一九一四年）において、日本植民論の原理を提言する。後藤は、植民政策はあらかじめ確定した普遍的な政策方針を個々の植民地に押しつけるものであってはならず、現地の調査と研究にもとづいて現地にふさわしい統治策を実施しなければならない、と説く。さらに、その調査は将来にわたって継続しておこなわれなければならない、として、植民地統治が調査と研究にもとづくたえざる科学的な反省のうえに実施されるべきことを強調する。後藤は、海外植民に先立つ北海道の「内地植民」において、すでにその統治政策が示されていることを指摘する。

「北海道の事業は……武断的の領土拡張でもなく、侵略主義とか云ふことでなく、経済的若しくは文明的の緩撫感化を興へる所の文明制を執」(後藤新平［1944］四五頁)っている、と。後藤はここで「武断的植民政策」と「経済的植民政策」を対立させるよりも、むしろ両者の相互補完を強調している。そしてこの両側面を備えた植民政策が、その後の海外の台湾、朝鮮、樺太、関東州の植民地政策に貫かれていることを指摘する。

この両側面の統治を兼ね備えた後藤独自の植民政策を表現するのが、「文装的武備政策」(同書一二八頁)である。「武断的植民政策」を進めるためには、その土地の風俗や習慣や人情について調査しそれを科学的に分析してその成果を植民政策に活かさなければならない。そのために大規模な調査機関を設置し、研究所を設ける。この政策理念にもとづいて、後藤は、台湾では臨時台湾旧慣調査会を発足させて調査事業を進め、初代満鉄総裁になると、満鉄調査部(一九〇七年)をはじめ各種の調査機関・研究機関の設立に力を入れ、旅順工科学堂(一九〇九年)(のちの旅順工科大学)、東亜経済調査局(一九〇八年)、地質研究所(一九一〇年)、満州及朝鮮歴史調査部(一九〇八年)などがつぎつぎと開設され、これらの機関によって、鉄道のインフラ整備や衛生施設の整備や都市建設が進められた。さらに「国語の普及」と「智育開発」(同書一二六頁)を推進して、植民地の住民を「帝国に帰依せしむること」が「第一義」(同書一二七頁)である、と訴え、「土人教育政策」が「植民政策の中の重大な問題」(同書一二三頁)である、と唱えた。

この政策思想は、植民地の自然的地理的諸条件の調査にもとづく経済開発を推進すると同時に、現地住民の教育や宣撫を通した「帰依」政策を実施することによって、植民地の外的・内的自然の開発を推し進める。そこでは、自然が総動員体制の中に位置づけられ、日本の植民政策の対象と見なされている。

後藤の「日本植民政策一班」と「日本膨張論」を一九四四年に刊行する際にその解題を執筆した中村哲は、後藤の「文装的武備論」が「広義の国防論を意味するもので、ここには今日［一九四四年時点―引用者］いはれている国家総力戦観念の萌芽をみることが出来る」(同書一四頁)、と評している。総力戦によって内的・外的自然を総動員し開発する。そしてこの動員体制を海外の植民地に向けて無限拡張していく。このような植民地統治論によって、自然を開発＝搾取するという一元的な自然思想が明治近代以降、日本に定着していくことになる。

2 抽象空間によって支配される自然

――「外邦図」と秘密測量

外的・内的自然を開発する植民政策を推進するための重要な手段になったのが、日本によるアジア諸地域の地図の作製である。日本はアジア諸地域の侵攻に際して、軍事戦略を遂行し植民地の統治を推進するために、「外邦図」と呼ばれるおびただしい数の地図を作製した。「外邦図」という呼び方がすでに、地図で表象された地域を日本によって領有され支配される空間と見なす志向性を内包するものであった。したがって、「外邦図」によって思い浮かべられる地域は、日本による統治という意味以外のすべてを切り捨てた抽象空間として表象されることになる(2)。

空間が数値化された幾何学的図式により表象され視覚によって映像化されるようになるのは、近代になってからのことである。近代以前において、空間はひとびとの具体的な生きられた経験や身体と不可分なものとして存在した。空間と身体は不可分であり、空間は身体の所作のなかで生産された。これに対して、近代社会では、空間が生きられる経験や生身の身体から分離され、客観的で抽象的な枠組みとなっていく。コンパス、三角測量、航空写真などの測量技術によって製作される地図は、「地図学的理性」(Harvey H.［2009］邦訳九二頁)によって空間を抽象化する重要なモメントになった。

帝国主義国家が侵略先の地域で作製する地図は、その地域を抽象空間として組織することによってその地域を軍事的に支配し植民地化するという政治的な意味を内包していた。帝国主義国家は植民地を統治する際に、植民地の空間を統治可能な空間として組織するために測量をおこない、地図を製作したのである。その意味において、測量と地図作製による植民地空間の生産は、「植民地の規律装置」(Harvey D.［2009］邦訳九三頁)の重要な環であった。測量による空間秩序の押しつけによって、地域に根ざした固有な歴史感覚が圧殺され、歴史的時間から切り離された統治のための機能的空間が出現する。この抽象空間の支配によって、自然は宗教・伝統・文化・生活様式との濃密な結びつきを失い、統治と開発の対象として生産されるように

郵便はがき

料金受取人払郵便

名古屋中局
承認

9014

差出有効期間
2026年9月29日
まで

460-8790

101

名古屋市中区大須
1-16-29

風媒社行

注文書◉このはがきを小社刊行書のご注文にご利用ください。

書　名	部数

郵便振替同封でお送りします（1500円以上送料無料）

風媒社 愛読者カード

書　名

本書に対するご感想、今後の出版物についての企画、そのほか

お名前　　　　　　　　　　　　　　　　　　　　（　　　歳）

ご住所（〒　　　　　　　）

お求めの書店名

本書を何でお知りになりましたか

①書店で見て　②知人にすすめられて
③書評を見て（紙・誌名　　　　　　　　）
④広告を見て（紙・誌名　　　　　　　　）
⑤そのほか（　　　　　　　　）

＊図書目録の送付希望　□する　□しない
＊このカードを送ったことが　□ある　□ない

なる。

ハーヴェイは、大英帝国によるインドの支配において、地図学的理性による植民地空間の生産が重要な役割を果たしたことについて考察している。植民地統治を通して、イギリス文化の合理性や自由の観念がインド社会の空間秩序に浸透し、その一方でヒンドゥー文化の神秘性・象徴性がその空間から排除される。このようにして歴史から切り離された数学的・幾何学的な自然空間が生産される。「ニュートン的でデカルト的な空間概念が生みだした均質的で普遍的で非歴史的な知識」(ibid., 邦訳九四頁)がそこに出現する。

インドの地域住民はみずからの歴史や記憶や伝統に根ざしたアイデンティティに支えられた存在であるが、植民地化され地図の製作によって統治されたインドでは、それらの多様なアイデンティティが切り捨てられ、ひとびとが平板な幾何学的平面上に位置づけられ、「地図学的に押し付けられた均一なユークリッド空間のマス目内部に定められた特定の位置しか持たない」(ibid., 邦訳九五頁)存在に還元される。地図の作製は空間を抽象化するだけでなく、当該地域のひとびとをも抽象化する。地図の作製による統治は、このような抽象の暴力を遂行する手段であった。


だが、帝国主義本国が植民地に加えたこのような抽象の暴力は、帝国主義本国である西欧近代がみずからの過去に対して行使した暴力を再現するものにほかならなかった。アンリ・ルフェーヴルが指摘するように、ヨーロッパの古代・中世の空間は、河川、洞窟、山頂などの自然の場所が聖なるものとして表象され、儀礼と儀式の場とされた。空間は魔術的・宗教的な要素に満ちており、聖と呪いの場、男と女の性の原理にもとづき、象徴的な要因が支配する歴史的空間であった。彫刻や建築が社会空間に織り込まれ、全体として象徴的な意味合いを帯びていた。空間は、近代のように、たんなる記号の断片の寄せ集めではなかった。このような歴史的空間が市場の法則、私的所有の権利、法の合理性によってしだいに支配されるようになるとともに、計算合理性が浸透する抽象空間へと変質していく。

さらに、西欧社会における抽象空間の出現を強力に推進する原動力となったのは主権国家による戦争と暴力の行使である。H・ルフェーヴル[1974]は、一四－一八世紀にわたってくりひろげられた数多くの戦争(一〇〇年戦争[一三三七－一四五三年]、一六世紀のイタリア戦争、一六－一七世紀のカトリックとプロテスタントの宗教戦争、オランダと神聖ローマ帝国に対するルイ一四世の戦争、そしてフランス革命と植民地戦争など）を通して、西欧の先近代においてごく周辺的な位置しか占めていなかった抽象空間が歴史的空間を圧倒して、近代資本主義の資本蓄積を推進する支配的空間へとのし上がっていったことを指摘する(3)。

近代ヨーロッパの主権国家は、帝国主義の時代になると、みずからの過去に対して行使してきたこの抽象の暴力を非西欧地帯に向けて発動するようになる(4)。

近代日本の主権国家は、欧米諸列強の植民地獲得競争に遅れて参入する過程で、西欧近代が非西欧地帯に押しつけたこの抽象空間を、アジアの諸地域に対して押しつけるようになる。このような抽象空間の構築にあたって重要な役割を果たしたのが、軍事作戦の遂行のため、さらには植民地の統治のために作製された「外報図」であった。

日本がアジアの諸地域の自然を表象する仕方は、日本が地図学的理性によってアジアに構築した抽象空間を基盤にしている。日本は、戦争の遂行のためにアジア諸地域の地図を作製する作業を、軍事作戦に先立って、また軍事作戦の遂行と並んで、進めた。明治維新以降、日本はヨーロッパの測量技術および製図技術の習得に努め、一八八八年に陸軍省から独立した参謀本部のもとに陸地測量部を設置し、本格的な「外報測量」にとりかかる。

一八九四年の日清戦争時には、戦時測量班が組織され、軍隊に同行しながら、測量が進められた。さらには、戦争の終了後もこの測量が続けられ、この活動がのちの中国大陸の秘密測量へとつながっていく。したがって、「外邦図」の作製は軍事行動と密接不可分な活動となり、そのため国家戦略の視点から国内の測量活動よりも優先度が高いものと見なされた(5)。

このような軍用地図の作製は、明らかな侵略行為の一環であり、そのため作図作業を担う測量班は、朝鮮、中国東北部で現地住民の抵抗に遭い、多くの作業員が命を落としている。測量班はそのために行商人等に変装し、暗号を使って記録しながら秘密測量をおこなった、と言われる（小林茂編［2009］二二四－二二五頁）(6)。

日本は一八九五年に台湾を、一九〇五年に関東州（大連、旅順）を、そして一九一〇年に朝鮮を植民地化すると、今度は、軍事用に作製した「外邦図」をそれらの植民地統治のための手段として活用するようになる。植民地で土地所有権を確定し土地の登記をおこなうためには、土地台帳と地籍図の作成が必要となる。この土地台帳と地籍図を基にして土地税の査定と徴収がおこなわれた。

「外邦図」の作製は、その後、飛行機の発展によって空中写真による地図作製が可能となることにより、技術的にも飛躍的な発展を遂げる。また、アジア太平洋戦争への突入によって、戦線が中国全土、さらにはアジア南方へと拡大するにつれて、「外邦図」の対象領域も大幅に拡大していく。コンパスをはじめとする測量器具、空中写真などの技術を用いた「外邦図」の作製は、アジアの自然を歴史性や時間性を切り捨てた抽象的な空間として表象すると同時に、アジアの空間を帝国日本による統治の空間として統合するための重要な媒介となった。「外邦図」によって表象されるアジアの地理・地形・自然は、帝国日本の支配と領有という政治的な視座に貫かれていたのである(7)。

3 アジアの地政学的空間の生産
――「大東亜共栄圏」の資源開発論

地図学的理性によって生産された抽象空間は、日中戦争からアジア太平洋戦争へと戦線が拡大する中で軍事戦略を組み込んださらに広域の地政学的空間へと進展する。日本は欧米帝国主義に対抗してアジア諸地域における自国の植民地統治を推進するために「大東亜共栄圏」という地政学的空間を構想する。この構想によって、アジアの自然は、欧米帝国主義との戦争を遂行するための地政学的空間を根拠づけるものとして表象され、利用された。

一九四〇年以降、「大東亜共栄圏」という地政学的空間が自然に根拠づけられていることを学術的に論証する作業が急進展する。一九四一年に地政学協会が設立され、雑誌『地政学』が刊行されるのを契機として、「大東亜共栄圏」の理論化の試みが活発となる（福間良明［2003］）。そこでは、「大東亜共栄圏」という空間の統一性が、太平洋という海洋をきずなとして築き上げられていることが強調される。海洋の自然がアジア諸国を分断するのではなく、アジア諸国をひとつの統一的空間にまとめ上げるものと見なされるのである。

「海の結合作用とそこから見出される「大東亜」という空間的な統一性」（福間良明［2003］二一頁）がこうして生産される。

そしてこの統一的な地政学的空間に支えられて、アジアの地下資源の総体を「大東亜戦争」のための日本の総力戦体制に向けて活用しようとする言説が登場する。一九四一－四二年に『満鉄調査月報』に掲載された笹倉正夫「東亜共栄圏地下資源論」(一)(二)を手がかりにして、この言説を検討してみたい。笹倉はそこで「東亜共栄圏」に独自の地下資源の鉱床を特徴づけると同時に、そのような鉱床を開発するための「堅実な努力と不堯の意思」（笹倉㈠、二頁）を強調することによって、アジアの空間を日本の総力戦を推進するための意思空間として設定しようとする。

笹倉は東アジア諸地域を「東亜共栄圏」としてひとくくりにしたうえで、「東亜共栄圏」を、ドイツを指導国とする「欧州共栄圏」、イギリスを指導国とする「英帝国圏」、「米合衆国」といった、世界のその他の国際地域圏と比較しつつ、「東亜共栄圏」の地下資源の特徴を分析している。ここで、「東亜諸地域」としてくくられているのは、「日本、満州、支那、仏印、泰、フィリッピン、ビルマ、蘭印、英・ボルネオ、極東ソ連」といった諸地域であり、要するに、そこには日本の軍事的な支配力が及ぶすべての地域が含まれている。

笹倉は、「東亜諸地域」において一九三七年時点で生産されている二三種の地下資源（石炭、石油、鉄鉱、銑鉱、タングステン、モリブデン、ニッケル、クロム、アンチモニー、錫、鉛、亜鉛、水銀、ボーキサイト、硫黄、黒鉛など）の採掘量を表示し、これらの「東亜諸地域」における各種資源の採掘量が世界全体の採掘量に占める比率を示す（第一表「東亜鉱産物の世界的地位」）。そして、「東亜諸地域」の採掘量が世界で占める比重がトップを占める資源として「タングステン鉱、錫、アンチモニー、黒鉛」を挙げ、さらに「硫化鉄、マグネサイトは世界の略々五分の一を供給」（笹倉㈠、六頁）するとして、「東亜諸地域」で採掘されている比較的豊富な諸資源を列記する。だがこれらの鉱物資源は、いずれも社会にとって重要性の低い資源であり、「現代社会の根本的活力となる」（笹倉㈠、七頁）資源、つまり石炭、石油、鉄、銅などの鉱物資源については、「東亜地域圏」は世界全体のわずか七％を占めるにすぎない、と言う。

続いて、地下資源の開発に際して、各国際地域圏における指導国家が占める比重が調査され、それぞれの指導国家がそれぞれの地域経済圏の各鉱産物の採掘において占める比重が半数を超える資源の数が挙げられる。その数は「日本が一〇種、ドイツが七種、英本国が四種、米合衆国が一七種」（笹倉㈠、九頁）で、日本はみずからの地域経済圏における自国内の鉱産物採掘が米合衆国に次いで進んでいる、と言う。そして、日本のこのような鉱産物の採掘能力の高さを根拠にして、「日本が東亜共栄圏の鉱業発展に荷ふべき責務の一端は此処にも現れている」（笹倉㈠、九頁）と述べ、「植民地の開発は帝国主義本国の責務」であると主張する。

さらに、「東亜地域圏」における鉱山開発が遅れたのは、これまで欧米諸列強が主導権を握ってアジアの植民地統治を進めてきたことにその原因がある、と言う。それはなぜか。欧米諸国は自国で鉱物資源をかなりの程度賄えるので、植民地から欧米帝国主義本国に向けた鉱物資源の輸出はわずかであり、そのために植民地の鉱山開発に向けた植民政策が立ち遅れる（笹倉㈠、一二一－一二三頁）。これに対して、日本がアジア諸地域を指導すれば、欧米とは比較にならない規模で鉱山開発が推進され、植民地の「民度の向上」（笹倉㈠、一二頁）に大いに寄与するであろう、として、日本によるアジアの植民地統治を正当化する。

笹倉は、他の国際地域圏と比較して「東亜地域圏」の資源開発の特徴を指摘すると同時に、さらに進んで、これからの資源開発に向けた方向性も提示している。かれは、「東亜地域圏」における各種の鉱物資源の現行の採掘量だけでなく、この地域に埋蔵されている地下資源の分布と埋蔵量を調べる。そして「東亜共栄圏」の各地に埋蔵されている各資源の地域別の重要度を比較した表「東亜共栄圏の地域別重要地下資源」（笹倉㈡、五六－五七頁）を作成する。重要度の高い地域として、石油は「蘭印」、石炭は「北支満州」、鉄鋼は「満州」、「フィリピン」、「蘭印」というように、各種資源の主要産地を列記する。その結果、各種の鉱物資源は特定の地域に集中して埋蔵されているのではなく、あちこちに「偏在的に分布」（笹倉㈡、五八頁）していることがわかる、と言う。そしてこの調査結果を踏まえて、各種の鉱物資源をばらばらに開発しても効果的でない、「一地に欠如し一地に豊富に存在する資源を、緊密に配合せしめて初めて全体の地下資源が全的に活躍する」（笹倉㈡、五八頁）、として、埋蔵鉱物資源のネットワーク化された開発の必要性を訴える。そしてそのような開発を推進するために、「大東亜共栄圏」の空間的統一性が不可欠であることを強調する。

「東亜共栄圏の理念は、鉱産物に於いて最も重要なることを察知する」（笹倉㈡、五八頁）。

各種の鉱産物資源は、各地に分散された状態のままでは何の意味ももたない、それらは「東亜共栄圏」という地政学的空間のまとまりにおいてはじめて富となる、というのだ。この富を活用し享受するのは帝国日本であるが、帝国日本がその権利をもつのは「東亜共栄圏」という地政学的空間の発展に寄与するがゆえだ、とするのである。

このようにして「総力戦を戦うための最大限の資源の動

員、そしてそれを可能にするためにシステマティックな空間統合」（福間良明［2003］二六頁）が推進されることになる。

さらに笹倉は、このネットワーク化された資源開発を産業開発に結びつけて、「東亜共栄圏」を全体として視野に入れた工業生産を展望する。工業生産活動において最も重要な資源は石炭であり、その視点から「東亜共栄圏」における工業の最適立地地域を検討してみると、「多量の石炭を有する渤海沿岸地帯が東亜共栄圏大工業の中心となるべき」（笹倉(二)、五九頁）ことがわかる、と。

そしてここでも、海洋の自然的条件が「東亜共栄圏」の統一空間を支える重要な要因として指摘される。渤海湾は「南支那海、東支那海、黄海、日本海を連ねた南北の大水域」（笹倉(二)、六〇頁）に通ずる海上交通に開かれた要所であると同時に、「日本列島、琉球、比島其他に囲まれた入海であ」り、このことが「地理的に著しい強み」（笹倉(二)、六〇頁）をなしている、と。

「東亜共栄圏」というアジアの地政学的空間の広がりにおいて各種資源の分布図を作成し、各種資源をネットワーク化して、最適な資源採掘をおこなうと同時に、その資源を活用した工業生産の立地についても最適配置を図る。このような思考は、今日のグローバル企業の経営戦略に類似した思考と言える。トヨタをはじめとする自動車産業のグローバル企業は、各種の自動車部品の製造工場を立地する際に、世界各地の関税、賃金水準、労働力の技能水準、資源調達、社会的・文化的諸条件を考慮して世界の各地域に部品製造工場を最適分散させる体制をとり、グローバルな視野で利潤の極大化をめざしている。「東亜共栄圏」構想は、そのようなグローバル企業の最適分散体制の経営戦略の先駆けをなしていることがわかる。前者は「アジアの連帯と解放」、後者は「グローバル市場の自由競争」という抽象的理念を掲げ、この理念に見合うように地理的条件を利用する。

そして、そのような理念にもとづく戦略行動は、《地理学的細部に悪魔を宿す》という結果を招く。アジアの各地域の自然的諸条件、ひとびとの生活、労働能力が、帝国日本の国富の増進、あるいはグローバル企業の利益の追求の手段として位置づけられ、開発＝利用される。「東亜共栄圏」構想とグローバル企業の経営戦略は、ほぼ半世紀の時間的隔たりにもかかわらず、ともに同じ「地理学的理性の狡知」にもとづく自然の表象に立脚していることがわかる。

4 「大東亜共栄圏」に向けた海南島の外的・内的自然の動員

日本は一九三九年に海南島を軍事占領し、一九四五年の敗戦にいたるまでのあいだの統治政策を通して多くの民衆の命を奪った[8]。日本軍がおこなった民衆の強制労働・虐待・虐殺については、まったく記録が残されず、加害者の日本兵はだれひとりとして証言をしていないが、海南島の現地の村々には犠牲者のひとりひとりの名前を刻んだ追悼碑が建立され、また島の各地では氏名すら特定できないおびただしい数の遺骨が地中に放置されている。

だがその一方で、日本は軍事占領下で海南島の自然に対しては常軌を逸すると言えるほどの関心を示し、政府機関(台湾総督府外事部、海南島三省連絡会議など)、軍部(海南海軍特務部)、大学(台北帝国大学など)、研究所(東亜研究所など)、企業(台湾拓殖株式会社など)が実施した調査によるおびただしい数の記録を残している[9]。

日本による海南島の自然および社会に対する調査は、一九三九年の軍事占領に先立って、一九二〇年代から台湾総督府によってすでに着手されていた。日本は海南島を台湾の植民地統治の延長線上に位置づけ、台湾と類似した熱帯性の自然条件の島として注視し、熱帯性農業、畜産業、林業、鉱業といった各種産業の開発の適地として位置づけ、調査を進めていた。

だが、一九三九年の海南島の軍事占領は、日本によるこの島の自然と産業開発に対して新しい意味を付与する。海南島の軍事占領は、日中戦争のゆきづまりを打開し、アジアの南方に向けて戦線を拡大するための足がかりであった。それはアジア地域内部の侵略戦争の域を超えて欧米諸列強と直接対決する「大東亜戦争」へと突入する足がかりとなるものであった。この戦争の拡大に対処するための総動員体制を整備するという視点から、日本は海南島を「大東亜共栄圏」の地政学的空間を担う重要な環として位置づけた。

海軍が占領下で作成した『海南警備府戦時日誌』(防衛研究所所蔵)を見ると、毎月記載される「一般情勢」のなかに、つぎのような文言がほとんど毎月のように登場する。

「大東亜戦争ハ不敗ノ戦略的体制ヲ完整シ南方諸域ニ於ケル友軍ノ戦果拡充ニ伴ヒ本島ハ其ノ中継基地並ニ戦略資源供給源トシテ繁忙且重要ナル使命ヲ担当スル事トナレリ」(一九四二年一月、資料頁0828)

日本が海南島を占領した直接の軍事戦術上のねらいは、太平洋側から武漢の中国政府に武器を送る「援蒋ルート」

を断つことにあった、とされているが、より広い軍事戦略上の意図は、海南島を「大東亜戦争」に向けて欧米諸列強と交える総力戦を戦い抜くための空間として位置づけ、島の鉱物資源と各種産業の開発をめざすことによって戦争遂行に必要な物資の調達を図ることにあった。

したがって、軍事占領後に大学や研究機関、各企業、調査機関が一斉に海南島の調査に乗り出すが、その調査の多くは、個々の機関や企業による単独の調査ではなく、日本の統治機関（三省連絡会議）および軍部（海南海軍警備府）の要請に基づいておこなわれた。[10] 学術調査として最も大がかりなものは、台北帝国大学の調査団により一九四〇－四一年にかけておこなわれた調査であった。この調査団は生物学班、農学班、地質学班の三班に分かれて、海南島の動植物、昆虫、鳥類、プランクトンなどの採集をおこない、各地の農作物（水稲、陸稲、小麦、豆、甘藷、護謨、椰子、珈琲、煙草など）や土壌微生物の調査、先住民黎族の食生活の調査、各地の地質調査及び岩石・鉱物の採集をおこなっている。[11]

海南島の動植物、農産物、地質、鉱物資源、気象条件、さらには島民の食生活、風土、風俗、文化などをつぶさに観察し記録する調査活動には、島の外的・内的自然を帝国日本の資産として領有しその資産の開発＝搾取を図るという統治の論理が貫かれている。

海南島におけるこれらの一連の調査活動には満鉄調査部も関わっている。一九三九年九月九日の日付で、満鉄東京支社調査室主事が陸軍省幹部に宛てて作成した報告書「産業上ヨリ見タル海南島」がそれである（執筆者は調査部調査役　是安正利）。

この報告書は冒頭に断り書きがあるように、満鉄調査部のオリジナルな調査報告ではなく、既存の資料を参考にし、かつ現地を視察してまとめたものである。そのなかには、民間企業の農業調査や、軍部の鉱山調査や軍部調査班の報告書なども含まれている。たとえば、一九三九年七月二一日に海南産業株式会社が作成した「海南島農業調査概要」。一九三九年五月一日に陸軍軽重兵中尉の大内一三が作成した「海南島錫鉱事業展望」、一九三九年一〇月一〇日に南支派遣軍調査班嘱託松尾弘が記した「海南島出張報告書」などである。この報告書では、海南島の産業のうち、とりわけ工業と農業にかなりのスペースを割いて、詳細な報告がおこなわれている。

この報告書は、南満州鉄道の割譲を契機として中国東北部の調査を目的に発足した調査機関である満鉄調査部が、

「大東亜共栄圏」という地政学的空間の構築を契機として「大東亜共栄圏」の調査機関へと変質したことを物語っている。この報告書によって調べ上げられた海南島の自然（河川、海洋、地質、土壌、森林など）は、統治のまなざしに先立つ所与として存在する自然ではない。それは、日本の軍事戦略によって構築された抽象空間の産物であり、統治のまなざしによって政治化された自然である。海南島の自然は「大東亜共栄圏」という地政学的空間によって生産され、帝国日本の国富として表象される。したがって、日本による海南島の統治政策と日本が海南島の自然に向けるまなざしとは不可分に結びついている。

そして、自然に向けたこのまなざしは、海南島の社会や住民にむけるまなざしとも連動する。「大東亜共栄圏」の空間は、土地・海洋・河川・森林・山麓・土壌・地下資源などの外的自然を開発し動員する空間であると同時に、「大東亜戦争」に向けて現地のひとびとの意思を結集し共通の理念に向けて海南島の内的自然を開発し動員する空間でもあった。

陸軍省・海軍省・外務省の三省の協議機関である「海南島三省連絡会議」（一九三九年二月より一九四二年十一月まで統治）が海南島の統治方針を示した「海南島三省連絡会議決議事項抄録」（一九四二年十一月に公布、愛知大学図書館所蔵）には、日本による海南島の統治の目的が明確に示されている。(12)

そこでは、まず冒頭の「一般規定」で、海南島の資源・産業の調査、開発事業の経営、土地の買収・利用に関しては、法律よりも「三省連絡会議の司令」が優先することを明記している。日本の統治機関は、海南島の自然・土地・産業を支配する絶対的権限を有しており、その権限は現地の社会規範よりも優越することがここに宣告されている。「労務」の項目では、石碌鉱山開発に向けて労働力を常時充足するために住民の「労働義務制」を設けて、市や県単位で「義務労働者」を割り当てており、この動員が明らかな強制労働であることを示している。さらに、この「労働義務制」を実効性のあるものにするため、治安維持会や保甲制度を活用するよう指示している。

「警察」の項目では、警察訓練所を設けて「皇道を基調とする東亜民族共栄の思想信念に関する教育及警察所用の学術並びに実務訓練を施す」、と述べる。

「教育文化」の項目では、中等教育を充実させるため中学校を開校し、日本語を習得させ、「東亜共栄を理念とする道徳を涵養」し、「実業教育を中心に島民に必須の知識と技能を授ける」、としている。

自然を開発＝搾取する志向性は、その開発に向けて統治下の住民を精神的に規律訓練し、労働力として動員し、さらには、その動員に非協力であったり抵抗する住民を虐殺する行為と不可分に連動している。石碌鉱山が所在する昌江黎族自治県のいくつかの村では、「義務労働制」によって日本窒素が経営する石碌鉱山の採掘に駆りだされた住民が満足な食事もあたえられずに働かされたうえ、流行病に感染すると感染の広がりを恐れた日本軍によって生きたまま焼き殺された（紀州鉱山の真実を明らかにする会ブログを参照）。

5 「地理学的細部に宿る悪魔」の自覚

――海南島に進出した日本の水産業

日本による海南島の調査は、海南島の自然を日本の軍事戦略のために利用し開発することを目的としておこなわれた。だが、そのような自然の開発を際限なく進めることに対する限界を指摘した調査報告も、わずかながら見られる。日本がみずから掲げた「アジアの解放」という理念がアジアの自然を収奪することによって「地理学的細部に悪魔が宿る」ことを直視した調査報告書が水産業に関して見てとれる。東亜研究所による一九四〇－一九四一年の調査報告書「南支那海汽船トロール並ニ機船底曳漁業現勢調査」（其一）（其二）がそれである。

この漁業調査は、トンキン湾（報告書では「東京海湾」）を対象におこなわれた。トンキン湾は、海南島と中国大陸とベトナム（当時の「仏領印度支那」）にはさまれた海域であり、世界でも有数の良好な漁場と言われているところである。日本はこの湾でのトロール漁業を海南島の軍事占領よりもかなり早い時期から始め、同時に調査も実施してきた。この報告書によれば、一九二八年にトロール船慶南丸がトンキン湾に「探検出漁」し、一九三四年には農林省の飛隼丸が、一九三六年には台湾総督府の照南丸が、それぞれ調査を実施している。これらの調査以降、海南島の軍事占領に至るまでに、すでに日本のトロール船漁業によるトンキン湾の漁業は急速に進められた。

日本の軍事占領後におこなわれたこの「漁業現勢調査」の主旨は、日本による海南島の軍事占領と南進政策にともない、海南島を拠点とする水産資源開発問題の重要性が高まってきたので、そのための水産資源の技術的調査をおこなう、というものである。水産資源の技術調査においても、日中戦争のゆきづまりを打開するために南方進出を試みる日本の軍事戦略とそのための物資調達の必要性の高まりがうかがえる。だがこの報告書は、漁業においては資源調達を無際限に拡大していくという開発主義的なやり方に限界があることを指摘している。

日本の漁業は、すでに日本の近海でもトロール漁法によって海洋の漁業資源を乱獲していた。トロール漁業は、「数ある漁業の中で、最も機械化された近代的漁業」（同〔其一〕、三頁）であり、底引網で「底棲生物を採捕することを目的」とする。ところが、「底棲生物」は「蕃殖率が低く減少し易い」から、漁船を増やしたり、「漁具の改良」などによって「操業規模の拡大」をしようとすると、それは「資源維持に逆行する」（同〔其一〕、三頁）ことになる、と報告書は指摘する。工業においては生産性の向上のための技術革新や品質改良は富を増進させるが、漁業に関しては、技術革新を進めて漁獲量を増加させることが漁業資源を破壊し、その維持を困難にする。報告書は漁業の技術改良と漁業資源の維持とが両立しないことを明確に自覚していることがわかる。

報告書は、これまでの日本の漁業の歴史を振り返り、日本の漁業が乱獲による漁業資源の破壊の歴史であったことを認めている。トロール船と機船底曳網漁業の「歴史を観るに、漁業それ自体が非常に能率的であるだけに、乱獲酷漁の連続であった」（同〔其一〕、三二頁）、と。

「従来、漁場の拡大、新漁場の開拓、漁撈技術の改良、漁船漁具の進歩、等々によって漁獲高はいくらでも増加し得るものと思はれて居た」（同〔其一〕、三一頁）。だが、それらの改善によって漁獲高の一時的な増加は見られたものの、「結局に魚体は逐年小さく漁獲高は逐年減少すると云ふ結果を招来した」（同〔其一〕、三一頁）。そのような漁獲努力を続けるならば、「支那東海」「黄海」と同じようにして、ここ「東京海湾」でも「重要魚族の減滅」と「漁業の衰退」は避けられない。したがって、「水産資源の状態を認識して善処せざれば折角の水産資源開発問題も痛恨事であるを免れない」（同〔其一〕、六八頁）、と結論づけている。

農林畜産業とは異なって、「水産資源は直接に計測し得ることが出来ず」したがって計画を立てることができない。「東京海湾」や「南支那海」の漁撈においてもこのことを心得ておかなければならない、報告書はこう強調する。

この調査報告書は、自然を開発の対象として働きかける産業活動に限界があることを、海南島の軍事占領時の漁業関係者がすでに自覚していたことを物語っている。「連帯と解放」の理念を掲げて開発をかぎりなくアジアの外部に向けて拡張する活動が「悪魔を地理学的な細部に宿す」ことの重大問題が察知されていたのである。

だが調査報告は、このような警告を発するだけにとどまっている。それどころか、他の産業と同じように、結局のところ、開発主義の志向を外部に向けて拡大する道を突き進むことになる。

その志向が端的に表れているのが、愛知県水産試験場による「海南島漁業調査報告」（一九四〇年六−七月）である。愛知県水産試験場が海南島に向けて派遣した調査船白鳥丸は、一九四〇年六月一八日に名古屋港を出て、台湾経由で、海南島の楡林港（南シナ海に面している）と白馬井港（トンキン湾に面している）に停泊して調査をおこない、帰りは広東、上海に寄港して、七月二七日に名古屋港にもどっている。

本報告書は、海南島にこの調査船を派遣する目的について、その冒頭でつぎのように述べている。日本では「機船底曳網漁業規則」が施行されたため、愛知県でいわゆる「動力付打瀬網漁業」の取り締まりが厳しくなり、将来はこの漁法による操業が不可能になる。その結果として「本県漁業ノ将来ハ漸次衰退ノ傾向ヲ辿リツツ」（同、一頁）ある。

この事態を打開するために「将来南方漁業政策ノ拠点タル海南島ニ雄飛セシムル為指導船白鳥丸ヲ海南島方面ニ派遣セシメ」、「漁業ノ実情ヲ調査」（同、一頁）することになった、と。

つまり水産資源の乱獲による日本近海での漁業規制が厳しくなったので、ゆきづまりつつある愛知県の水産業を立て直すために、「南支漁場ノ開拓」を図ることを目的として調査船を派遣することになった、と述べている。海南島では、底引網漁船に実際に便乗して漁場の状況や捕獲物を調査している（海南島の「有用海産動物並ニ在来ノ漁具、漁法及漁獲物調査」）。

注目すべきことに、この報告書は日本から海南島に出漁する漁船のための「海南島出漁者組合規約案」（同、三一−三六頁）まで作成している。この規約案は一九三九年九月一日の日付で作成されており、海南島の軍事占領からわずか半年後のことである。その「総則」には、この組合が「海南島ヲ漁業根拠地トシテ従業スル邦人漁業者」（同、三一頁）の組織であることが謳われ、その目的が「組合員相互ノ利益ヲ増進スルト共ニ海南島ニ於ケル水産業ノ堅実ナル発達ヲ図ル」（同、三一頁）ことにあるとし、組合の事務所を楡林港に置く、としている。そこでは、海南島の水産資源が日本人の漁業関係者の共同資源として位置づけられている。

報告書では、この南方漁業に対して、日本政府が国庫助成を支給していることも記されている。さらに報告書では、一九三九年の「支那海出漁漁船助成金交付要項」(同、一四頁)にもとづき南シナ海に出漁計画を立てている漁船の一覧表が作成され、石川、北海道、高知、島根、宮城、山形の各県と台湾から出漁した漁船のリストが掲載されている(同、一四―一五頁)。また、調査船は愛知県だけでなく、農林省(飛隼丸)、長崎県(鶴丸、英福丸)、石川県(自由丸)も実施したことが記されている(同、一六頁)。つまり、愛知県の水産組合だけでなく、各道県の漁船が、政府の支援を受けつつ、南シナ海に調査船を派遣し、出漁していることがわかる。

海南島の軍事占領を契機として、軍部、政府、各産業の企業、さらには共同組合までもが海南島の各種の産業開発に一斉に乗り出す動きの一端を愛知県水産組合の調査は物語っている。

海南島の自然や産業に対する常軌を逸した関心は、この報告書においても見られ、末尾には、「海南島ニ於ケル蒐集動物」として、各種の魚、貝等、九〇種類の魚介類がリストアップされ(同、三九―四一頁)、さらに、「海南島ノ一般状況」として「地勢」「河川」「気象状況」「海流及潮流」「住民」「衛生状態」水産業を除く「海南島ニ於ケル一般産業」「交通」「水産業」「港湾の概況」を概観している(同、五―一三頁)。愛知県の水産試験所による水産業を目的とした調査活動において、海南島の自然と産業が総体的に調査・記述され、その自然と産業がまるでわがものであるかのように表象されているのである。

報告書は、「結び」として、農林省に対して調査員を派遣して、「漁業調査網ヲ拡大シ、漁場、漁期、漁法、魚類ノ習性等ヲ研究シ、且ツ将来海南島出漁ニ対スル指針タラシメタシ」(同、二九頁)として、政府に対して海南島の漁業の全面的な調査と指導を要請している。さらに、海南島に出漁する漁船に対して「漁業用資材ヲ特別配給」(同、二九頁)するよう求めている。地方自治体の水産組合が、政府の要請を受けるのではなく、みずから自主的に調査船を海南島に派遣し、調査を実施して、日本近海での水産業のゆきづまりを海南島への進出によって打開しようとする意図がこの調査書から明瞭にうかがうことができる。

この報告書には、東亜研究所の報告書が指摘するような、水産資源の乱獲による漁業の衰退に対する危惧はみぢんも見られず、むしろ日本の近海で規制されつつあるトロール漁業を大規模に海南島近辺で展開し、日本で操業の規制によってゆきづまりつつある水産業を海南島で立て直そうとする志向が露骨に表れている。

むすび

明治近代以降の日本は、アジアの自然を植民地主義のまなざしで表象してきた。この植民地主義的な自然認識は、抽象的時間と抽象的空間の枠組みに支えられている。

抽象的時間の枠組みにおいては、歴史が普遍的な直線的・連続的な進歩の時間軸でとらえられる。歴史は、「野蛮」「未開」「文明」という諸段階を経て進歩するものとみなされる。そして、世界各地の諸民族の発展がこの諸段階に位置づけられる。日本が植民地統治しているアジアの各地は、「開発の遅れた野蛮あるいは未開の段階にある地域」とみなされ、「文明国」日本はそれらの地域を「文明化」する責務を負う。この視点に立って、日本の植民地統治が正当化された。

抽象的空間の枠組みにおいては、現地の生活者が風俗、文化、歴史の具体的な諸条件を築き上げていく過程が切り捨てられ、もっぱら資源の領有や軍事作戦上の関心から、地質・地形・気象・諸資源・諸産業が調査・観察される。この空間は日本の植民地統治のまなざしによって組みたてられる。そしてこの戦略空間は諸地域の具体的・歴史的な諸条件を捨象した《アジアの解放と連帯》という抽象的理念によって粉飾され、「大東亜共栄圏」という地政学的な空間へと高揚させられる。

アジアの自然は、この抽象的時間と抽象的空間を根拠づける言説として利用され、同時に抽象的時間と抽象的空間の枠組みによって帝国日本の欲望の対象とされてきた。太平洋の海洋は「大東亜共栄圏」の地政学的統一性を根拠づけるものであり、渤海湾は「大東亜共栄圏」のアジアのネットワーク化された資源開発と工業生産活動を根拠づけるものとみなされたのである。

日本は「外邦図」を作成することによってアジア侵略のための軍事作戦を遂行し、「外邦図」をもとに作成した地籍図によって土地調査事業を進め、植民地の土地を収奪した。軍事占領した海南島の自然は、森林、土壌、河川、海洋、鉱物資源、動植物のすべてが「大東亜戦争」の総力戦を遂行するための戦略物資とみなされ、その視点から自然が調査され、その開発が計画された。そして、帝国日本の政治的に組織された抽象空間と抽象時間の枠組みのなかにアジアの民衆の身体・生活・文化・意識のすべてが位置づけられ利用された。アジアの自然と同様に、アジアの民衆の生きられた身体が開発＝搾取の対象とされ、このまなざしがおびただしい強制労働、性暴力、住民虐殺となって発現する。

見逃してならないのは、この抽象的時間と抽象的空間の枠組みと不可分に結びついた自然の認識が敗戦によって「大東亜戦争」と植民地統治が中断させられた戦後日本においても継続する、ということである。敗戦直後の一九四七年に日本の大蔵管理局が旧植民地統治下の「日本の資産」について調査し作成した報告書『日本人の海外活動に関する歴史的調査』の中にその思考を読み取ることができる。

本報告書の第二九冊「海南島」篇を見ると、敗戦後の日本がかつての海南島の植民地統治をどのように振り返っているかを伺い知ることができる。そこでは、まず日本が海南島を軍事占領した目的としてつぎの二点が挙げられる。ひとつは、当時「南支那海から重慶政権に流入する物資の根源を封鎖根絶する」ため、という直接に軍事上の目的であり、もうひとつは、「日本の不足する軍需資材を同島の開発に依って補給せんとする」（同、八五頁）ためという目的である。

日本の農業開発会社は、当時の日本に不足していた「綿花、黄麻、マニラ麻、植物油脂としてのコプラ、昆麻、自動車及び航空工業用のゴム等」（同、八六頁）の熱帯産農産物を海南島で調査し、研究開発し、機械器具を導入して、その増産を図った。また、石原産業は田独鉱山で、日本窒素株式会社は石碌鉱山で、三菱鉱業は羊角嶺鉱山や南朋島で軍需資材として重視された鉄鉱、タングステン、錫などの採掘を進めた。

この報告書は、これらの産業調査や産業開発の目的を、戦前のように、「大東亜共栄圏」の発展のため、あるいは「アジアを解放する大東亜戦争」のため、とはもはや言わない。その代わりに、これらの産業調査や産業開発を「日本人固有の経済行為であり、商取引であり、文化活動であった」（「総目録」序三頁）、と位置づける。それらは侵略戦争や植民地統治と切り離され、「日本及び日本人の海外に於ける正常な経済活動の成果」（同、三頁）と見なされる。

他国を軍事占領し、その資源や農産物をわがものとする行為は略奪行為以外の何物でもないが、大蔵管理局はその行為を「日本の正常な経済活動」と言ってのける。産業調査や産業活動を侵略戦争や植民地統治と切り離して「日本の経済活動の成果」として位置づけることを正当化しているもの、それは「日本の正常な経済活動」が「海南島の経済発展に貢献した」という理由づけである。

本報告書の構成がそのことを語り出している。そこではまず第一部「日本軍占領前に於ける海南島の状態」で、日本の軍事占領以前の海南島の「自然状態、住民、資源と産業状態、貿易の構造、社会文化」を概観して、この時期の海南島は「民度低く産業の発達は遅れ」「文化の程度も低く」「近代的改良進歩の跡は殆ど見られない」（同、五頁）と評定している。とりわけ、かつての植民地台湾をとりあげて「五十年前日本が領有する以前に於ける台湾と略同様であった」（同、五頁）、と記す。そのうえで、第二部「日軍占領後に於ける邦人企業の発達状況」で、海南島の軍事占領が「領土的野心に基づくものではな」く、「産業資源の平和的開発」が目的であったとして、日本企業の海南島進出が海南島の経済発展に多大な貢献をした、と評価している。

注目すべきは、日本企業による海南島の産業開発を「日本の計画経済の拡張」としていることである。ここで「計画経済」と表現しているのは、海南島の産業開発が日本の個別企業の私的利益のためにおこなわれたのではなく、日本経済全体の発展をめざしたものであること、そしてその発展が海南島の経済発展にも貢献するものであったこと、を強調するためであろう。

すでに言及した日本の水産業の海南島進出についても、報告書では、日本が「トロール漁業と称する汽船底曳網漁業」によって「占領軍及び島民に豊富に新鮮なる魚を供給し、「之を冷凍して支那大陸又は内地に供給する」という「水産事業計画」を立てたことを高く評価している（同、一一六頁）。トロール漁業が南シナ海やトンキン湾の漁業資源を破壊し収奪したことの内省はまったく見られない。

だがこの「日本の計画経済」の強調は、かえって海南島の産業開発が日本国家による海南島の自然の組織的な収奪行為であったことを浮き彫りにする、事実、海南島の大規模な開発は、軍と企業が連携して、海南島の住民、社会組織、資源を大量動員する組織的活動なしにはおこなわれなかった。

大蔵管理局の報告書が、海南島を台湾と比較して論じていることから明らかなように、日本はアジアの植民地統治によってアジアの産業発展と近代化に貢献したことをここで強調していることがわかる。この指摘は、日本が抽象的時間と抽象的空間の枠組みのなかでアジアの自然を表象し、そこに軍事侵略と植民地統治の政治を投影させた戦前の思考を戦後もそのまま継承していることを意味する。日本は「民度が低く」「発達の遅れた」アジアを産業発展によって文明の段階へと引き上げ、「アジアの近代化」に貢献した、と。日本の植民地統治をアジアの近代化に貢献したとして肯定的に評価する「植民地近代化論」は、この自然認識に立脚している。

　この自然認識を転換するためには、時間と空間の抽象的な思考の枠組みから脱却しなければならない。時間と空間は、ひとびとの生活文化や歴史や日常感覚と不可分に入り組みあい、関係的、相対的に生産されている。抽象的時間と抽象的空間はそのような生きられた関係を押しのけ、国家・資本が統治する地政学的時間と地政学的空間をうちたてる。近代日本はこの時間的・空間的枠組みを通して侵略戦争と植民地支配を推進してきた。

　地政学的空間と地政学的時間によって抑圧され封じ込められてきた歴史認識や多様な社会関係や生命の循環運動を復権させ、関係的・相対的な空間と時間の枠組みを再建すること、そしてそのなかで国家による自然の植民地主義的な収奪の関係を転換し、自然を開発主義の思考から解き放ち、自然と社会の生態学的な弁証法のダイナミズムを取り戻すこと、これが求められている。[13]

注

（1）徳川時代の自然思想については、テッサ・モーリス＝スズキ［2014］の分析に負っている。

しかし、徳川時代の日本の自然観には、自然を全体としてとらえ人間をその一部とする自然観と、自然を開いて人間に役立たせようという自然観はあるが、自然を保全し管理しようとする自然観は弱い。このような自然観は戦後にまで継続し、農林漁業における資源管理の姿勢の弱さとなってあらわれた。テッサ・モーリス＝スズキも、アルネ・カランの見解を紹介しつつ、この問題をつぎのように指摘している。

「日本美術に表現されている自然に対する感情［山や森などの自然が有する審美的な環境価値を評価するという感情］は自然環境の実際的な保全には関心がなく、自然を精神的・哲学的な価値のメタファーの源として活用する方に大きな関心がある」(同書四八頁)。

（2）牛越国昭［2009］は、「外邦図」をつぎのように定義している。それは、「戦争目的、軍用目的に作製された国外領域の地図であり、ありていにいえば、日本がこれから戦争をもって侵そうとする国々、地域を対象に参謀本部によって作製された地図」（第一編、一五〇頁）である、と。

（3）西欧近代における抽象空間の歴史的成立に関するH・ルフェーヴルの考察については、Lefbvre H.［1974］、および斉藤日出治［2003］を参照されたい。

（4）ハーヴェイが指摘するように、イギリスの植民地統治において行使された地図学的理性の暴力は、植民地解放後のインドの国民国家形成にも影響を残す。解放後のインドでは、インドの空間がさまざまな時間性や歴史性から切り離された抽象的な空間として表象されたまま、その表象を基盤としてインドの国民国家の枠組みがかたちづくられていく。

「イギリス人が残した地図学の内部に形成された国民的存在の神話は、個々の断片に分割されながらも、空間、場所、地理に関するインド人の感覚と、時間と歴史に関する特殊に抽象的で近代主義的な理解とを結びつけている」（ibid., 邦訳九六頁）。

（5）帝国日本がアジアで作製した「外報図」の歴史については、小林茂［2011］を参照。

（6）牛越国昭［2009］は、この秘密測量を、日本による他国の主権侵犯行為であるとして、「潜入盗測」という表現を用いる。

（7）後述する海南島の統治時代に際しても、地図の作製が行われた。日本はこの統治時代に海南島の軍用地図と産業地図をいくつも作成している。一九三二年に「満州国」の航空路を開くために設立された「満州航空株式会社」は、航空測量業務をも担い、アジア太平洋戦争の開始前後に海南島の地形図を製作している（小林茂編［2009］八八頁）。また、台湾拓殖株式会社が一九三九年七月（日本軍による海南島の軍事占領のわずか半年後）に作成した「海南島産業分布図」（武蔵大学図書館所蔵）には、島の各地における森林、山麓、塩田などの所在が記され、金、石炭、鉄、鉛、銅、錫、水銀、アンチモニー、砂金などの鉱物資源の産地、米、甘藷、藤、珈琲、ゴム、椰子、黄痲、落花生、野蚕などの農産物、蟹、飛魚、鯛、沙魚等の漁獲類の産地が克明に書きこまれている。海南島の空間と自然は、後藤新平が「経済的植民政策」と呼んだ産業開発の対象として表象されていることがわかる。

（8）紀州鉱山の真実を明らかにする会編［2005］および［2007］を参照されたい。海南島における日本軍の住民虐殺については、これまで多くの住民から証言を得ている。本論では、この住民虐殺と日本による海南島の自然の表象のしかたとが不可分なものとしてあることを指摘したい。
(9) 日本による海南島の調査資料については、斉藤日出治［2013］の末尾の文献目録を参照されたい。農業調査関係の資料については、趙従勝［2013］が詳しい。
(10) 本論の末尾で、軍事占領下で作成された調査資料について、不完全なものであるが、軍部・政府関係・調査機関・大学および研究所・企業・公共団体といった組織別に分類した。このほかにも、研究者が個人的に行った調査や、旅行記、視察記など、おびただしい記録が残されている。
(11) 台北帝国大学のこの調査については、趙従勝［2013］および斉藤日出治［2013a］を参照されたい。
(12) 「海南島三省連絡会議決議事項抄録」については、佐藤正人［2009］および斉藤日出治［2009］を参照されたい。
(13) たとえば、自然農法は植民地主義にもとづく自然認識の根本的な転換を必要としている。自然農法を支える自然認識は、抽象的時間と抽象的空間の枠組みを解体し、人間と自然の生態学的弁証法のありかたの転換を必要とする。自然農法はたんに「自然に帰る」ということではなく、社会と自然との関係についての新しいありかた、社会諸関係の組織方法、市場の仕組み、都市の仕組みを、開発主義とは異なるかたちで創出することを意味するからである。野沢敏治［2007］は、自然農法を市民社会が生産する自然としてとらえ、市民社会と自然を切り離すことなく相互に入り組みあった不可分の関係として位置づける。

参考文献

後藤新平［1944］『「日本植民政策一班」「日本膨張論」』中村哲解題、日本評論社
Harvey D.［2009］*Cosmopolitanism and Geographies of Freedom*, The Columbia University Press.［大屋定晴ほか訳『コスモポリタニズム――自由と変革の地理学』作品社］
福間良明［2003］「「大東亜」空間の生産」『政治経済史学』（1）四四〇巻、（2）四四一巻
紀州鉱山の真実を明らかにする会編［2005］『海南島で日本は何をしたのか』写真の会パトローネ
――［2007］『写真集　日本の海南島侵略と抗日反日闘争』
小林茂［2011］『外邦図――帝国日本のアジア地図』中公新書
小林茂編［2009］『近代日本の地図作成とアジア太平洋地域――「外邦図」へのアプローチ』大阪大学出版会
Lefebvre H.［1974］*La production de l'espace*,［『空間の生産』斉藤日出治訳、青木書店］

満鉄調査部［1940］「産業上ヨリ見タル海南島」執筆者調査部調査役　是安正利、アジア歴史資料センター、所蔵
松村高夫ほか［2008］『満鉄の調査と研究』青木書店
野沢敏治［2007］「趙漢珪「自然農業」と東アジア農民共同体」二〇〇五－二〇〇六年度科学研究費補助金（基盤研究（C））研究成果報告書
大蔵省管理局編［1947］『日本人の海外活動に関する歴史的調査』第二九冊「海南島篇」
斉藤日出治［2003］『空間批判と対抗社会』現代企画室
――［2009］「「海南島三省連絡会議決議事項抄録」ノート」『海南島近現代史研究会会報』二号
――［2010］「海南島における住民虐殺と統治政策」『大阪産業大学経済論集』第一二巻第一号
――［2013］「海南島における日本人の『学術調査研究』と植民地責任」近畿大学日本文化研究所編『否定と肯定の文脈』風媒社、所収
――［2014］「「戦後」という日本社会の歴史認識」近畿大学日本文化研究所編『日本文化の明と暗』風媒社、所収
笹倉正夫［1941］「東亜共栄圏地下資源論」『満鉄調査月報』（一）第二一巻第一二号、一九四一年十二月号、（二）第二二巻二号、一九四二年二月号
佐藤正人［2009］「『海南島三省連絡会議決議事項抄録』について」『海南島近現代史研究会会報』二号
趙従勝［2013］「一九三〇－一九四五年における日本人の海南島農業調査」『教育実践学論集』一四号
テッサ・モーリス＝スズキ［2014］『日本を再発明する』伊藤茂訳、以文社
牛越国昭［2009］『対外軍用秘密地図のための潜入盗測――外邦調査・村上手帳の研究』第一編、第二編、同時代社

海南島占領期における日本の機関別の調査資料

［軍部］

海南海軍特務部「海南島産業開発の現況と将来」一九四二年六月
海南海軍特務部政務局『黎族及其環境調査報告』第一輯、一九四三年
海南海軍特務部経済局、海南海軍特務部経済局海軍技師小野卯一『五ケ年間に於ける海南島農業開発概観』一九四四年一〇月

［政府機関］

台湾総督府外務部「海南島誌」『民俗学研究』第五巻三号、一九三九年

興亜院政務部『海南島一般事情』興亜資料（経済編）第五四号、一九三九年七月

台湾総督府林業試験所『海南島及広東視察調査復命書』、一九四〇年

興亜院政務部『海南島に関する資料』（興亜資料、経済編第七六号）、一九四〇年

外務省通商局『海南島農業調査報告』台北商工会議所、一九四〇年

中支建設資料整備委員会編訳『海南島』、一九四〇年

中支建設資料整備事務局編訳『海南島熱帯作物調査報告』（編訳彙報第三六編）一九四〇年

外務省通商局第三課「海南島農業調査報告書」市原豊吉、一九四一年

台湾総督府外事部「海南島農林業開発参考資料」一九四一年

台湾総督府外事部「殖産局調査団報告書」一九四一年

台湾総督府外事課『海南島農林産業開発参考資料』第一‐一七号、一九四一年

拓務省拓南局編『海外拓殖事業調査資料』第四四‐四九、五四、五六‐五八、一九四一年

台湾総督府殖産局日本栽培協会編『海南島の綿作』（日綿資第一六輯）、一九四一年

――『最新詳細海南島大地図』東亜地理調査会、一九四一年

台湾総督府外事部『海南島一周産業経済視察記』一九四二年

台湾総督府外事部、平坂恭介「海南島ノ動物概説」一九四二年

台湾総督府外事部、正宗厳敬「海南島植物誌」一九四三年

台湾総督府内務局土木課『海南島全図』南方資料館、一九四三年

[調査機関]

東洋協会調査部『現下の海南島事情』一九三九年二月

東亜研究所『海南島ノ農業』第1部自然科学班、一九三九年

――『海南島ノ植物』第1部自然科学班

――『海南島ノ民族と衛生の概況』、一九三九年

――『海南島ノ地質及鉱山』第一部自然科学班、一九三九年

――『海南島ノ藍業並水産業』第一部自然科学班、一九三九年

――「海南島魚類目録」第一部自然科学班、一九三九年

――「海南島ノ産業外観」第一部自然科学班、一九三九年

――『海南島ノ植物』増補改訂版、一九四〇年

――「南支那海汽船トロール並ニ機船底曳漁業現勢調査」

（其の一）一九四〇年五月資料乙第一八号B（担当者第一部自然科学班　柴田玉城）
（其の二）一九四一年五月資料乙第三九号B
南方産業調査会編『海南島』南進社、一九四一年
東亜地理調査会『最新詳細海南島大地図』、一九四一年
東亜研究所『海南島地志抄』、一九四二年

［大学・研究所］

台北帝国大学第一回海南島学術調査報告」第一班生物学班、第二班農学班、第三班地質学班、台湾総督府外事部調査資料第五十、一九四〇‐四一年
台北帝国大学理農学部応用微生物学教室編『海南島土壌の応用微生物学的研究』一九四二年
東京商科大学東亜研究所「南方文献目録」一九四三年

［企業］

台湾拓殖株式会社「海南島産業分布図」一九三九年七月
大日本政党株式会社本社農務部「海南島農業及糖業概観」一九三九年十一月
日本窒素肥料株式会社「海南島石碌鉄山開発計画」一九四〇年十一月四日
台湾拓殖株式会社「海南島ニ於ケル錫鉱事業ノ現状」一九四一年
台湾拓殖株式会社「海南島陵水県ニ於ケル農村経済並ニ一般慣行調査」一九四一年
日本油糧統制株式会社「海南島油肥及び油肥原料資源調査」一九四一年
東亜海運株式会社調査部「海南島ノ港湾」前篇、『港湾調査資料』第一六扁、一九四四年九月二〇日

［地方団体・公共団体］

東亜技術連盟「海南島におけるゴム栽培事業」『技連パンフレット第一四扁』一九三九年一〇月
愛知県水産試験場「海南島漁業調査報告」一九四〇年六‐七月

8 学校制度の受容と変容

出口管理と入口管理

浅野 清

1 はじめに

「またあるとき、背の高い子がいるので、「スイス人は日本人に比べて背が高いのですか?」と聞くと、先生がにこりともしないで、「小学校から落第してきた子です」と言った。「スイスは小学校から幼稚園への落第があるのか?」と言ったら、今度は先生の方がびっくりして、「日本は小学校から幼稚園に落第させないのか?」と言う。「そんなことは日本では絶対やっておりません」と言ったら、返ってきた先生の言葉がものすごい。「日本はそのような不親切な教育をしてうまくいくのか?」と言いました。

そこで私は、親切にも種類があるということを知った。どういうことかというと、一年生で出来ないなら幼稚園生にしてあげよう。これがスイスの親切。二年生では出来ないけど二年生にしてあげよう。これが日本の親切です。一度一緒になったら、みんなで一緒に行きましょうというのが日本の考え方。それをできるだけ無理してでもやりましょうが日本の親切です。ところがスイスはみんなでいても、出来ないのであれば下へ行かせてあげようという考え方です。こういう考え方で小さい時から育つ国と日本人とではすごく違う[1]。」

故河合隼雄が若き日にジュネーブにあるユング研究所に留学した折、自分の子供を入れている幼稚園で見聞きした体験談である。近代の学校制度は「学力」による地位達成の主要な手段となっている。そのため、学力の評価や試験の制度が社会的に正当化される制度として確立される。河合の引用文に出てくる事例は「小学校から幼稚園への落第」の話であり、落第が本人にとって「親切」かそうでないのかを判断する文化的事例である。出口管理社会では、進級、修了の認定が厳格に行われ、絶対評価に基づく学力水準に達しないと原級留置（落第）が日常的に発生する。またそれぞれの階梯を踏む学校制度の一つ一つを「修了」する際にも厳格な試験制度というハードルが存在する。厳格な質保証がなされているために、そこで発行される修了認定は社会から認定された一つの「社会的」資格となる。このような出口が社会に対して開かれている西欧社会は、中世以来の同業組合という閉鎖的で保守的な「職業資格付与団体（Qualified Association）」の上に成り立っている。大学もまたそのような「職業資格付与団体」の一つであり、大学教授という職業資格を認定する機関である。大学教授職だけでなく、高度職業人材の「職業資格」たとえば医師や法曹職さらには国家の行政職の認定や採用基準に、高等教育の「修了」資格が充当される。それが近代市民社会である。

2 受容と変容

近代市民社会では、保守的で閉鎖的な「職業資格付与団体」が跋扈し、国家による統一的な職業資格制度の形成圧力に対抗し、後には国家の圧力に呑みこまれながらも、厳格な職業訓練を実施し、職業資格を発行して社会的な信任を勝ち得てきた。明治の政府が国家形成に着手したとき、眼前にある社会は市民社会ではなく、士農工商の身分原理と三〇〇有余の「藩」という「クニ」に分割された閉鎖的な農業中心社会であった。法治主義原則による契約社会という市民社会の中核を成す社会形成原理を一から作らねばならない明治政府は、「四民平等」を謳い上げてすべての国民を小学校に通わせ、優秀な児童を上級の学校に入学させて、社会的な地位を上昇しようとする熱望を国民に強く抱かせることが必要であった。

学校制度という身近な存在について、古今東西、自然で自明だと考えるものが実は自明ではなく、たかだか一〇〇年の歴史を持つものでしかなかったりする。あるいは世の東西どこにでもあると思われていたものが、実は日本だけのものだったりする。歴史的な視点、国際比較の視点でとらえてみれば、自明だと思われていたものの虚偽性がすぐに暴かれる。古くは中国から導入された律令制度、儒教、官僚登用制度など、受容と変容というテーマを提供してくれる。同じく明治以降、欧米列強の影響によって導入された学校制度についても、見かけ上の同一性の底に、まったく別の機能を持つにいたるような変容過程を検証することができる。名は同じでも実態は別物。これが曲者である。

変容過程を追跡するために、まず確認しておく事項は、近代化や資本主義化の段階的な相違である。産業革命が進行中の西欧の場合、学校は、農村から都市に流入してきた貧民を工場労働者に「訓育」するための機能集団として成立した。一九世紀初頭、英国に生まれた「ランカスター・システム」と呼ばれる「知育」のための学校がはしりである。他方、明治の初めの日本は圧倒的に農村共同体が支配し、農業に従事する人口が大多数を占めていた。官立の工場が、学校制度と同じく西欧から(たとえば、富岡にできた生糸の工場は、絹織物で有名なフランスのリヨン在住の技師を高給で招聘して成立した)の招聘要員によって設立され「島」のごとくに点在し、周りは「農村共同体」によって囲まれた世界を想像すればよい。「学校」のなかも「工場」のなかも、西欧から導入された原理によって維持され、その周りの「農村共同体」では、古くからの身分秩序やクニ意識や伝統墨守の精神が充満していた。そのような世界で、明治政府は学校制度をつくったのである。(2)

近代的な国家形成と産業革命と都市化による資本主義的経済秩序の同時形成を追及せざるを得なかった後発国日本では、学校制度も雇用制度も不可避に変容のプロセスをたどる。

市民社会の発展段階を日本は経過することなく、共同体が解体してから新しい「機能」集団を形成するまでの時間的経過がほとんどなかった。日本の場合、西欧からの「学校」導入時期は、農村共同体が現存する段階だった。そのため機能集団としての学校は「共同体」に転化・潤色される。同じく雇用システムにおいても、同じ「会社」で働きつづけることが評価され、終身雇用という「慣行」を形成してきた。都市の会社に就職し、かつ転職を繰り返していったならば、この賃金労働者にとっては、自己が所属する会社は「一時的」な機能集団でしかないはずだ。しかし、終身雇用のもとでは、戦後の高度成長期における「民族大移動」すなわち、農村共同体から「企業」という新しい共同体への即時的移行は、明治期の学校の「共同体」的な変容のありようと重なる。明治の時代における西欧学校制度の受容と変容過程は明治の時代で終了するわけではなく、第二次大戦を経た時代においても、膨大な農村人口を抱えていた「戦後」の時代にまで継続するのである。図表1と図表2から読み取れることは、一九五六－一九七三年

図表1　産業部門15歳以上就業者数の推移（%）

	第一次産業	第二次産業	第三次産業
1920年	53.8	20.5	23.7
1930年	49.7	20.3	29.8
1940年	44.3	26.0	29.0
1950年	48.5	21.8	29.6
1955年	41.1	23.4	35.5
1960年	32.7	29.1	38.2
1965年	24.7	31.5	43.7
1970年	19.3	34.0	46.6
1975年	13.8	34.1	51.8
1980年	10.9	33.6	55.4
1985年	9.3	33.1	57.3
1990年	7.1	33.3	59.0
1995年	6.0	31.6	61.8
2000年	5.0	29.5	64.3
2005年	5.1	25.9	67.3

総務省統計局「平成17年国勢調査結果の概要　速報」の表3-1より作成。
http://www.stat.go.jp/data/kokusei/2005/sokuhou/03.htm

図表2　農業部門従事者の構成比率（%）

	1950年	1954年	1960年
アメリカ	13	11.5	9.8
英国	5.6	5.0	4.4
西ドイツ	24.7	19.7	14.0
フランス	28.9	27.9	22.4
日本	40	40.6	32.5

経済企画庁（1966）、『年次世界経済報告書』第2章第19表より作成

の「高度成長」の時代になってようやく日本社会は農村中心社会から工業中心の都市型社会になり、人々は農民という農村共同体の構成員から都市の企業に雇用される賃金労働者になったという歴史的事実である。戦後形成された労働組合は西欧型の職種別組合ではなく、それゆえ企業横断的な、外部労働市場も十分に発達しない工職一体の「企業内組合」であった。戦後の出発点においても、農村共同体から企業という共同体への編入のプロセスがくりかえされ、近代市民社会を経由することのない日本的雇用システムを形成した。そこに学校制度が媒介的役割を果たす。最初は労働省と文部省が一体となって中学校卒業者と都市部における労働需要とを全国的規模でマッチングさせる「集団就職」であった。高度成長を経てからは、学校から会社への「新卒一括」採用（「学校という共同体」から「会社という共同体」への、時間的切れ目のない、しかも同一時期に一斉に行われる）のプロセスをつくりあげた。

その意味で、明治の時代における出口管理教育の受容、変容そして定着は、今日の我々の社会における試験進級ではない自動進級制、先輩後輩や年齢を重視する社会原理の基礎を形成した。女性の地位も不平等なままであり、専業主婦を税制や年金制度で合法化し、雇用に関しては「男女

雇用機会均等法の制定後、企業は総合職と一般職とのコース別管理制度を新たに導入した。（家族制度に関しては、憲法規範と矛盾する明治の旧民法がまだ規定力をもっている。）

市民社会の歴史と伝統が十分に成立することなく近代化を迫られた明治政府の場合には、国立の大学や旧制高校を官僚養成の拠点として国民に明示し、国民の四民平等主義と社会的地位上昇志向を刺激して、日本型の受験競争の過激化という「入口管理社会」を形成した。

政府は明治五年に「学制」を発布し「近代的な学校」制度を日本に導入した。明治初期の学校制度は、一部はアメリカ経由の初等教育制度であり、一部はプロイセン・ドイツとフランス経由の官僚登用のための高等教育制度であった。小学校、中学校、のちに高等学校、それに帝国大学という学校系統は、いずれも、進級試験と卒業試験による厳格な「出口管理」にもとづく学校制度であり、河合隼雄氏のいう「一度一緒になったら、みんなで一緒に行きましょう」という、今日我々になじみのある「年齢主義」と「自動進級主義」にもとづく学校制度ではなかった。落第や中退が相次ぎ、高学年の在学者数が細く狭まったピラミッド型をした小学校の姿については、今日からは想像もできないものであった。斎藤利男氏の研究によって、府県に一校

図表３　全国の中学校卒業者数と中途退学者数

年次	卒業者数	中途退学者数
明治 33 年	7,747	11,178
34 年	9,444	11,676
35 年	11,131	16,099
36 年	12,417	19,760
37 年	14,215	17,824
38 年	14,406	17,214
39 年	15,556	18,937
40 年	15,238	18,639
41 年	14,605	18,827
42 年	15,790	18,582
43 年	16,763	17,653
44 年	17,561	17,191

出典：斉藤利彦（2011）『試験と競争の学校史』講談社学術文庫、209 頁（中学校本科生徒のみ。『文部省年報』より）

だけ設置（府立や県立）された中学校への進学そして進級と卒業がいかに厳しい者であったかが理解できる。

しかし、外国から導入された「出口管理」の教育システムは、その後、徐々に変容を余儀なくされる。変容は「上から」と「下から」の双方から発生する。

まず「下から」つまり小学校が当時の農民からどう受け止められていたかといえば、発足早々の明治六年から九年にかけて、(3)小学校焼き討ちや暴動が全国規模で発生したことからもわかるように、農民にとって大事な労働力を学校に奪われ、しかも授業料まで徴集されることは、賛同でき

かねることであった。四民平等と能力主義に基づく人材登用を急ぐ政府は、「上から」の学校制度の整備に関心が集中し、明治の後半期にいたるまで、小学校のピラミッド型構成を放置した。小学校に於いても厳格な試験進級、月次試験と席次制度、卒業試験制度を維持し続けた。しかし義務教育段階だけで学校教育を終了し、それより上の高度専門職や国家官僚を目指さない人民と常に上昇移動を志向する人民とを明治政府は区分し、前者に対しては厳格な出口管理政策を放棄してゆく。一八九〇年の「第二次小学校令」により、試験進級制度による児童の「身体」発達を考慮して、義務教育においては「知育」よりも「徳育」と「体育」を重視する教育に変えた。義務教育だけで終える人材に対しては、知育偏重を廃止し、そのための成績の評価方法も変えていく。さらに一九〇〇年の第三次小学校令の施行規則において明確に試験進級制を否定し、今日の我々になじみのある自動進級制を敷いた（「施行規則」「小学校ニ於イテ各学年ノ課程ノ修了若シクハ全教科ノ卒業ヲ認ムルニハ別ニ試験ヲ用フルコトナク児童平素ノ成績ヲ考査シテ之ヲ定ムヘシ」）。小学校における出口管理政策の放棄の背後にあるのは、天皇制を利用した軍国主義体制の整備である。日清・日露の戦争の時期、徴兵制により多くの農村児童が兵士として徴用された。（他方で中学校と専門学校より上位の私立の教育機関では徴兵猶予の特典を国からかちとるための競争が激化したことを同時並行してみておく必要がある。）

では「上から」の学校制度建設において、出口管理は何に変容したか。それは入学試験や選抜試験という「入口管理」に変容したが、「上から」のプロセスについては次節で詳述する。

最後に西欧学校制度の「受容と変容」について、自ら一高教授として、さらには帝大教授への道を嘱望されていた同時代人、夏目漱石の分析を引用する。外人教授から日本人による教授人編成の未来を託され三年間の英国留学を経て、のちには博士号授与の申し出があったにもかかわらず、それを辞退し一高教授の職も辞して朝日新聞に入社した漱石は明治の時代の最後に次のように述べている。

「それで現代の日本の開化は前に述べた一般の開化とどこが違うかと云うのが問題です。もし一言にしてこの問題を決しようとするならば私はこう断じたい、西洋の開化（すなわち一般の開化）は内発的であって、日本の現代の開化は外発的である。ここに内発的と云うのは内から自然に出て発展するという意味でちょうど花が開くようにおのずから蕾が破れて花弁が外に向うのを云い、また外発的とは外からおっかぶさった他の力でやむをえず一種の形式を取るのを指したつもりなのです。もう一口説明しますと、西洋の開化は行雲流水のごとく自然に働いているが、御維新後外国と交渉をつけた以後の日本の開化は大分勝手が違います。[4]」

3　明治期の出口管理から入口管理への転換

明治政府は近代化のため西欧式の試験進級制と卒業試験制（大試験）を備えた「出口管理」方式の学校制度をつくった。小学校の卒業資格は中学校への、中学校の卒業資格は高等学校の入学資格となった。また大卒はそのまま高度専門職や高級行政職への任用資格（教育資格＝職業資格）になった。

国家は上から行政官僚、各省ごとの高度専門職人材（工部省、司法省、農商務省など）、陸軍士官学校と海軍兵学校による軍人の育成と確保を目指した。そして医、歯、薬と代言人（弁護士）、師範学校と高等師範学校における小中学校の教員などの高度専門職人材の育成を目指した。

国家はまた下からは、小学校（尋常小学校四年を義務教育、高等小学校四年）をつくり、身分制社会から四民平等の社会形成を目指した。その目的は（一）社会変革、（二）国家臣民、（三）産業兵士、（四）兵士の確保である。小学校における出口管理の廃止政策については、前節で分析した。ここでは「上からの学校」建設について分析する。

国家財政難から増え続ける進学需要に応えるために供給をふやすどころか、国家は供給抑制策をとった。大学や中学校の増設に着手せず、教育資格（＝学歴）でもって、自動的に任用してきた行政官僚や、法学校（司法職）や師範学校（教員）卒業生だけでは不足する分を任用「試験」によって、学校の階梯を経ない者にも開放した。ここに、私立の受験予備校が蘇生する。上昇移動を求める若者が首都東京に吸い寄せられ、私立の予備校、のちに私立の専門学校や各種学校に在学する若者の数は一挙に膨れ上がり、高校や大学の在校生の五倍六倍にも及んだ。「明治後期になるにつれて、入学試験という新たな競争の形態が出現し、それまで主に進級や卒業をめぐり組織されていた競争が、上級学校への進学の場面を主要な軸として展開され始めたということができる。そこでは競争は個々の学校や地域を超えて、全国レベルでの熾烈な競争へと展開を遂げていった。[5]」

小学校の試験進級と卒業試験制度が廃止された一九〇

〇年（明治三三年）以降、「出口管理」の学校システムは、徐々に「学歴」を問わない「学力」に基づく上級学校への入学試験と選抜試験による高度職業人の採用制度に変化していく。つまり「出口管理」社会から「入口管理」社会へと変貌していく。より上位への進学需要がたえまなく増大し、高等学校の設立を抑制し続けることによって、高度人材の確保は選抜試験に依存することになる。能力主義による行政官僚の登用や専門職人材の確保が一方の極にある。他方で、初等教育は履修主義と年齢主義による成績評価（試験進級制度と卒業認定試験制度の廃止）、学級編成においては能力主義的学級編成をとらずに、同一年齢＝異なる学力による学級編成、学級の中では学力競争を極力排除して、協調、友愛などの集団主義を鼓舞する。選抜試験では「個人主義」原理。義務教育の学級編成と成績評価においては非個人主義的＝集団主義的原理に拠る運営という二面的な評価制度が、一八九〇年の政策転換から常態化し、明治の「学制」で敷いた出口管理を一方では放棄し、一方では維持して二面的で相矛盾する評価制度をとりいれる。

再度確認しよう。厳格な「教育の質保証」「試験進級制」は明治の日本にもあった。修了試験による「教育資格」の認定が、上位の学校への入学資格になる制度は日本にもあった。同じく「教育資格」＝「学歴」が「疑似職業資格」化し、修了試験による教育資格の取得が、同時に職業資格の取得になる制度が日本にもあった。つまり日本にも「出口管理」(Minimum graduation requirements) はあったといえる。明治の最初の学校形成から明治大正・昭和へと「出口管理」制度はあったことの確認作業が第一。ついで学歴の高度化と階層化のプロセスのなかで、下位の学校は試験進級制や修了認定試験制度から自動進級制に変貌し、より上位の学校への入学は「選抜」試験へと変化する。学校はより上位の学校へ「進学」するための「予備校」となる。この段階で「出口管理」社会は「入口管理」社会に変化する。学位の高度化が絶え間なく継続すれば、上昇移動の方は能力主義的選抜＝最高学歴は無試験による職業資格授与、他方、下位の学歴は自動進級制となる。

そもそも専門職業団体とそれによる職業資格付与の伝統がない日本において、近代市民社会の屋台骨を成す高度専門職の育成を明治政府はどのように可能にしたか。まさに「無」からの創造である。官僚と医師・法曹などの高度専門職を育成するために、まず高等教育機関を創設して外国人教師に拠る教育制度をつくる。「厳格な成績評価」と卒業試験——ここまでは西欧的な「出口管理」に倣って——

合格者を無試験で官僚に登用する。無試験で高度専門職の「資格」を付与する。大卒者にのみ「独占」された高度専門職への登用であり職業資格の付与である。

しかし、帝国大学の数も少なく、厳格な出口管理ゆえに卒業資格を得る学生の数は限られている。どうするか。公的支出を増加して国立大学の数を増やす方策がまず考えられる。そうすれば従来の出口管理（試験進級＋卒業認定試験）政策を維持することが可能であるが、明治政府は教育費支出を増大しなかった。政府が採った政策は、高度専門職の不足分を選抜試験により補充するという方策であった。従来の帝大卒業者の「独占」は、帝大卒業生の無試験認定という「特権」に代わる。帝大卒業生は従来通り職業資格を授与されるが、私立の専門学校生には選抜試験に合格して高度専門職の職業資格を入手することができる道を拓く。教育への公的支出の抑制と民間部門の活用という今日まで続く教育政策の第一歩が始まる。教育にカネを使う余裕のない明治政府の「やむをえない方策」として選抜試験による高度専門職人材の資格認定制度が始まる。と同時に私立の専門学校の蘇生が開始される。

4 出口管理の思想

市民社会はその内部に前時代から継承した「身分」制度や特権団体が存在すると同時に、人々の「移動」の自由がある社会である。社会移動と社会的上昇のために「学校」制度が形成され、人々はその学校制度のなかで、社会的な位置づけを求めて移動する。この点、明治と第二次大戦直後の日本は「身分制度」からの急激な解放という事態が起こったという点で共通するところが多い。明治では四民平等のもとに、第二次大戦後では平和憲法下、男女平等原則のもとで、人々の社会的上昇移動が起こった。したがって、日本の場合、前時代の身分的要素の影響を受けることが極めて少なく、能力主義原則によって市民が社会的上昇移動を求めて「私的費用」による入学競争に狂奔するため、「学歴社会」(Over-emphasis on formal academic qualification society) 現象が出現する。

職業資格制度という「出口管理」システムは市民社会における商品の品質保証といった商品交換社会のルールと関連している。教育資格の認定制度は職業資格の認定制度に、職業資格の認定制度は中世の同業団体等を根拠とする「職業資格付与団体（Qualified Association）」の歴史的実存にまで遡及する。職業資格付与団体に拠る「出口管理」は、職業資格と教育資格が癒着するがゆえに教育の世界にも及ぶ。中世から近代に、さらに近代において市民社会のなかの独自圏域として自治と付与権を保持していた同業組合の伝統は、日本ではわずかに「家元」制度に類似物をみつけることができる程度である。さらに第二次大戦後の日本にまで目を転じれば、等級制をともなった「職業資格」制度は「職務遂行能力」資格制度として定着し、企業内化した。どの企業に所属していても同等な職業資格と賃金制度を構築する方向を、戦後の日本は一時的に（たとえば一九五〇年代末から一九六〇年代中頃にかけて）「職務給」制度の形で追い求めたが、一九六九年以降放棄し[6]、企業内的職業評価制度になった。

したがって「出口管理」を構成する要素は、明治の等級制で見たような試験進級制と卒業試験認定制度から成る（A）「厳格な成績評価」、次に（B）中等教育修了試験の存在とその結果生じるオープン・アクセスの権利、三番目に中世以来の（C）「職業資格付与団体」の存在、最後に（D）職業資格と教育資格の癒着と両者を統合した公認表の存在の四点となる。

（1）小学校から始まる厳格な成績評価 ――「権利」としての落第

「知育」「体育」「徳育」のうち義務教育段階では「知育」だけに限定して厳格な成績評価を実施しているフランスを参照する。図表4「進級・飛び級・原級比率」は中学生の成績評価である。

「落第」について二〇〇四年に国民教育省で行った聞き取り調査で興味深い話を聞いた。一年遅れる、二年遅れるということ以上に、「落第」は生徒に社会的烙印を押すことになるのではないのか、という質問に対して、落第は「権利」だという答えが返ってきた。誰でも、もう一年かけて、「同じことを学習すれば修得することが可能になる。だから落第は（排除ではなく）学力を身につける機会を与える、国民に与えられた権利である。[7]」

義務教育段階で個別的・観点別の絶対評価制度により、事実上、生徒を自動進級させているのに対して、大学段階で厳格な成績評価はどこまで可能か。これが目下のところ中教審や私立大学連盟が立てている問題である。到達目標に達したら進級させる、また学部が設定したカリキュラムにそって修得条件をクリアーした学生に学士の学位を授与する、というディプロマ・ポリシーの徹底をどこまで実現していくことが可能か。十分な学力を身につけることなく卒業することは学生の利益になるのか。今後「年齢主義」が支配する日本社会全体で議論すべき国民的イシューだろう。

図表4　進級・飛び級・原級比率（フランス中学終了時点、2008年度）

	飛び級	進級	落第	2年以上落第	合計
実数（人）					
女	12,622	255,557	99,777	14,757	382,713
男	12,762	231,856	128,018	17,881	390,517
合計	25,384	487,413	227,795	32,638	773,230
比率（%）					
女	3.3	66.8	26.1	3.9	100
男	3.1	59.4	32.8	4.6	100
合計	3.1	63.0	29.5	4.2	100

公立・私立の合計。中学終了時点までに、原級などの経験者比率。
出典：Ministère de la jeunesse, de l'Éducation nationale et de la Recherche.

（2）中等教育修了試験と大学入学資格
——バカロレアとユニバーサル・アクセス

中等教育修了試験の代表例はフランスのバカロレアである。バカロレアに合格しないと、「高校卒」の称号を得ることができない。バカロレアが高卒＝大学入学資格を兼ねていることに注意。また大学の側は学生を選抜する権限がなく、生徒は希望する大学に入学できる。バカロレア制度は複々線コースで一旦、差別化を図る。さらに高等教育進学者のふるい分けの役割を果たすことによって社会的な地位達成における格差の正当化装置として機能している。

バカロレアを取得して大学入学資格を得てから、実際に大学に入学するまで二〇年の有効期間がある。高校卒業後ただちに進学してもよいし、職業世界に入ってからＤＩＦ（職業訓練休暇）の権利を行使しながら大学に進学してもよい。バカロレアが資格試験であって大学入学の選抜試験ではないために、高校卒業と大学進学までの時間差が発生する。これはフランスだけではなく、西欧諸国共通のユニバーサル・アクセスを可能にしている。大学に入学する年齢が日本ほど均質化された国は特例中の特例であることが分かる。出口管理方式の学校制度では入口は開かれており、かつ年齢に関わりなく、かつ一度職業世界に入った人が再度学びなおすための機関として万人に開かれている。それを入学者の年齢を調査したOECDの資料から図表にしてみよう。

図表5　大学型高等教育新入学者の年齢分布の国際比較（2009）

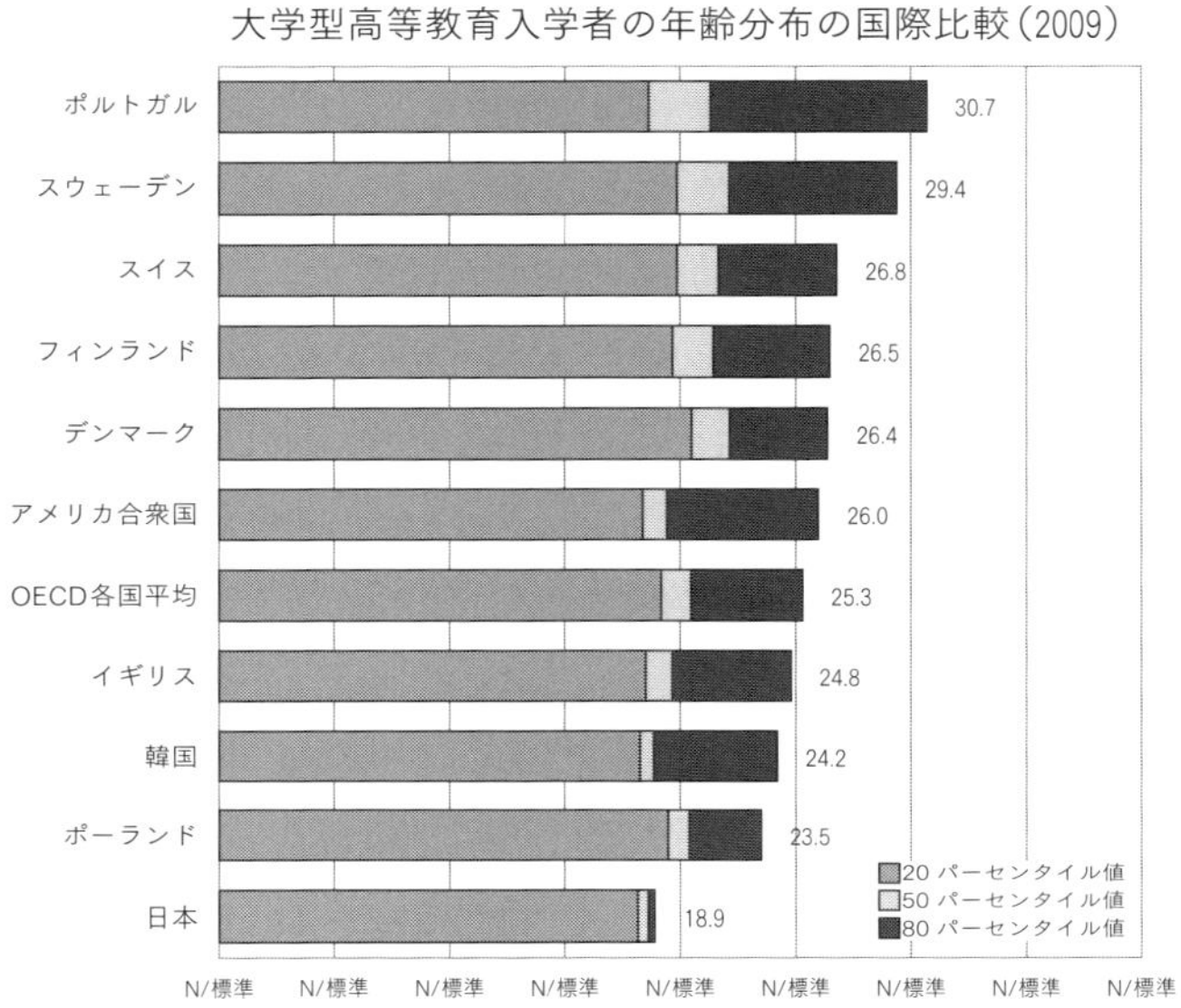

OECD（2011）"*Education at a glance*" より著者作成

バカロレアに合格すれば「高校卒業資格」と「大学入学資格」の二つの資格が手に入る。大学へは願書を出すだけで入学できる。（国立）大学の側は入学者を選抜する権限がない。定員があり学力の程度を選抜する必要があるグラ

図表6　学系ごとの進級比率（2000-2001 学期）大学入学の1年後

	進学率（%）	落第率（%）	中退比率（%）	合計
法学　政治学	36.6	35.2	28.2	100
経済　経営	42.7	26.9	30.4	100
経済・社会管理（AES）	30.7	30.3	39	100
文学　芸術	47	18.9	34.1	100
言語	37.7	23.6	38.7	100
人文学　社会科学	43.3	24.5	32.2	100
材料科学	44.7	30.8	24.5	100
技術	44.7	24.3	31	100
生命科学	42.9	30.9	26.2	100
スポーツ健康学（STAPS）	50.4	31.2	18.4	100
医学	11.4	73.5	15.1	100
薬学	15.3	69.9	14.8	100
IUT	72	13.3	14.7	100
工学	77.2	19.4	3.4	100
平均	44.8	28.2	27	100

source:Projet de loi de finances pour 2003, adopté par lAssémlée nationale: Tome V. La prise en compte de la culture générale après le Baccalauréat　＊ Un an après des entrants en première année de 1 er cycle en 2000-2001.

図表 7　高等教育入学者に占める中途退学者（第一学位以上を取得せずに退学した者）の割合（2005 年）

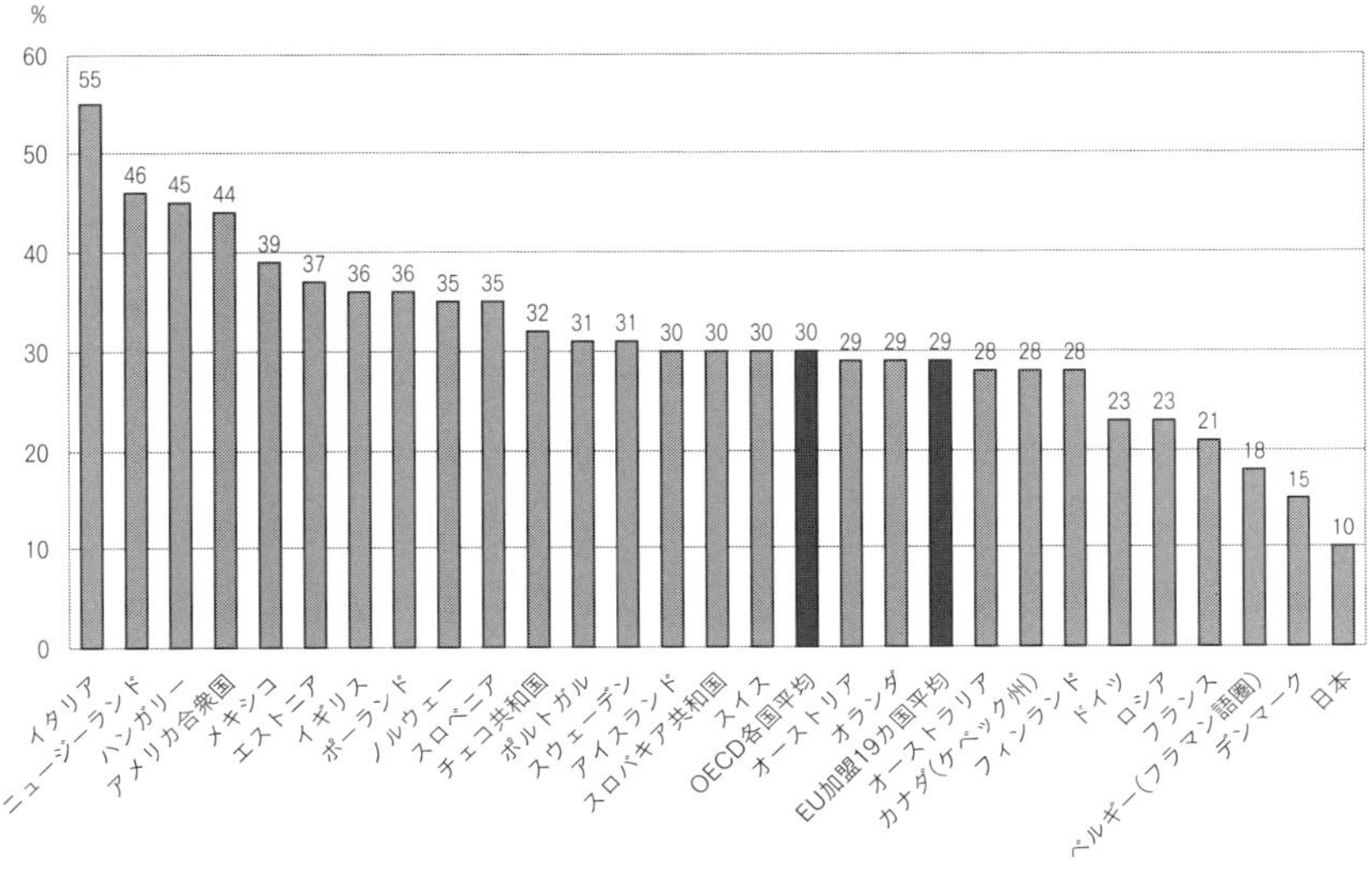

出典：OECD（2011）*"Education at a glance"*

ン・ゼコールでは「選抜試験」があるが、大学には入学試験というものがない。だから入口は「オープン・アクセス」方式である。しかし、入学後「出口管理」が始まる。前ページに掲げる学系ごとの原級・進級・中退比率の表は、上院の審議のなかで提出された全国調査の結果であり、我が国と比べていかに質保証を重視しているかがわかる。

以上考察してきたフランスの大学における出口管理システムは他の西欧諸国と比べてどのくらい厳格か。実は、緩いほうである。上に掲げる図表から判断してほしい。

(3) 職業資格付与団体

日本では、「義務教育→高等学校→大学」という教育組織ごとに「出口管理」を厳しくする方向ではなく、逆に「入口管理」を厳しくする選抜試験の方向に進んできた。

他方、欧米諸国は「出口管理」を厳しくしてきた。各教育組織が発行する「学位免状」の社会的信認を勝ち得るために、各教育組織が成績評価や進級制度、卒業試験などを厳格に実施してきた。さらに、医者、法曹、教職という三大専門職を初めとして各種の職業団体の力が強く、高等教育の整備と平行して、学位資格と職業資格とを連携させてきたという歴史的経緯がある。国家による統一的な専門職資格試験制度と、市民社会の構成要素である「職業団体」による資格認定制度を対比した場合、つまり国家と市民社会との対抗において後者が力を保持し続けるためには、発行する職業資格のもつ社会的信認と社会的威信を勝ち得ねばならない。ここに米国の大学団体が今日でも「ディプロマ・ミルズ」に対処し、「出口管理」を徹底化する必然性がある。もし、そうでなければ、職業資格発行の権限は市民社会の圏域から国家の圏域に移行し、国家による統一的な資格制度になる。国家による統一的な資格認証制度はそれはそれできわめてシンプルである。他方、市民社会圏域の職業団体による認証制度は一九世紀後半の英国医師資格認定をめぐる国家と市民社会の対抗の歴史にも見られるように、モザイク模様となり、日本人から見ると殆ど理解不能である。

(4) 教育資格と職業資格の融合
――「学位免状と職業資格の公認表」

専門職の場合、同業組合の伝統を引き継いだ職業資格付与団体(certified association)が、「資格」認定をおこなうが、後発国の場合は国家資格として国家が認定機能を一元的に掌握する。行政機関や企業への就職機会が増大するにつれ、専門職や技術職ではない「一般職」の場合には、大学の「教育資格」が職業資格を代替するようになる。医歯薬や理工などの学部は専門職的人材養成の性格が強いが、文科系の場合には、企業や行政の一般職人材養成機関となる。戦後の日本の場合、大卒、短大卒、高卒の三つのランク別に、国家や地方自治体の行政職採用、さらには民間企業の「職員」採用の際に「教育資格」でもって採用時に職能資格のランク付けを行ってきた。文科系の学部では別段意識して職業教育を実施してきたわけではないが、一般職人材が増加するにつれて文科系に進学する学生の割合が増えてきた。教育資格が職業資格を代替している、教育資格が擬似職業資格化する、と表現してもよい。

フランスでは、実学教育=グラン・ゼコール、科学研究=大学院という棲み分けが早くから行われ、学歴の高度化と分極化にともなう「職業資格と学位免状の公認表 Homologation」なる国家公認の学歴水準が設定されている。

この「公認表」は一九六九年にできたもので『教育法典』と『労働法典』に記載されている。当初、大学卒は「水準I」であったが現在はランクを下げている。新たな「職業資格」とそれに対応した「教育資格」が生まれると、

図表８　職業資格と学位免状の公認表

水準Ⅰ	修士より上級の学位を有するもの、博士号	［Bac+5　plus］
水準Ⅱ	大学卒	［Bac+3,Bac+4］
水準Ⅲ	DUT と BTS	［Bac+2］
水準Ⅳ	BP［Bac professionnel］、BT［Bac technologique］	［Bac+0］
水準Ⅴ	CAP, BEP	［sans Bac］

『官報』で告示され更新される。今では水準Ⅰ－Ⅵまでの「学位免状」と「職業資格」を発行する権限を認可された機関名と、それがどの水準にあるのかが、さらに、それがどの「職種」に属するものであるかが、社会に告示される。新規ならびに中途採用する企業の側は、この「公認表」を参考にして、採用時の賃金や等級を個別に決める。

採用時点だけでなく、「昇進」の時点においても、課長職や部長職ポストに必要な「学歴」や「職業資格」がついてまわるために、企業「内的」資格制度により内部昇進する日本の制度とは大きく異なる。『社会職業分類』の「テクニシャン」からカードル（幹部職員）としての「エンジニア」への内部昇進制度はフランス企業でもその存在が確認されている。ポストへの着任はこの「公認表」が目安となっており、空きポストが出るとまず内部昇進希望者を優先し、内部に適任者がいなければ、課長職以上のカードルは外部調達される。ポストに付着する教育資格を保持していなければ、生涯、課長になれない、「ヒラ」のままである。初職への着任と昇進には教育資格の取得が必要となる厳しい学歴社会、それがフランスである。

英国のＮＶＱ（National Vocational Qualification）もまた同様の「教育資格」と「職業資格」の対応表であるが紙幅の都合で省略する。

ＥＵ高等教育圏では学位ランクと職業資格水準の統合を図る作業が続けられている。ＥＵ加盟国数（二〇一四年一月現在一八か国）よりもはるかに多くの国々がＥＵ高等教育圏に加盟している。現在ロシアを含め、四四カ国。どの大学で単位を取得しても、移動先の大学で取得した単位と合算して「学士」「修士」「博士」の学位を取得し、その取得した学位によってＥＵ諸国内で就職する世界が展開している。高等教育の「単位 credit」の「蓄積」と「移転」可能性を認めた大幅な人材の「流動化」政策である。そのため、どこかの大学で単位を取得し、別の大学の単位と合算できるためには、個々の大学における「単位」の価値の平準化を図らねばならない。ここからでてくるのがＥＵの

「教育の質保証」である。

5　質保証なき入口管理の弛緩

明治の等級制が始まって一四〇年、義務教育における自動進級制が日本の制度として固定化されて一一五年が経過した。卒業試験や卒業席次制度があり、かつ高等教育資格が自動的に官僚登用や職業資格の取得につながる制度の下では「出口管理」は強固に働いた。明治の時代、高度職業人の採用と学校制度は選抜試験という「入口管理」の強化という方向へと舵を切り、人材育成の質保証について十分な役割を果たしてきた。

高等教育への進学者が一八歳人口に占める比率が一〇－一五％前後を占める「エリート段階」（M・トロウ）において（一九六〇年代の中ごろまで）、選抜入試制度という「入口管理」は日本独自の受験競争社会をつくってきた。しかし、職業高校の進学率が伸び悩み、かつ職業高校の総合高校（＝部分的な普通高校）化が一般化する裏側で、大学とりわけ文化系学部への大学進学率が一九七〇年代以降、急激に増加し、いまやほぼ大学進学率は五〇％に達している。その間、採用後の人材に対する企業内の教育訓練能力を著しく減らしている企業は、大卒者に対する「新卒一括採用」という雇用システムを変更することなく維持しつづけている。一括採用に対して通年採用、新卒採用に対して職業経験優遇採用という、欧米において支配的な採用制度を取り入れる大胆な変更策を導入するには至っていない。対応する学校制度改革の側も「法職大学院」と「教職大学院」制度の開設によって、少しは改革の方向性が見られるが、まったく不十分なままである。「人間力の育成」（文部科学省）、「社会人基礎力の育成」（経済産業省）、転職に耐えうる「汎用的能力の育成」（二〇〇五年の中教審答申）など、大学に対する外部機関からの声が出そろっているが、大学進学者が五〇％の大台に乗ってからも、学校制度そのものを変えるという方向性は出てきていない。他方では大卒＝総合職採用という枠組みを変更しないまま、採用の実質においては学校歴採用や幹部候補者採用の仕方について情報開示されることなく、採用面接や採用基準についての公開がなされることなく、すなわち採用基準についてはブラック・ボックスの中に秘められたまま、日本社会は大学進学需要の高まりを放置してきた。

他方、企業への就職ではなく、高度専門職人材の選抜試験制度においては、より一層、学校のなかの教育の質保証は脇に置かれてきた。大学卒業資格が高度専門職や高級官僚選抜試験の単なる必要条件にすぎないのであれば、学校の成績は卒業に必要な最低限程度のもので十分であり、学校は他の目的、たとえば、上記専門職試験のための予備校でしかなくなる。もしくはダブル・スクールの一つでしかなくなる。昔の高等文官試験（高文試験）は、いまでは「国家Ⅰ種」（区分と名前が変わり、総合職〔大学院卒・大卒〕、一般職〔大卒・高卒〕、専門職、経験者採用という名前になった）をめざす大学生は、ひたすら予備校に通って受験勉強にいそしむ。

明治の時代と同様に、日本の高等教育は私学セクターの比重がきわめて高い。裏返していえば、国立大学の定員枠が相対的に少ない。戦後のプロセスを一瞥すれば、文部省の政策は私学セクター増大政策であったことが理解できる。

一九六一年の私立大学の学科新設と定員増については、文部省による認可事項から単なる「届け出」事項となる。これにより私立大学の比重は増加する。

一九七一年の「四六答審」は国立大学の新増設と大学教育の質重視をうたった画期的な答申であるが、直後の「オイル・ショック」と戦後はじめてのマイナス成長により、国立大学の新増設は不可能となり、専門学校の高等教育機関への「格上げ」策の実施だけにおわり、これまた大学進学需要に対して私学セクター依存が明瞭になった。

一九九〇年代初めから団塊ジュニア世代の進学需要に対して臨時定員増を設けたが、その解消過程では臨定の二分の一恒常化策をとり、実質、定員増を認可した。平成二六年度の学校基本調査（速報値）によれば全国の大学生数は二五五万人、そのうち、私学が八二％を占めている。私学は厳格な成績評価を実施して原級者や退学者を増やすわけにはゆかない経営上の事情がある。

さらに、明治から戦後の時代に厳格な入学試験制度によって「高等教育の質保証」の実を上げてきた入学試験制度において、大幅な後退現象がみられる。私学セクターは五教科七科目を入学試験科目に指定していた時代から、科目数を減らし、今では二科目入試による入学も可能になった。さらに五〇％以内という縛りがあるとはいえ、選抜試験ではなく、種々の推薦入試による入学が一般化した。入学試験が必要な「学力」をチェックするものではなくなり、アドミッション・ポリシーなき「定員管理」制度へと変貌した。

激しい受験競争により、入学試験という「入口管理」が質保証の一翼を担っていた時代から、今では大学が設定する入学「定員」を埋めるための入学者選抜、「質保証なき入口管理の弛緩」の時代になった。

中教審が、そして私立大学連盟が追求する大学における「出口管理」という課題は、いつになったら実現するのであろうか。

注

（1）日本幼年教育会二〇〇〇年全国大会記念講演「21世紀の教育「異年齢・同学力」か「同年齢・異学力」の学級編成」。日本幼年教育会のホームページから講演記録全文をダウンロードすることができる。

（2）「農村的秩序が解体し、都市を中心に産業革命が進行する過程で、学校が成立したのではなく、農村秩序の真っただ中で、学校を作り、学級制を定着させねばならなかった。産業革命の進行は義務教育制度施行よりもはるかに遅れ、また人々の移動も極度に少なく、大部分の人々は、農民として村落共同体という伝統的集団の中で生活していた。」（柳 治男［2005］『学級の歴史学』講談社選書メチエ、一三六－一三七頁）

（3）田中萬年［2013］『「職業教育」はなぜ根づかないのか』明石書店、一七頁。

（4）夏目漱石、「現代日本の開花」、明治四四年八月、和歌山講演、「夏目漱石全集10」ちくま文庫所収。

（5）斎藤利彦［2011］『試験と競争の学校史』講談社学術文庫、四二頁）

（6）日経連［1969］『能力主義管理・その理論と実践』が職務給から職能給への転換を告示する。

（7）詳しくは浅野清［2005］、「学歴社会フランスの学校制度」、浅野清編著『成熟社会の教育・家族・雇用システム』NTT出版参照。なお、高等教育を受ける権利を「市民的権利」として是認し、初等教育を受ける「社会的権利」と区分したMarshall, T. H. and Bottomore, Tom 1992, *Citizenship and Social Class*, Pluto Press. 邦訳、岩崎信彦・中村健吾訳『シチズンシップと社会的階級』、法律文化社、一九九三年、八三頁の議論も参照。

9 消費組合の再生に向けて

堀田 泉

消費組合とは今でいう生協（生活協同組合）のことである。主として戦前に使われた呼称である。両者には、社会的・歴史的条件に規定された連続と断絶がある。この過程を批判的に追えば、消費社会の病弊とその克服に向かっての課題が多少なりとも見えてくると思われる。まずは近現代社会における「消費」の特質とそれが置かれている問題状況、とくに自然との関連へと目を向けてみたい。

1 生産と消費

「消費」なり「生活」なりは人間の生存の経済的な基底として、いかなる社会においても、またどの社会階層の人間にとっても普遍的なものであることはいうをまたない。だが、グローバル化を背景にした資本主義社会としての現代日本社会においては、それなりの特徴を備えたありかたになっている。まず極めて大雑把に資本主義のなかでの消費の位置を確認しておくならば、近代西洋の資本主義成立期においては、消費は生産に従属的なものとして出発した。ヴェーバーの「プロテスタンティズムの倫理」が指摘するように、ここでは生産を主体的に支える「労働倫理」が生成しており、諸個人の生きる意味——アイデンティティ——を用意してさえいた。だが、消費についてはそのありかたに積極的な意味づけや倫理・道徳的な動機も伴われてはいなかった。「プロテスタンティズムの倫理」によれば消費や浪費はむしろ再生産への意をそぐものとして貶価されていた。生産の側の正当性は、自由な競争が最大の効率をもたらすというところに求められ、資本家は、生産コストを低下させることによって生産競争に攻勢をかけ、資本蓄積を推し進めた。だがこの「効率」とはある一定、あるいは一部の観点から判断されたものに過ぎない。その結果として、観点を替えれば「非効率」といってもいいであろうが、「飢餓賃金」に追いやられる労働者との荒々しい階級対立を生むことにもなった。つまり生産をするだけしておいて、あとは市場任せでは周期的恐慌も免れえない。国民に購買力がなければ国家の軍事力を背景にして植民地争奪、帝国主義戦争へと進む。ここで払った代償の大きさは二〇世紀前半の世界史に深く刻みつけられなければならない。そしてここで確認されるべきは「生産」の「消費」に対しての優位である。

その反省かどうかはおくとしても、国内では二度とも世界大戦の戦禍を免れた二十世紀アメリカにおいて、戦間期から資本主義は大きな旋回を遂げていく。いわゆるフォーディズムの成立である。ここに至って初めて需要＝消費が資本主義経済の要として、すなわち生産を牽引するものとして立ち現われてくることになった。初期資本主義の常識を破る「労働者に高賃金を」というフォーディズムは大量消費＝豊かな社会を保証し、それに裏付けられた大量生産との好循環を実現したかに見えた。冷戦体制下では資本主義国家は共産主義に対抗するべく福祉国家の理念のもとに、野放図な自由競争をある程度規制し、財政を出動させてセーフティネットを張り、大衆が安心して消費に励むよう制度的にこれを後押ししていったのである。そして同時に私企業を中心とした資本主義的な生産体制も確実に進展していった。ここに労働者をも完全に含めた勤労する諸個人に共通する消費についての社会的意識が広がる。それは資本主義社会に特有のものというわけではないが、モノの消費が豊かになればそれだけ幸福度が増す[1]ということ、消費力の差異によって社会的ステイタスが認識される、という二つの素朴な意識である。ここには「消費は美徳」といった以上の「消費倫理」はないが、「生活」と「消費」が一個同一のものとして結合され、大量生産と大量消費の循環のなかに組み込まれ、いわゆる西側の先進資本主義諸国を蔽っていったのである。

しかしフォーディズムはそれ自身の成功によって危機を迎える。自動車に象徴されるように国民車の普及過程においては好循環はいったんは達成されるものの、豊かさがゆきわたれば需要は頭打ちになる。にもかかわらず豊かな社会はこの動きをデザイン、セールス、クレジットなどを駆使してさらに無理にも押し通そうとする。生活の維持に不可欠な消費財をはるかに越えて、広告宣伝によってステイタスへの意識をくすぐりつつ、とにかくモノが次々に大量に製造されてばらまかれていった。生活におけるモノの必要さのレベルも豊かさによって引き上げられていった。そして資源はシステムの外に無限にあって、そこから持ってくるものであり、また廃棄物は有害なものも含めてシステムの外に排出することを当然としていた［見田：1996:77-79］。この過程が自然に対して、とてつもない負荷をかけていること、人類全体の存亡に関わってくること、すなわち対自然という点から見れば持続不可能なシステムであることが社会的に自覚され始めたのが二十世紀も終盤にさしかかる頃であった。それは消費中毒となったフォーディズム王国アメリカの経済的凋落と軌を一にしていた。

そこでたとえば日本的経営に基づく多品種少量生産に見られるように生産の側ではポスト・フォーディズムへの途が探られていった。それで生産の優位は高まったかというと逆で「消費が生活である」という社会的意識に即応するかたちでフレクシブルな生産が、わがままな意味合いを含んだ消費者主権に従属しつつ、利益を追求するかたちになっていた。

フォーディズムの翳りと符節を合わせて当時の先進資本主義諸国は福祉国家の見直しが進み、規制緩和によって資本主義的企業を活性化しつつ財政の破綻を避ける方向に舵を切った。官民癒着や公務員の倫理的堕落といったことも この傾向に拍車をかけた。この流れで再び競争が効率を生むというイデオロギーが復活してくる。これがいわゆる新自由主義なるものであるが、「新」の名を冠するものの、原理的には資本主義勃興期の弱肉強食の自由競争、小さな政府という理念としては同一のものである。異なるところは情報技術を中心とする技術革新によって国家の規制が間に合わないほどに経済のグローバル化と暴走とが進み、それだけ短期間に富やモノの移動が行われ、国家・地域間の格差、国内的にも富の分布の不均衡が進んでいくという事態である。そしてこの格差とは消費生活へのアクセスの度合いによって目に見えるかたちで最も明確に認識される種類のものであり、資本主義の現在の姿である、といえよう。

このような状況にもかかわらず個人の消費が経済政策の命綱であることに、とりわけ日本社会の意識は一貫して変わらない。長期にわたる不況の結果、消費が不振になると物価が下がる、そのことによって企業の収益が落ちる、すると税収も賃金も下がる、賃金が下がれば個人の消費マインドはますます落ちるし、国家財政も圧迫され、不況が加速されるというスパイラルが徹底的に喧伝され、これを表現するデフレという言葉は社会のあらゆる階層から蛇蝎の如く嫌われている。

だが、この関連で消費が指し示す主たる意味内容は、商品を市場で購買するという経済的行為およびその使用によって獲得される幸福あるいは快楽に局限されていること、そして個々の人間の生存に必要なものを含む限りにおいて無前提に善なるものと承認されているということである。このことが既に指摘したように、今度は人類全体の生存への脅威および諸国民、諸民族間の暴力的な対立へと結びついていることはただちに了解されよう。(2) 個々人の消費行為における意図を越えて自然や社会への脅威がもたらされる、という問題性がここに見て取れる。あるいは全体の観点から見た社会のシステムと個人から見た具体的な生活世界との関連は如何に、という問題も認識される。個人の消費が命綱であるという政治経済的主張はそれだけですむわけでなく、批判的に吟味されねばならない。

だからといって、資本主義との関連から消費を自然や社会環境に対するネガティヴな関係からのみ考察するのは十分ではない。さしあたり持続可能な社会という問題はすぐれて社会的な問題であるということを確認したうえで、個々人の状況に立ち返ったレベルからも消費を考えていくように視野を広げる必要がある。

2 消費と競争

自然に負荷を与える度合いの強い生活様式がゆきわたる社会、それは豊かな消費を享受している先進資本主義社会、あるいは結果としてそこを到達点として目指す諸社会といってもいいが、そこでは見てきたように新自由主義に基づく規制緩和、自由競争の進展が目覚ましい空間である。情報技術をネットワーク化し、自らをその中心にした世界都市が形成されている空間である。そのひとつである日本を例にとってみれば、デフレ脱却の裏返しとして「成長」や「景気回復」が自明の如くの合言葉になっている。「回復」といえば過去の栄光への回帰願望ということになるが、かつての高度成長の時代とは消費の位相が異なる面が露わになってきている。競争は個人間、集団間で行われるが、モノに溢れた現在ではその結果における勝者と敗者の格差が顕著になっている。かつて一億総中流という意識に行きつく過程では、競争の結果としての収入の格差はあってもそれは全体として消費の水準が上昇していくという実感によって補償されるような無邪気な時代であった。むしろ生産あるいは仕事に重きが置かれていて、その尊い勤労と努力の結果、豊かさを獲得したのだという言説がこれを正当化していた。

ところが情報化、グローバル化の進行のなかで、現今の競争は一瞬にして勝者敗者の厳しい峻別をもたらし、長期的にはその結果を固定化する社会構造を作り上げる。そして競争は一般的にいえば、個人の分断と勝利を示す表徴を明確化する。消費はその面が極めて大きい。勝者、あるいは勝者になるための技術や頭脳を持っている者は、思うままに消費にアクセスでき、そこでの選択の幅広さが勝者のしるしとなる。そして次々に新しいモノを手に入れ古いものを廃棄していく。このサイクルの速さも勝者のしるしとなる。勝者たちの消費生活は、それに至れなかった人たちの妬みや反感を買うので隠されもするが、メディアによって情報として流され、勝者へと向かうこれより若干下の階層の到達目標＝モデル[3]となって競争に拍車をかける。

他方で敗者は消費に縁がなくなるかといえば、極端な敗者の場合を除けば決してそうではない。とりわけ消費先進国においては次のように消費への意味づけが現在風に変化してくる。すなわち、非正規雇用のような消費資金獲得にとっては条件の悪い雇用形態へのシフトが広がり、またそこには知識や技術を必要とする労働がそうあるわけではないというところから、かれらにとって仕事＝労働＝生産の意味や誇りは限りなく減価される。となるとかつてはそこで確証できたアイデンティティは個人的消費へと向かうことになる。それは、置かれた状態がもたらすストレスの発散でもある。バウマンによれば、それは経済力に規定されて安価で長持ちしない、うつろいやすいものの獲得へ向かうという。あるいは一点豪華主義へ向かうということもあるだろう。勝者ともどもポストモダン的消費[4]といってもよい。なぜなら消費の醍醐味《リアリティ》は勝者敗者にかかわりなく、主観的な選択の広さと速度にあるからだ。そしてそこに自分らしさ《アイデンティティ》が込められるのであるから、商品は自分らしい嗜好性といった審美性と、他者との差異という文脈に置かれることになる［Bauman:2008:62-66］。この過程を追って確認できるのは、消費はなべて最終的には個人の私的な事柄へと向かっていき、競争とともに個人を分断し、不平等を可視化し、ますます生活の維持のための必要というところから遠ざかって、自然環境にとっても厳しい状態を作り出していくということである。また、従来の南北問題を激化させるかたちで、消費先進国による資源供給国への収奪が持続的に高まり、資源国にとっても到達すべきモデルが高度な消費社会にあるから、不平等はさらに目に見えたものとなり、国際社会において暴力的な緊張関係を作り出す。この状況全体をバウマンは「個人化社会」と呼んでいる。

このような問題を抱えたままで、消費を持続的に拡大すれば、国内的にはデフレが脱却できるのか、国際的には貧困を根拠とするテロリズムを収めることができるのか、できるとすればその社会とは何なのか——それらへの問いはしばしば置くとしても、ここで注意しなければならないのは消費が徹底的に私化するということは、消費する主体にとって、それがいかなる社会的結果をもたらすかということが見えにくくなる作用をもたらす。あるいはそれが見えていても黙殺するという傾向を生むということである。かつて生産がかろうじて優位を保っていた時代における公害問題とは、生産者＝企業の利益本位の姿勢が自然や社会にもたらした災禍であった。その因果関係は証明さえされれば極めて目に見やすいものとしてあった。しかし原発に見られるような現在の環境エネルギー問題について見るならば、それにも加えて消費者が誘惑されていくシステムがあり、そのなかで消費者は原発がなければ地域経済も立ち行かないといったような意識をもって事態の進行に結果的に一役買っている、ということである。そしてこの因果関係は可視化しにくいものである。

もちろん誘惑する、されること自体がすべて否定されていいわけではない。消費社会が作ってきた文明化作用も無視するわけにはいかない。自然環境に負荷をかけない科学的技術への期待も大事である。しかし、以上の考察を通じていえるのは、「消費が生活である」ということについての深い意味転換が必要であって、現代社会における生活全体のなかで消費が著しく量的にも意味的にもバランスを欠いている、という認識から出発しなければならないということである。

3　システムとアソシエーション

この消費問題のなかでの個人化を促した動因は何であったか、それを転轍させる方途はいかなるものであるかということを理論的に考えるには、ハーバーマスの「システムによる生活世界の植民地化」［Harbarmas:1987:307-327］の議論が問題の布置を確認するためには有効である。それによれば行為領域の統合システムとしての現代社会は、もともとは生活世界の利益関係《ゲゼルシャフト》追求から分化して出てきた。ここでは「貨幣と権力」（資本主義や国家の政治的官僚制）によって成果をあげるという目的合理的な行為が核となり、生活世界が具備する倫理道徳や美といったものを効率性の追求のもとに追いやってきた。他方で生活世界とは、直接顔の見える対話的理性、倫理や審美を含むコミュニケーション的合理性の場であるのだが、システムがそれに侵入し、支配しているのが近現代の歩みであるというのである［花田：1996：第5章］。ここには空間の編成をめぐる抗争がある。グローバル化はシステムの空間再編成であり、私化された個人的消費は植民地化された結果としての生活世界のそれであろう。この空間をめぐって、新しい社会運動が示される。システムから疎外された者たち、にもかかわらずそのシステムを支えているという矛盾を意識した者たちのまなざしに支えられた運動になってくるのである。ここに植民地化の構造を理解する初発の契機があり、私化された消費に対してもそこから自己を顧みる通路が開けるはずである。それは共同性＝新しい公共性を創造することにも繋がる。

としてみると、ここで社会の共同性と消費の共同性の区別と関連に着眼する必要があるだろう。消費そのものは最終的にはほとんど個人の行為で完結するが、その過程においては多くの段階で共同性を必然的に帯びている。具体的な消費の仕方についての情報、新しい消費の様式の伝達、個人的な消費の集団や社会に与える影響などに関する、そしてまずはモノの消費に関する対話的コミュニケーションが、人間が社会を営む以上もともと存在する。ここから倫理道徳、美的感覚など効率性には回収しきれない観点をも包含して消費そのものに対する批判的思考が芽ばえ、さらには消費を私化させている社会の構造の認識がもたらされ、それを変革していく可能性が開けていく。その道筋は容易なことではないが、これまでの議論からそこに不可欠な理念的基礎を示しておきたい。

消費財に溢れたという意味での「ゆたかな社会」のシステムにおいて、自明とされる価値は「選択の自由」ということにあり、ここに現代的なアイデンティティのありようもまた導出されるということは既に見てきた。これは近代西洋の政治経済社会の歴史のなかで生成してきた「個人の自由」に根拠をもっている。だが、その歴史的出立から見れば、もともとの自由の語法 free from ～にあるように、具体的な災禍や恐怖や暴力から自由になることがその第一義であった。それと競争的なシステム内の勝利者として、無限定に提供される商品を自由に選択して消費できるということとは、重なりもするが、明らかに乖離している。

たとえば原発再稼動への異議申し立てに対して、二〇一四年五月二一日に福井地裁で出された大飯原発運転差止請求事件訴訟の判決文にはこうある。

「原子力発電所は、電気の生産という社会的には重要な機能を営むものではあるが、原子力の利用は平和目的に限られているから（原子力基本法2条）、原子力発電所の稼動は法的には電気を生み出すための一手段たる経済活動の自由（憲法22条1項）に属するものであって、憲法上は人格権の中核部分よりも劣位に置かれるべきものである。」

ここでの人格権の中核とは個人の生命や身体に関する安心・安全である。つまり、「ゆたかな消費社会」へと向かう（そのために原発を不可欠とする）経済活動の自由は、生命の脅威からの自由に優先されてはならないのである。それはもちろん消費社会の否定ではない。生存の脅威から自由な消費社会へ至る道が探らなければならないことをこの判決は示している。そしてこの訴訟の主体はシステムと生活世界の間にあってその関連を問う人々である。

こうしてみれば、消費社会における競争的な「選択の自由」のかなりの部分は、競争の結果得られた観念、支配的イデオロギーであって、「システムに強いられた自由」ともいうべきものである。そのような自由は他者を自分と感情や価値を共有するものとしてのコミュニケーションを開く方向に働きにくい。私的消費の秘密に蔽われるか、反対にこれ見よがしの顕示的消費に堕ちて、反感や羨望を買って、諸個人を分断する作用を果たしがちである。すべての消費が、そうであるというわけではないが、現今の消費社会においてはこの面が著しい。

消費にかかわる理念としては、そのような自由ではなく、むしろ同じ出自をもつ「平等」が定位されるべきである。これは消費財の量的な享受が個々人に平等にいきわたるということでは全くない。個々人の必要や価値観や置かれた状況によって消費の具体的な様態は異なる。その違いを確認し、担保したうえで平等を措定するならば、それはまず、先ほどの人格権にもかかわることだが、生存に対する安心についての平等が定礎されるべきである。死が万人に平等に与えられている以上、その反対概念である生存、生きること、さらにいえば各人が自分にとってよりよいと思われる個人的な生を、他者のそれを侵害しない限りにおいて全うすること、ここに実質的平等が置かれなければならない。

それには生存を脅かすリスクが何であり、どう避けられるのか、その際に生じる問題点は何であるかを考えること、そのうえでリスクを社会全体で拒否するか引き受けるかを決めること、引き受けるならばそのリスクを平等に配分すること――これらの点について合意を得るためのコミュニケーションが確保されたうえで、社会運動のアソシエーションを形成することが決定的に重要になってくる。そしてそれに関わる個々人には、自らについては当然だが、他者が現在引き受けているリスクをわがものとして考える感性と想像力がいる。それは生活世界に適合させるためのシステムを再創造することになるだろう。

そこへ至る道は簡単ではない。だが消費は生活の一部である。消費者が生産者であるとは限らないが、生産者はすべて消費者である。この意味において消費を主たるテーマにしたアソシエーションは直接に普遍性を帯びている。個人の消費行為の社会的関連を論じあい、確かめる努力がここで求められる。それは消費の多様性と個人的な選択を保証しながら、成員間、組織間が同等の立場でコミュニケートすることによって合意を見出す場の形成である。システムを変革する可能性はここから見出すよりほかない。

このようなアソシエーションとは、ますます自然的・社会的なリスクがレベルアップしつつある社会に向かってこれから作り上げていくべきものではあるが、白紙の状態でわれわれの前にあるものではない。その可能態が既に消費組合、生活協同組合として存在していた。そして存在している。これに批判的に学び、再生させていくことが困難な道への第一歩の踏み出しになる。それは今ある生協の自己変革の過程かもしれないし、新たに組織される社会運動に担われるかもしれない。いずれにしても今、目の前にあるものが手がかりである。だからこの消費組合運動における思想と理論が何であり、現在の生協がそれをいかに生かしているか否かについての歴史的な省察が必要になるのである。その概略を以下に示したうえで若干の展望を考察してみよう。

4 原点としてのロッチデール

消費組合がこの世に産声をあげたのは協同組合のどの教科書にも書かれているように一八四四年に結成されたロッチデール先駆者《パイオニア》組合であった。その思想的淵源はエンゲルスによって空想的社会主義者とされたロバート・オウエンにあった。ニュー・ハーモニーに共同村（共同生産、共同消費）を建設したオウエンは、環境が性格形成に多大な影響を及ぼすという理論的信念のもとに教育に重きを置いた。この試みは失敗したが、ここで消費組合の初発から人間の質的な育成、という枠組みが用意されていることが確認できる。

ロッチデールはそこに民主的な要素を盛り込んだ。争議に敗れた機織工が中核になり、様々な職業の人が出資して組合を作り［Holyoake:1892=1968: 第14章］、夕方から店番になって店舗を経営するところから始まった。ここでの結束の原理は「平等」にあり、後の協同組合運動に貫かれる思想の源がここから実践を通じて形成されていった。組合内では個人の出資額を制限し、出資高にかかわらず一人一票制で意思決定し、市価販売を行い、仕入れとの差額を剰余金とし、それを出資高ではなく購買高によって組合員に払戻した。さらに一定程度の教育への費用を控除し共同に享受すること、たんに払戻しをするだけではなく、生活を見直すことによって貧困から脱出するよう組合員を啓発すること、正直な経済行為を志向することなど消費生活の具体性への顧慮、あるいは倫理的規範が存在したことが着目されるのである。つまり消費組合はもちろん組織としては経済的利益が実現されなければ成り立たないのだが、理念的・思想的目標がその存立に不可欠であるということである。このバランスは組織が大きくなればなるほど困難なことになり、しばしば組合内の対立を引き起こしている。「政治的中立」においても事情は全く同じであって、組合内での個々人の政治的自由を認めたうえで組合としては政治から自由であるというのが方針であった。

組合の理念は連帯の基礎にはなるが、指摘したように同時に対立の要因ともなる。とくに宗教や特定の価値観の組合への組織的侵入が不可避に随伴することによってである。ロッチデールが克服しなければならなかった課題のひとつに、宗教の介入の排除があった。それゆえに宗教や思想信条の自由を謳ったうえで宗教的な中立が組合存立の基礎になっていたのである。それだけにこのことは、この種の社会運動に対してつねに政治のみならず宗教の問題が生ずることを示している。消費組合が生活をテーマにするとき、「価値観」との関連についての顧慮は欠かせないのである。この点は日本の消費組合運動を見るうえで必須のことである。

この民主的運営はもちろん当時のイギリス市民社会の先進度を示してはいるが、市民社会は同時に経済の社会でもある。資本主義的私企業の利潤とは範疇的には異なる剰余金を消費組合は生んで、分配分の残りを積み立てていき、組合生産にも乗り出した。その経済的成功はイギリス社会に消費組合だけでなく多くの種類の協同組合を生み、ヨーロッパ諸国に伝播していった。組合間の連携もとられ、一八九五年には各協同組合の連合体であるICAも結成され、一九世紀後半のひとつの社会的勢力となっていった。ロッチデール以降のこの間のたった五〇年で、イギリスの都市人口は全人口の二分の一から四分の三になっている。この劇的な都市化の進行と消費組合の伸長は完全にパラレルである。そしてこの経過において都市的なコミュニティの一翼を消費組合が担っていったことは確かである。そして「都市」こそが商品の購買を通じた消費の場である。

消費組合・協同組合運動がこのように成長してくると、「政治的中立」に影が差し、いずれ政治的な流れのなかに身を置かざるをえなくなってくる。見てきたように消費組合は自由主義的経済競争に基づく資本主義やそれと手を携えて進む国際政治における帝国主義競争とは相容れない経済原則を内包する組織であることから、主として社会主義の潮流に位置し、フェビアン社会主義、ギルド社会主義、第二インター、ボルシェビズム等々と多様な関連を持ち、二〇世紀に入れば二つの世界大戦のなかに巻き込まれていく。ここでは社会主義・共産主義政党、労働組合との複雑で多様な相互関係が形成され、それが消費組合運動の分裂や衰退をもたらしたり、そのような組織に従属したりするという問題を生んだ。そして戦前日本の場合のように、時の政治体制のなかで他の左翼勢力とひとまとめにされて圧殺されていく経過をたどる場合もあった。消費組合運動と「政治」の関係という避けて通れない問題がここに確認できる。

ロッチデールの精神は右のようなコンフリクトのなかで、協同組合における消費組合の優位性と民主的運営の尊重というフェビアン社会主義なかんずくシドニー・ヴェッブ夫妻に引き継がれた。消費者民主主義と生産者民主主義を前者の優位性のもとに役割分担してチェックしあい、消費者と生産者の顔の見える関係を提起したヴェッブの慧眼は現在のグローバル経済の暴走と、そこからくる資源への競争的獲得競争への対抗的基軸へのヒントを提供している。そしてロッチデールの精神は絶えざる政治闘争の渦を経て、第二次大戦後、協同組合を国際的に繋ぐICAの運動のひとつの主要な底流となっていく。

以上をまとめると、ここロッチデールの歴史のなかに内外の消費組合運動の全歴史に貫通する課題がすべて含まれていることが確認できる。

①平等な市民という立場の堅持　②経営（効率）と理念（価値観）の調整　③政治的中立の確保　④自立的な教育　⑤生産者と消費者の接合　⑥都市コミュニティの形成

⑦支配的な経済システムへの対抗　等々である。

5　日本の経験（一）共働店から新興消費組合へ

日本においては消費組合運動の事情はどうであったか。そこから何を課題として学べるだろうか。まず明確な社会運動としての出発点は長期にわたるアメリカ滞在経験で見識を深めた片山潜・高野房太郎の明治三〇年代前半における「共働店《きゃうだうみせ》」といえよう。ロッチデールは両者に知られてはいたが、ロッチデールのように市民のヴォランタリーな運動として始まったのではなく、これもかれらの指導のもとに日本に初めて作られた労働組合を完全に母胎として誕生した。初期の片山の都市社会主義、高野のゴンパース流労働組合運動がその成立の骨格にあった。共働店に関わるのは労働組合員に限られ、「政治的中立」は存在しなかった。それゆえわずか数年の間に労働組合内に共働店は広がったが、官憲の労働組合への弾圧によって一瞬に消えていったのである。この運動は、片山の都市社会主義の基調をなす「生活」に根づいた労働者の経済的のみならず精神的・文化的自立という「理念」と、高野が掲げた労働者の経済的地位の向上による国力の増大という目標から導かれる「事業性」あるいは「効率」という「経営」との二面の課題を持っていた。消費組合において、理念をとるか利益をとるかというせめぎあいが最初から存在したのである。内部対立を避けて高野が運動から身を引き、弾圧を受けて片山が政治的な社会主義に傾くということで、この対立は、つきつめたところで以後の運動への遺産となるような知見を得るというところに至らなかったのは惜しまれる。そして片山には、その個人史からも来ているのであろうが、労働者の経済的および精神的自立を育む「教育」の重要性がこの運動でもはっきり自覚されていた。

このような上からの呼びかけや指導による組合結成は、それに呼応する自覚的で熱心な組合員もいたが、総じて一般の組合員の足腰や心構えが弱かった面を指摘しなければならない。また、政治との直接の関係を持たざるをえなかったところに、さらには、政治がたらす運動への大きな影響を正確に考慮しえなかったところに、これから以降、戦前までの日本の消費組合運動の一貫した弱点としての特質があった。それは消費組合が、大なり小なり社会変革の思想を内包する限り避けては通れぬ過程であり、結果としては政治への敗北、従属の歴史であったといってもいいのである。

協同組合に関しては、日本においてはむしろ逆の方向で上からの独特な形成が遂げられた。品川・平田の藩閥官僚の主導のもとに中央政府による地方の組織化、農村の資本主義再生産軌道への組み込みといった国策的意図を持たされて明治三〇年代に法整備されて誕生した産業組合がそれである。これは初発から農村の信用組合や生産組合に重点が置かれ、消費組合は主要なものとしては位置付けられることなく、市街地購買組合として都市部に組織されていった。ここには都市の住民、とりわけ消費を担う新たな社会層として出現しはじめた官公庁関係者、俸給生活者がその構成要素として含まれていた。企業の温情的な組合もここに含まれる。しかし消費物資を安く買うという以上の存在理由はなく、従って不況時、物価高騰時に組織数が増大するといったものであった［奥谷:1973:87］。理念なき経営という意味ではこの組合の帰趨は産業組合自体が大政翼賛会に収束するというまたしても政治的な歴史も含めて、躓きの石として学ぶべきものがある。

その後、大正末期から昭和一〇年代にかけて、大正デモクラシーの流れを受けて社会運動としての多くの消費組合が再生した。いわゆる「新興消費組合」と呼ばれるものである［山本:1982:117-128］。それらは集合離散が激しかったが、友愛会系（鈴木文治、安部磯雄）、共働社系（岡本利吉）、共益社系（賀川豊彦）、の三潮流があり、労働者中心の連合体としては共働社の流れをくむ左派系の関東消費組合聯盟が目立った活躍をしていた。

これらもかなりの部分が労働組合や無産政党、他の社会運動・宗教運動などと関係をもち、その背後にある政治的党派の影響を強く受けた。この時期の消費組合の特徴と問題性は、運動論としては明治の経験を学ぶことがなく、同じ轍を踏む傾向が多々あったこと、思想的にも実践的にも、たとえば岡本や賀川といった有力な指導者を戴いていたこと、理論的には協同組合論を中心に学界でも消費組合に関する組織的な研究が進んだこと、そして決定的なこととして、組織労働者だけでなく、都市市民層にも組合員を広げていったことがあげられる。しかし、これらの苦闘と成果も第二次世界大戦に至る軍国主義の波に飲みこまれ、開戦時にはほとんど消滅していった。

6　日本の経験（二）実践家と理論家たち

この消費組合運動の指導者たちの動きを見ると消費のアソシエーションを考える重要なポイントが見えてくる。まず岡本利吉は剰余金配分、一人一票の民主的組織といったロッチデールの意義を深く理解し、つねに現実の消費組合に反映させようとした運動家であったといえよう。かれは政治的にも思想的にも特異な経歴をたどったが、もともと労資協調による産業自治の思想から出発した。企業における法に基づいた、今でいうコーポレート・ガヴァナンス的な自治を考えていたが、労働者側のハンディキャップという現実と、総同盟系の友愛会から純労へと労働組合運動を旋回させた友人平澤計七との交流から、組織労働者に消費組合を説き、「共働社」を設立し、唯一の非労働者として業務にあたった。その期間は短かったが、自由よりも公平・平等を基礎に置いた消費組合運営を目指した。自宅を「労働会館」[5]として提供して労働金庫も創設し、かつて片山も切望したであろう「連帯」と「教育」の場を作ったことは注目される。また独自の「保険」理論を構想し、ここにも自治と平等と連帯の思想を吹き込んだ。また資源配分にかかわることとして、生産者と消費者の交流についても独自の見解を示している[岡本:1922]。そして消費組合は分裂してはならない、というかれの思考には個々の消費組合による下からの「連合」という着眼と理論があった。資本主義と消費組合とがどう関連していくかという問題、すなわちシステムと生活世界との関連については、「分離運動」という独特の方法論を展開している。共働自治の理想に向かって資本主義を直接打倒せずに、資本主義の枠内から様々な組織が連合して体制から分離していくというものであり、運動の社会的な広がりを構想する思想である。

しかし、同時に岡本が生涯を通じて何よりも優先的に貫いたのはかれの人間観・宇宙観に基づく精神的な気高さという至高の価値観であった。これは運動としては自らの宗教にも高められて、先駆的に選ばれた者たちからなる農村コミューンへと、いわばオウエンへの里帰りといった道を歩む。それは失敗に帰し、自治は墨守したもののロッチデールの民主制との縁も切れるのである。消費組合の積立金と一部私財をもって一時は労働争議を指揮した岡本だが、当時の左翼思想には理論的には絶対に与せず、運動のうねりのなかで都市から農村へと、しかも皇道思想にまで行き着き、戦後も世界共通語の考案などに取り組んだかれの特異な軌跡は、それなりに「生活」と「地域」といった一貫した視点も含み、消費組合の意味内容と困難とを検討するうえで多くのヒントを残している。そして消費組合において宗教的価値観がいかに作用するかという問題を残している。この点は次の賀川豊彦も事情は同じである。

賀川は消費組合運動だけでなく、貧民救済、労働運動、協同組合運動、農民運動、無産政党運動など数多くの社会運動を実践し、政治的にも思想的にも振幅が大きかったが、一貫していたのは唯心的なキリスト教的社会観、すなわち人間性や人格の進化が究極の問題であり、これが経済や国家を形成すべきであるという信念であった。従って貧者や労働者の経済的地位の向上それ自体が目標とされるのではなく、それを通じていかに人間愛や友愛が実践・実現されるかというところに重きが置かれていた。

そのうえで主に戦前の賀川の活動を見てみると、かれは神の国運動の実現態として諸協同組合――とりわけ信用組合の経済力を接着剤として――を共働させてこれを組合国家システムへと至らしめる壮大な理論的構想を持っていた[Kagawa:1937=2009]。そして消費組合はあくまでもその一構成要素となっている。その際の資本主義との関係は「協同組合は資本主義と競争する」と位置付けられている。資本主義、とくに資本家の高圧的、官僚的な性向は嫌っても、システムとして同一の土俵に立つことを避けはしないのである。この点はかれが政策的に力を注いだ保険論に具体化され、そのなかでも産業組合に本質的な疑問を差し向けず、これを利用していこうとすることにも通底している。かつてかれが創設した灘神戸購買組合は戦後に量的な大発展を遂げたが、かといって、かれが手がけた当時の多くの協同組合が事業論的に成功したかというとそうでもないし、かれはそこに運動の中心を定めていたわけでもなかった。むしろ重きを置くのはこの運動の過程における教育による人間性の向上であって、これは信念を深く理解し、共有できる者たちが自らの実践をもって人々に指し示す「上から」の教育の性格が濃かった。これも、「利益(従って剰余金でなく)は分配せずに社会改良に向けるべきである」という提言とともに、ロッチデールの精神からは離れてしまっている。

賀川のあらゆる面での精力的な実践力、弱きものへ注ぐ慈愛に満ちたまなざしは十分に評価されてしかるべきである。消費という概念にしても、それを物的なものに局限せずに感覚や心理的な観点から照射する問題意識も、現代の消費社会を考察するうえで重要な着眼点を用意しているといえる。しかしそれを支えている唯心性が現実の国家や資本主義経済へのリアルな認識を妨げる。賀川の軌跡や理想は多くの論理的矛盾や現実との乖離があり、そして謎に満ちている。

ただ、ロッチデール以来、組合員の精神的紐帯、それを促す教育ということが消費組合運動の不可欠な要素となっていることに鑑みると、岡本と賀川に共通することとして、そこに宗教的信念や価値観が過度に介在すると、教祖と使徒といったような関係が生じ、組合内での同市民性や対話的コミュニケーションが崩れ、またそもそもの組合結成の基盤である経営がないがしろにされてしまうのである。かれらの消費組合運動への資金調達が財界（岡本）や印税（賀川）というのは象徴的である。

言い換えれば、新興消費組合の運動は、宗教や労働組合や非合法党派などの指導者のパーソナリティが消費組合を引っ張るという傾向が強かった。それゆえに路線や方針をめぐっての内部対立や分裂が絶え間なく、それに乗じて国家の弾圧を招き寄せた。組合の方針決定のプロセスにおける下からの合意形成がないがしろにされたか、あるいは個人的な熱意はあっても下部にその組織化への実力がなかった、という当時の日本の他の社会運動と同様の未熟さを消費組合各派が抱えていたからであるといえる。このことも含めて他の社会運動との関連をどう保つか、経営を堅実化したうえでそれを自己目的にせずにいかに社会変革に結びつけるか、時の政治体制や経済制度との距離をいかに取って自立性を確保するか――など新興消費組合の残した論点は現在も有効である。とくに消費の意味転換を互いに理解しあい、具体的な実践へと手を携えて道を進めるのは、相互の信頼に基づく下からの合意形成が不可欠であるからだ。

この意味で、敗戦直後の協同組合再建運動のなかで、戦前の組合分裂の教訓が生かされたといえなくもないところがある。昭和二〇年に、産業組合指導者までも含めて戦前の消費組合各派のイデオロギーの異なる指導者たちが中心になって日本協同組合同盟が成立し、協同組合の法制化に向けて足並みをそろえている。この背景には戦前において消費組合間で鋭い対立がある一方で、相互の人間的信頼があったことと、食糧難、飢餓によって消費そのものが脅威にさらされていたことがある。政治運動や労働運動ではこのような結束はおこりにくいことを考えると、消費という生活の基本をテーマにする社会運動は、直接の弾圧の可能性の低い現在では、立場は違っても広汎な社会階層を結集できるアソシエーションの可能性を秘めている。

消費をテーマにする運動の可能性と行く手を阻むものは協同組合、消費組合に歴史的・理論的に取り組んだアカデミズムの学者たちの仕事のなかからも窺うことができる。かれらが積極的にそれを論じているということもあるが、政治的文脈に置かれるなかで、むしろかれらの言説の混乱や矛盾が語り出しているのである。

ロッチデールに感激し、その紹介に精力的に努めたにもかかわらず、大政翼賛会・統制経済に流れた本位田祥男、消費組合経営の合理化を経営の本質は違うもののアメリカのチェーン・ストアの経験に学べと収益性を強調しつつも産業組合の非民主的な致命的欠陥を突いた緒方清、国家独占資本主義批判の立場にあってロッチデールを「あきないひ主義」=収益重視に堕ちると正面から否定しながらも、戦前における市民の地道な共同購入に精を出し、消費組合の啓蒙に努めた大塚金之助、同じくマルクス主義に立脚し、「商業利潤の節約」の理論をもってロッチデールがブルジョア的であるという限界を主張しながらも、農村の協同組合に民主的な息吹を込めようとした近藤康雄——歴史的な制約があるとはいえ、かれらの業績における論点の多様さと自己撞着は消費組合・協同組合運動の持つ複雑に入り組んだダイナミズムを想起させるものである。そしてかれら理論家によって提起され、論争された諸問題は現在においてもアクチュアリティを欠いてはいない。消費組合理論は未解決のまま残されている。その状況の一端を戦後の生活協同組合において見ておこう。

7 消費組合の再生に向けて

さて、戦後における消費組合は生活協同組合と名を改め、生協法に根拠づけられて再出発した。この法は多くの欠陥をいまだに持っているが、[6]組合の存立を保証している。戦前のように国家からの直接の暴力的支配を受けることはなく、数多くの生協が結成され、成長していった。連合体も結成された。

戦前とは異なるこの基礎のうえに、戦後間もなくは生活の必要物資の調達、粗悪品の追放、高度成長期以降においては有害物質を含む商品や公害企業の製品ボイコット、独自商品の開発といった消費そのものに関わるテーマを掲げて運動が進められたが、何よりも特徴づけられるのは、組合員の獲得数、商品の取扱高の飛躍的な発展という経済的躍進であった。ここには、一九八〇年代にピークを迎える班活動=無店舗経営といった日本独自の経営方法による創意工夫の成果もあった。[7]そして「生活」という名が示すように、消費活動そのものに降り立ってこれを反省的に捉えるという契機よりも、生活のあらゆるニーズに応えるといった点に活動の主眼があり、課題の拡散があったことは否めない。安く買えればいいといった生協の理念に対して関心のない組合員も、そのままでずっと獲得の対象にされてきたところがある。かつての市街地消費組合との同一性をここに見てもよいだろう。運動は消費の問い直しに的を絞るべきであるという主張とともに、生協ではなく古い消費組合という名称に私がこだわるゆえんである。しかし、論じてきたようにそれはいうまでもなく消費組合そのままの「復活」ではない。

戦後のＩＣＡもまた、政治からは一定の距離を置く状況は開けたものの、冷戦体制の影響を受けて、参加各国の政治体制の違いや経済の発展状況の違いからくる軋みが生じる時代が続いた。一九八〇年に提起された著名なレイドロー報告も、協同組合の世界的連帯そのものを主目的にしているがゆえに、「飢え」、「生産的労働」、「生活や社会の保全」、「協同組合コミュニティ」といった活動の優先分野が総花的に並べられ、自然や環境の問題に対する危機感をもとに、参加各国の協同組合の異なる立場を腹を据えて調整に乗り出し、目的を定め、そのための役割分担を合意して、地球レベルのリスクを解決していこうとする具体策を打ち出しているとはいいがたい。消費そのものにたいする根本的な意味転換、そしてそれを通じた社会変革の道を示すことがまず望まれる。

そして近年における日本の生協は、新自由主義の結果としてもたらされた、取扱う商品のグローバル化、女性の就労形態の変化などから帰結している班による共同購入の不振などにより、営利という唯一の存在形態を持つ資本主義的企業と同じ土俵で競争して効率をあげる、という立場を余儀なくさせせられている。[8]他方で公営セクターとも異なり、経営が成り立たなければ生協運動もないのは確かだが、「経営（効率）か理念（価値観）か」、という消費組合発足時からの不可避の立場上のせめぎあいが、前者を優先するかたちで進められている傾向が強い。主観的意図はどうであれ、リスクや痛みを共有するのではなく、それを不平等に分配する結果がここから帰着してしまうならば、その前に歴史に学ぶべきことは多い。

そして日本の様々な生協は、他の経済組織よりも制度としての民主制が整備されているとはいえるが、実際においては官僚制的な、あるいはトップの独断専行による運営という面がないわけでもない。さらには専従労働者と一般組合員の権利上の関係の問題もあるが、情報を共有したうえでの議論と教育の場が作られるよう工夫が必要であろう。

そしてグローバル化によって進められた生産者と消費者

の空間的分離、そこからもたらされる不可視化された社会関係を批判的に捉え返すには、両者の「顔の見える近接性」が必要であろう。産直、職住一致、地域通貨などがその具体的なものとしてあげられているが、その際には「地域」が鍵となる。消費組合運動の歴史が絶えず地域や都市コミュニティと繋がっていたことが想起されてよい。

他の社会運動や社会組織との、目的をはっきり区別したうえでの連帯、消費組合内での対話的コミュニケーションによる学びあいを核とする同市民の消費問題についての連合を作り、そのことによって消費がもたらす個人的行為の社会的関連を反省的に捉え返し、生活世界を植民地化するシステムを変革していくことが(9)、今、消費組合の課題であり、個人と社会と自然との正常な関係を構築することに繋がっている。

注

(1) しかし他方で、このような「モノの消費」が「他人指向」的であり、豊かさに楽しみが伴えばそれだけ空疎感を増すことも早くから指摘されていた。「われわれは失楽園に向かいつつある世代である。パラダイスを見つけながらもどうしてよいかわからない人間たちなのである」[Riesman:1964=1968:186]。

(2) 工業生産や公共工事のような生産的消費も最終的には個人的消費に帰すると考えるならば、二重の意味で環境に負荷がかかることになる。

(3)「金持ちは社会的ヒエラルキーに一定の位置を占めるためのある種の個人的広告として派手に登場する。下に立つ人はみなそれを観察し、一段高い階級の人びとをできるかぎり模倣する。消費は一つのトリクル・ダウン(水滴)過程であった」[Schor:1998=2000:15]。この過程でマスメディアの果たす役割は極めて大きい。

(4) 消費文化における日常生活の審美化の過程を扱い、それをモダンからポストモダンへ至る様相として手際よく説明するのはフェザーストーンである[Featherstone:1991=2003:65-82]。しかしこの背景にはフェアトレードや南北問題というような政治経済的な課題が関連していることを見逃してはならない。

(5) 片山は第二インターアムステルダム大会の際に訪問したブリュッセルで労働組合事務所と消費組合とホールを兼ねた立派な「人民の家」について記述している。かれはこの時は既に消費組合運動から遠ざかっていたが、感慨を持って見学したことは想像に難くない[片山:1967:(下)153]。

(6) 協同組合においては、法の縦割りがあり種類の違う協同組合を結ぶ法が整備されていないことが生産者と消費者を直接結びつけにくくしている。生協法については県域制限、購買制限、認可制といった活動へのネックがある。

(7) その成功は当時の専業主婦の割合の多さに規定されている。非正規雇用で多くの女性が働いている現在においては、班コミュニティから生活を考え直すという方向への条件はより困難を増している。ネットによる個別配達も近年の傾向だが、ここにどのような共同性を見出すかは今後の課題であろう。男性の働き方のありかたももちろん関与してくる。そして消費生活におけるジェンダー問題が班による共同購入には存在する。一方で女性、とりわけ「専業主婦」のライフスタイルに適合的な組織化だからである。だが他方で、生活とりわけ食品等の安全についての関心や感受性が高いのも現状では女性の共同性に大いに根ざしている。班活動は生産における日本的経営にも似て、閉鎖的、排他的になる場合もあり、また相互啓発に資するものにもなりうる。女性に限られるものでもないが、現状では圧倒的に女性の場所となっている。

(8) 私企業と競争せざるを得ない現実への危機意識が一九九五年のＩＣＡ大会における「二一世紀に向けての協同組合宣言」に表明されているが、組合の価値や原則を守れという抽象的な言明に留まっている［北出 :2012:73-75］。この点では大嶋の市民企業家の視点を盛り込んだ「複線経営」の発想が興味深い［大嶋 :232-236］。

(9) 琵琶湖の汚染問題が自らの生活様式に原因があることを自覚し、まずは無リン石鹸を扱う環境生協を設立し、生協の地域性の枠を乗り越えてエネルギー問題へと視野を広げてＮＰＯへと至る滋賀県の住民運動などはその一つの好例である［京都新聞 : 2008. 12. 1-7］。

参考文献

Bauman, Zygmund［2005］*Work, Consumerism and the New Poor* 伊藤茂訳［2008］『新しい貧困：労働、消費主義』青土社

Featherstone, Mike［1991］*Consumer Culture and Postmodernism* 小川・川崎編著訳［2003］『消費文化とポストモダニズム』恒星社厚生閣

花田達朗［1996］『公共圏という名の社会空間』木鐸社

Habermas, Jürgen［1981］*Theorie des kommunikativen Handels* 丸山ほか訳［1987］『コミュニケーション的行為の理論（下）』未来社

Holyoak, George J.［1892］*Self-Help by the People: History of the*

Rochdale Pioneers 協同組合経営研究所訳〔1968〕『ロッチデールの先駆者たち』財団法人協同組合経営研究所

Kagawa, Toyohiko [1937=2009] *Brotherhood Economics*, 加山・石部訳『友愛の政治経済学』コープ出版

片山潜〔1967〕『わが回想（上）（下）』徳間書店

北出俊昭〔2012〕『協同組合と社会改革』筑波書房

見田宗介〔1996〕『現代社会の理論』岩波新書

日本協同組合学会訳編〔1989〕『西暦2000年における協同組合［レイドロー報告］』日本経済評論社

岡本利吉〔1922〕「消費組合と其連盟」『新組織』第四巻第三号

奥谷松治〔1973〕『改訂増補　日本生活協同組合史』民衆社

大嶋茂男〔1998〕『永続経済と協同組合　第二版』大月書店

Riesman, David [1964] *Abundance for what?* 加藤秀俊訳 [1968]『何のための豊かさ』みすず書房

Schor, Juliet B〔1998〕*The Overspent American* 森岡孝二監訳〔2000〕『浪費するアメリカ人』岩波書店

Webb, Sidney & Beatris〔1921〕*The Consumer's co-operative Movement* 山本喬訳〔1925〕『消費組合運動』同人社書店

山本秋〔1982〕『日本生活協同組合運動史』日本評論社

あとがき

三年前の大震災を乗り越えようとする復興の明るさをかき消すほど、なお多くの人々が耐え難い困難を抱えている状況を念頭に、本年は「自然」という課題を掲げた。それ以降、追い打ちをかけるように集中豪雨や火山の噴火による惨禍というように自然の猛威をつくづく思い知らされることになった。また、このような自然が人間や社会にもたらす悲劇を引き起こす因果関係を認識し、災いを最小限にとどめようとすることを考えるには、単に自然のメカニズムを科学的に認識するだけでは済まない、ということも人々は感じ始めている。改めてこのテーマの重さを感じるとともに、従来の諸科学がこれにどう向かいあってきたのか、そこから何をどのように得てきたのかを考えさせられる。

人文・社会・自然に分けられたうえでのそれぞれの専門的諸科学が、自らのパラダイムに依拠しながら自然についての個々の研究を積み重ねて知見を提示してきたその成果は、われわれが受け継ぎ、利用すべき貴重な財産である。だが、生命を得たことの喜びを実感しつつ、おのおのの生を全うする存在でありたいという、多くの人が抱くであろう希求に思いを致すならば、昨今の人間と自然の関係がもたらしているさまざまな事態は、自然災害における学際的研究というような気のきいた言葉ではなく、自然としての人間存在の奥深さに降り立ったうえで、学問や科学技術の役割と限界を見極めていかなければならないようにわれわれを促している感がある。確かな部分認識を網羅し、それを基礎にしつつ総体的な認識を得るには、どこかで協働の飛翔のようなものが必要であるように思えてならない。

折しも本叢書は第十巻を数えた。それぞれに異なる専門領域を持った学内外の研究者がゆるやかなテーマを毎回共有しつつ、さまざまな困難を乗り越え、論考を持ち寄って十年が経過した。この積み重ねをかみしめるとき、やはり協働の飛翔のことが気になる。共通の仕事に向かいながらはたしてわれわれはどこまで内容的に手を携えることができたのか、互いにどこまで学びあえるのか、そして何よりも全体としての思いがどこまで読者に伝わるのか、と。それはもちろん同一の主張を打ち出すことではない。緊張感のある対論も、結論の見えない試論も必要である。心もとない思いもあるが、これがめざすべき本叢書の目標であることを再確認して次の段階に進んでいきたいと思う。

今回もまた近畿大学および風媒社に深く感謝します。

（編集担当　堀田 泉）

浅野 清（あさの・きよし）
東洋大学経済学部教授
著書：『ルソーの社会経済思想』時潮社、1995年）、『成熟社会の教育・家族・雇用システム』NTT出版、2004年）、「日欧社会経済システムの分水嶺」東洋大学経済学部『経済論集』第35巻1号、2009年

堀田 泉（ほった・いずみ）
近畿大学総合社会学部教授
著書：『「近代」と社会の理論』（編著、有信堂、1996年）、『モダニティにおける都市と市民』（御茶の水書房、2002年）、『21世紀社会の視軸と描像』（編著、御茶の水書房、2004年）

執筆者紹介（掲載順）

清 眞人（きよし・まひと）
近畿大学文芸学部教授
著書：『大地と十字架 —— 探偵Lのニーチェ調書』（思潮社、2013年）、『唄者　武下和平のシマ唄語り』（武下和平との共著、海風社、2014年）、『ソング論 —— ブンとジジの現代カルチャー探究』（はるか書房、2014年）

根井 浄（ねい・きよし）
元・龍谷大学文学部教授
著書：『修験道とキリシタン』（東京堂出版、1988年）、『補陀落渡海史』（法藏館、2001年）、『熊野比丘尼を絵解く』（共編著、法藏館、2007年）、『観音浄土に船出した人びと』（吉川弘文館、2008年）

山取 清（やまどり・きよし）
近畿大学総合社会学部教授
論文：「危機の時代と教養 —— フンボルトの教養理念と言語思想をてがかりに」（近畿大学日本文化研究所編『否定と肯定の文脈』風媒社、2013年）、「西洋のロゴス、日本の言霊 —— 言語思想における根源的なものへの憧憬」（近畿大学日本文化研究所編『日本文化の明と暗』風媒社、2014年）

綱澤満昭（つなざわ・みつあき）
近大姫路大学学長・近畿大学名誉教授
著書：『日本の農本主義』（紀伊國屋書店、2004年）、『農の思想と日本近代』（風媒社、2004年）、『思想としての道徳・修養』（海風社、2013年）

岸 文和（きし・ふみかず）
同志社大学文学部教授
著書：『絵画行為論 —— 浮世絵のプラグマティクス』（醍醐書房、2008年）、『江戸の遠近法 —— 浮絵の視覚』（勁草書房、1994年）、『絵画のメディア学』（共編著、昭和堂、1998年）、『日本美術を学ぶ人のために』（共編著、世界思想社、2001年）

鈴木伸太郎（すずき・しんたろう）
近畿大学総合社会学部教授
著書・論文：「身体と時間の新たな関係性」（堀田泉編著『21世紀社会の視軸と描像』御茶の水書房、2004年）、「社会学が始まるまで」（コミュニティ・自治・歴史研究会『ヘスティアとクリオ』No.8、2009年）、「共同体形成力」（近畿大学日本文化研究所編『危機における共同性』風媒社、2012年）

斉藤日出治（さいとう・ひではる）
元・大阪産業大学教授
著書：『帝国を超えて』（大村書店、2005年）、『グローバル化を超える市民社会』（新泉社、2010年）、竹内常善と共編著『東日本大震災と社会認識』（ナカニシヤ出版、2013年）

装幀／安起瑩

自然に向かう眼　近畿大学日本文化研究所叢書 十

2015年3月15日　第1刷発行　（定価はカバーに表示してあります）

編　者　近畿大学日本文化研究所

発行者　山口　章

発行所　名古屋市中区上前津 2-9-14　久野ビル
電話 052-331-0008　FAX052-331-0512
振替 00880-5-5616 http://www.fubaisha.com/
風媒社

乱丁・落丁本はお取り替えいたします。　＊印刷・製本／シナノパブリッシングプレス

ISBN978-4-8331-0568-2

近畿大学日本文化研究所叢書

【叢書一】**日本文化の諸相** その継承と創造
定価＝本体 4000 円＋税　A5 判・上製 328 ページ

【叢書二】**「脱」の世界** 正常という虚構
定価＝本体 3500 円＋税　A5 判・上製 268 ページ

【叢書三】**日本文化の鉱脈** 茫洋と閃光と
定価＝本体 3800 円＋税　A5 判・上製 288 ページ

【叢書四】**日本文化の美と醜** その形式と融合
定価＝本体 4200 円＋税　A5 判・上製 362 ページ

【叢書五】**日本文化の中心と周縁**
定価＝本体 3800 円＋税　A5 判・上製 286 ページ

【叢書六】**日本文化の攻と守**
定価＝本体 3800 円＋税　A5 判・上製 282 ページ

【叢書七】**危機における共同性**
定価＝本体 3500 円＋税　A5 判・上製 252 ページ

【叢書八】**否定と肯定の文脈**
定価＝本体 3800 円＋税　A5 判・上製 292 ページ

【叢書九】**日本文化の明と暗**
定価＝本体 3500 円＋税　A5 判・上製 266 ページ